Vidas Roubadas

PELO ESPÍRITO
IRMÃ MARIA
PSICOGRAFIA DE
MARIA NAZARETH DÓRIA

Vidas Roubadas

LÚMEN
EDITORIAL

Vidas roubadas
pelo espírito irmã Maria
psicografia de Maria Nazareth Dória

Copyright © 2013-2023 by Lúmen Editorial Ltda.

6ª edição – Outubro de 2023

Coordenação editorial: *Ronaldo A. Sperdutti*
Revisão: *Alessandra Miranda de Sá*
Projeto gráfico e arte da capa: *Casa de Ideias*
Impressão e acabamento: *Renovagraf*

Dados Internacionais de Catalogação na Publicação (CIP)
(Câmara Brasileira do Livro, SP, Brasil)

Irmã Maria (Espírito).
Vidas roubadas / pelo espírito Irmã Maria; psicografia de Maria Nazareth Dória. — São Paulo: Lúmen Editorial, 2013.

ISBN 978-85-7813-128-9

1. Espiritismo 2. Psicografia 3. Romance espírita I. Dória, Maria Nazareth. II. Título.

13-03288   CDD-133.9

Índices para catálogo sistemático:
1. Romances espíritas: Espiritismo 133.9

LÚMEN
EDITORIAL

Av. Porto Ferreira, 1031 – Parque Iracema
CEP 15809-020 – Catanduva-SP
17 3531.4444 | 17 99777.7413

www.lumeneditorial.com.br | atendimento@lumeneditorial.com.br
www.boanova.net | boanova@boanova.net

6-10-23-50-11.610

Proibida a reprodução total ou parcial desta obra
sem prévia autorização da editora
Impresso no Brasil – *Printed in Brazil*

Dedico este livro às minhas filhas Eliane e Carla e aos meus amados netos, Lya e Otávio.

Minha eterna gratidão à Lúmen Editorial, pela oportunidade oferecida aos autores da psicografia, contribuindo na divulgação da DOUTRINA ESPÍRITA.

Sumário

Apresentação 9

Capítulo 1 – A força do amor 19

Capítulo 2 – As palavras que mudaram Maria do Socorro 55

Capítulo 3 – O sangue dos inocentes......................88

Capítulo 4 – O encontro das irmãs...................... 123

Capítulo 5 – Bons filhos à casa retornam 147

Capítulo 6 – O encontro inevitável...................... 160

Capítulo 7 – Vidas roubadas................................. 200

Capítulo 8 – O encontro com o filho................... 223

Capítulo 9 – O perdão é a maior prova de amor ... 256

Capítulo 10 – Vitória da luz 279

Apresentação

❦

Colocamos à disposição dos leitores algumas matérias pesquisadas em fontes confiáveis e dados importantes que ocorreram dentro do período descrito pela irmã Maria, a fim de que a leitura da obra apresentada pela espiritualidade se torne mais fácil de ser compreendida.

O BRASIL E A SEGUNDA GUERRA MUNDIAL

No fim da Segunda Guerra Mundial, Hiroshima e Nagasaki, duas importantes cidades japonesas, sofreram um ataque com bombas nucleares. Os EUA, por meio da ação militar da Força Aérea, sob ordens do presidente norte-americano Harry S. Truman, bombardearam as duas cidades japonesas nos dias 6 e 9 de agosto de 1945.

Em Hiroshima foi jogada a bomba atômica "Little Boy" e, três dias depois, a bomba "Fat Man" em Nagasaki. Até os dias de hoje, as duas bombas foram as únicas armas nucleares utilizadas de fato numa guerra. Estima-se que cerca de 140.000 pessoas morreram em Hiroshima e 80.000 em Nagasaki, além das mortes ocorridas posteriormente aos ataques em decorrência da exposição radioativa.

A maioria dos mortos era composta por civis, mulheres, idosos e crianças, pessoas que não estavam combatendo na guerra. As bombas atômicas forçaram a rendição das tropas do Império do Japão em 15 de agosto de 1945 e em 2 de setembro do mesmo ano foi assinado o armistício oficial e o fim da Segunda Guerra Mundial.[1]

A humanidade descobre, estarrecida, que a engenhosidade da sua burrice é suficientemente poderosa para desintegrar centenas de milhares de pessoas instantaneamente.

A SEGUNDA GUERRA MUNDIAL E A COMUNICAÇÃO NO BRASIL

A Segunda Guerra Mundial mergulhou o país em uma série de dificuldades, provocando a estagnação do setor de telefonia. Mesmo assim, a CTB conseguiu instalar, entre 1939 e 1945, cerca de 45 mil novos telefones no Rio de Janeiro. Os pracinhas brasileiros, integrados aos soldados americanos, passaram a ter acesso a telefones de nova tecnologia, mais leves e à prova de impactos, que logo se tornaram poderosas armas nas frentes de combate.[2]

---

1 Fonte: disponível em http://www.infoescola.com/historia/bombas-de-hiroshima-e--nagasaki/ Acesso em 11/12/2012 (Nota da Edição).

2 Fonte: disponível em http://www.portalsaofrancisco.com.br/alfa/historia-do-telefone/historia-do-telefone-20.php Acesso em 11/12/2012 (N.E.).

Em 1879, os irmãos Thomas e Daniel Connelly, com Thomas J. McTighe, patentearam o primeiro sistema em que um usuário podia controlar um mecanismo de comutação à distância. A primeira central telefônica foi ativada em Paris no ano de 1879. No mesmo ano, D. Pedro II dava a permissão para instalá-la no Rio de Janeiro. A companhia Telephonica do Brasil foi criada em 15 de novembro de 1879, com capital inicial de 1.500.000.000 réis, divididos em 7.500 ações distribuídas pela Western Company.

Em 1884, Ezra Gilliland, da empresa Bell, desenvolveu um sistema de comutação automática mais simples, porém semelhante ao dos irmãos Connelly e McTighe, que podia trabalhar com até quinze linhas. Nesse sistema, que também não chegou a ser usado na prática, havia um contato metálico que pulava de uma posição para outra, quando o usuário apertava um botão, determinando o tipo de conexão que era estabelecida.

No entanto, um avanço realmente importante e surpreendente ocorreu em 1889, quando o agente funerário Almon Brown Strowger, na cidade de Kansas, desenvolveu um sistema de comutação automático que realmente funcionava.

A primeira central automática do Brasil foi inaugurada em 1922 na cidade de Porto Alegre (a terceira das Américas, logo depois de Chicago e Nova York). A segunda foi inaugurada três anos depois na também cidade gaúcha de Rio Grande. A terceira, em 1928, em São Paulo, e em 1929 foi a vez de o Rio de Janeiro inaugurar sua primeira central automática.[3]

---

3 Fonte: disponível em http://pt.wikipedia.org/wiki/Central_telef%C3%B4nica Acesso em 11/12/2012 (N.E.).

A SEGUNDA GUERRA MUNDIAL E AS MUDANÇAS NA POLÍTICA DO BRASIL

Eleições no Brasil
Primeira mulher a votar

O Rio Grande do Norte marcou a luta mundial dos movimentos feministas, à época crescente em todos os lugares. O estado era governado por Juvenal Lamartine e coube a ele o pioneirismo de autorizar o voto da mulher, em eleições, o que não era permitido no Brasil, mesmo a proibição não constando da Constituição Federal. Foi em 1928.

Celina Guimarães Viana, professora, juíza de futebol, mulher atuante em Mossoró, foi a primeira eleitora inscrita no Brasil. Após tirar seu título eleitoral, um grande movimento nacional levou mulheres de diversas cidades do Rio Grande do Norte e outros nove estados da Federação a fazerem a mesma coisa.[4]

Com a mulher eleitora, vieram outras conquistas de espaço na sociedade. Veio a primeira mulher a eleger-se deputada estadual no Brasil e a luta pela emancipação feminina foi ganhando impulso em todo o país, levando o voto feminino a ser regulamentado em 1934. O episódio tem importância mundial, pois mais de uma centena de países ainda não permitia à mulher o direito de voto. Na própria Inglaterra civilizada o voto, apesar de permitido antes, só foi regulamentado após Mossoró inscrever sua primeira eleição.[5]

---

4 Fonte: disponível em http://prbfloriano.blogspot.com.br/2012/11/dia-do-direito-de-voto-mulher.html#!/2012/11/dia-do-direito-de-voto-mulher.html Acesso em 11/12/2012 (N.E.).

5 Fonte: disponível em http://www.prefeiturademossoro.com.br/mossoro_historia.php Acesso em 11/12/2012 (Nota da Autora Espiritual).

FIM DA SEGUNDA GUERRA MUNDIAL E O CRESCIMENTO DAS GRANDES METRÓPOLES BRASILEIRAS

O ano de 1945 foi um marco histórico na vida do planeta. No dia 2 de setembro o Japão assinava o acordo tão esperado por muitos países do mundo. Foi decretado o fim da Segunda Guerra Mundial! Naturalmente que os conflitos continuaram por muitos anos. Infelizmente, uma guerra leva a humanidade ao delírio da loucura e os malefícios físicos, mentais e espirituais levam anos e anos para se ajustarem. A guerra deixa muitas marcas por onde passa, a destruição é avassaladora, e até os dias atuais somos afetados pelos danos da Segunda Guerra Mundial. Assim como todos os países que passaram por esse pesadelo, o Brasil também foi afetado no plano físico e no espiritual.

Nossos pracinhas, cerca de 25.000 (vinte e cinco mil) filhos do Brasil, foram arrebatados e lançados àquela guerra, jamais sonhada por nenhum de nós.

Muitas mães nunca mais souberam de seus filhos, muitas noivas nunca usaram as peças do enxoval, pois os noivos não retornaram. Muitos filhos ficaram sem pai, nasceram, cresceram e nunca souberam como o pai tombou em terras estrangeiras.

Com o acordo assinado decretou-se o fim da guerra e as nações tentaram se reerguer. No Brasil, as grandes cidades investiam na construção civil e a mão de obra atraía trabalhadores de todos os estados brasileiros. As casas de diversão cresciam e se expandiam, atraindo mulheres de norte a sul do país e também estrangeiras, que buscavam as riquezas brasileiras e se arriscavam para ganhar dinheiro e fama nas casas de espetáculos.

Nessa época, as mulheres brasileiras, influenciadas pela cultura estrangeira trazida por homens e mulheres de todos os continentes, começaram a derrubar o tabu de que apenas homens podiam entrar nessas casas de espetáculo para assistirem a grandes shows. Muitas mulheres começaram a frequentá-las, naturalmente acompanhadas por seus parceiros. Isso causou uma espécie de conflito entre as moças de função noturna e as mulheres que lhes roubavam os figurões.

Em dezembro de 1945 as mulheres conquistaram algo novo em sua vida: ganharam o direito de ir às urnas e exibiam o seu título de eleitoras; assim votaram e elegeram Eurico Gaspar Dutra como presidente do Brasil e conquistaram alguns direitos, que quando envolviam os interesses políticos eram facilitados. As mulheres de vida suspeita, que não eram beneficiadas na área da saúde, educação e, principalmente, na área religiosa, com essa abertura política puderam votar e exibir um documento que lhes garantia direitos.

O ano de 1945 foi de muitas mudanças em nosso Brasil e na cabeça de várias mulheres. Em algumas grandes e pequenas cidades brasileiras foi travada uma luta de quem poderia e de quem não poderia comungar. Imaginem que as mulheres consideradas impuras também deram um pontapé em muitos tabus que lhes incomodavam. Elas começaram a entrar na igreja e se sentar lado a lado com as mulheres puras. Elas não iam assistir às missas e aos sermões dos padres porque estavam arrependidas da vida que levavam, mas sim para desafiar a sociedade, que sabia da existência delas, servia-se e, ao mesmo tempo, renegava-as.

As mulheres puras exigiam dos padres uma posição: a expulsão da igreja; caso isso não ocorresse, iriam se recusar a doar gordas contribuições e não frequentariam mais as missas. As mulheres impuras cobravam dos maridos delas que convencessem o padre a negociar, a fim de apaziguar a situação. Nunca houve tantos seminários; os padres encontraram uma solução ideal: a missa das sete seria dirigida às pessoas mais idosas, a das oito para as senhoras mães de famílias com filhos e maridos, e a missa das dez para todas as pessoas que não tinham condições de participar dos grupos anteriores. Assim, não citavam a condição delas e, ao mesmo tempo, não lhes tiravam o direito de entrar na igreja.

Mas entre essas concessões uma coisa foi absolutamente causa ganha das mulheres puras: só quem poderia comungar era o grupo das sete horas e o das oito. Os fiéis das dez não receberiam a hóstia consagrada, o que deixou os padres de consciência tranquila. Não era aconselhável comungar sem estar em jejum!

As meninas desfilavam pelas praças exibindo suas formas físicas e suas roupas extravagantes. Mesmo em trajes de missa, diferenciava-se quem eram as puras e as impuras.

Por outro lado, as casas espíritas cresciam e muitas senhoras, decepcionadas com a igreja católica e com os padres, começaram a frequentar, às escondidas, as sessões espíritas. Muitas se converteram ao Espiritismo ao depararem com a luz da verdade.

Segundo a espiritualidade, nunca houve tantos abortos em terras brasileiras como entre 1942 e 1950. Comparando-se aos mortos da Segunda Guerra Mundial, a porcentagem estava muito acima.

As estatísticas espirituais atestam que, nesse período, o Rio de Janeiro foi o campeão de abortos. O cheiro do sangue dos inocentes podia ser sentido na aura dessa cidade; o sangue lavou suas ruas, correu para os rios, lagoas e mares. Graças a Deus, por outro lado, o Rio de Janeiro hoje é uma cidade onde se concentra um número elevado de espíritas, e a atuação espiritual lá é constante.

Enquanto aumentava a quantidade de casas noturnas, diariamente desembarcavam mulheres de todos os estados brasileiros e belas estrangeiras, que encantavam os homens, criando rivalidade com as naturalizadas.

Novas clínicas especializadas em aborto surgiram, e a demanda era tão grande que muitas parteiras, sem qualquer noção de medicina, montaram em sua casa um quartinho para esses atendimentos.

Se o crime no Rio de Janeiro hoje rende fortunas aos criminosos, naquela ocasião muitas mansões foram erguidas graças ao crime muito bem organizado: a prática de abortos clandestinos.

Quantos assassinos mataram em silêncio seres indefesos e inocentes e foram aplaudidos nos teatros e em lugares públicos como cidadãos beneméritos! Quantos espíritos vagam em busca de justiça e de perdão até os dias atuais?

Para compreendermos a nossa própria evolução como espíritos, é necessário revermos e compreendermos a história dos nossos irmãos, que construíram sua vida em terra sem o alicerce da doutrina que cura a alma.

Por tudo isso, não podemos julgar nem recriminar quem quer que seja. No decorrer desta obra, vamos perceber que no lugar de cada um dos irmãos citados pela espiritualidade poderia estar qualquer um de nós.

Precisamos não apenas limpar a aura do nosso planeta com os fluidos de nossas orações, como também acolher nossos irmãos que precisam cumprir suas missões, entre eles estão: nossos filhos, irmãos, sobrinhos, netos, etc. Eles simplesmente pedem uma oportunidade, a mesma que todos nós recebemos: UM CORPO FÍSICO PARA SUSTENTAR O ESPIRITUAL.

Maria Nazareth Dória

A força do amor

Rio de Janeiro, 14 de dezembro de 1945.

O rapaz transportou as duas moças em silêncio, apenas trocaram um bom-dia e em todo o trajeto permaneceram calados. "O que será que aquelas meninas fazem em uma casa como aquela? Tão novinhas... Por que será que caíram na vida tão cedo?", pensava o rapaz.

Chegando ao local, ele ficou olhando para a casa e não viu nada de estranho; elas tocaram a campainha e logo a porta se entreabriu, mas não deu para ver quem as recebeu.

Ele ficou dentro do carro observando o local e se perguntando por que elas haviam ido naquela estranha casa. Ele foi pago, e muito bem, para levá-las àquele endereço, fornecido pela pessoa que contratou o seu trabalho. O local não lhe inspirava boa coisa, não tinha nenhuma placa, apesar de ser uma bonita construção, de boa aparência. Ele ficou ali parado, olhando e tentando imaginar o que seria e de quem seria aquela casa tão estranha... "Será algum cliente da casa onde as meninas vivem?"

Desde garoto era assim: ele pressentia os lugares que eram bons ou ruins. Com certeza, aquela casa era um lugar horrível! Sentiu arrepios lhe percorrendo o corpo ao fixar os olhos nela.

Pensou no lugar onde fora pegar as duas garotas. Era um bordel, as meninas trabalhavam e viviam naquele antro! Teria sido enganado? As meninas de vida fácil só se metiam em encrencas. Bem, fosse o que fosse, ele iria aguardar para levá-las de volta conforme o combinado. Quem o contratou pediu para aguardar as passageiras por no máximo duas horas.

Olhando mais uma vez para a casa, ele sentiu medo, teve vontade de ir embora e não retornar, mas, como já havia recebido o pagamento, não podia fazer isso.

Decidiu dar uma volta no bairro e retornar no horário previsto. Assim fez. Saiu da rua malcheirosa, como ele classificou, não pela aparência das casas, pelo contrário, o bairro e as casas eram bem melhores que a sua, mas porque o local cheirava a cemitério, sangue!

~⚬⁑⚬~

Na sala de espera, um rapaz andava de um lado para o outro. Uma mulher vestida de branco apareceu e disse para o rapaz:

— Fique tranquilo, está tudo bem, mais uns quinze minutos e vocês já podem ir sossegados e aliviados, deu tudo certo.

VIDAS ROUBADAS • 21

O rapaz, esfregando as mãos, respondeu ansioso:
– Graças a Deus! Muito obrigado pela boa notícia.
A mulher, virando-se para as moças, gentilmente perguntou:
– Quem é Maria do Socorro?
Uma das moças respondeu rapidamente:
– Eu sou Adelaide e ela é Maria do Socorro.
– Se quiserem beber uma água ou tomar um café, fiquem
à vontade. Estamos preparando tudo para atendê-la, Maria do
Socorro, aguarde a chamada e fique tranquila. Procure relaxar,
vai dar tudo certo!

Socorro, como era chamada, estava grávida de cerca de dois
meses, e em hipótese alguma poderia ter aquele filho. O engenheiro, como ela o tratava, era o pai do seu filho e fora o único homem que ela conhecera como mulher. Ainda era virgem
quando se entregou para ele como se fosse uma peça de leilão.

Quando o engenheiro soube de sua gravidez ficou enlouquecido, deixou-a no quarto e saiu feito louco atrás de sua tia, que ainda
não sabia de nada. Socorro não teve coragem de lhe falar a verdade, apenas sua amiga Adelaide e o engenheiro sabiam da situação.

Adelaide apertou a mão da amiga, estava gelada.
– Quer um café? – perguntou.
– Não, não quero nada, muito obrigada.
– Vamos nos sentar na poltrona do outro lado – convidou
a moça.
– Acho melhor ficar de pé, estou me sentindo tão mal, estou
com ânsia de vômito. – Ela se aproximou da janela e, olhando
para a rua, viu um menino correndo, puxando a linha de uma
pipa, lembrou-se dos irmãos e da mãe. Revia a mãe, gestante
no nono mês, um feixe de lenha ou um pote de água na cabeça, carregando nas ancas um filho e outro na barriga. Mesmo

assim, sorria e sempre tinha uma palavra de amor e de esperança para lhe oferecer. Sua mãe nunca entregou a ninguém nenhum dos seus filhos, muito menos praticou um aborto. Ela só parou de ter filhos quando o marido faleceu ao cair de um cavalo, senão ela ainda estaria ganhando novos irmãos.

Lembrou-se do dia em que a mãe inocentemente consentiu que ela fosse morar no Rio de Janeiro. A irmã lhe prometeu fazer de Maria do Socorro uma princesa e que não iriam faltar mais feijão e farinha no prato dos menores. Realmente, todo mês seguia uma mísera quantidade em dinheiro que, com certeza, para sua mãe era uma fortuna. Suas cartas eram de agradecimento e encaminhamento a Deus por aquela tia abençoada que tinha caído do céu na vida deles.

A mãe sempre a aconselhava nas cartas que tomasse cuidado com o corpo, não se entregasse a homem nenhum, esperasse o momento certo para entrar na igreja vestida de noiva, pois esse sempre fora o maior sonho do pai.

Duas lágrimas caíram dos seus olhos. A amiga, abraçada a ela e sem poder esconder a sua própria dor em relação a Socorro, também chorava.

Uma senhora em frente da casa onde elas estavam acenou-lhes, abrindo a janela da casa. Na parede, apareceu um quadro da Sagrada Família: Jesus menino nos braços da Virgem Maria e São José amparando-os.

Ela nunca imaginou que um dia teria coragem de matar alguém, mas estava ali, esperando ser chamada para matar um indefeso e inocente bebê. Se um dia a mãe ou o pai, mesmo desencarnado, soubessem o que ela fizera, como ambos iriam se sentir em relação a ela? A mãe sempre lhe dizia que os mortos sentiam e sabiam tudo o que acontecia com os entes queridos.

Será que o pai estava vendo o que ela iria fazer? Se a mãe estivesse ali, certamente não a deixaria fazer aquilo! Mil pensamentos lhe atormentavam a mente. Sua consciência gritava: "Você não é uma assassina! Fuja, vá embora! Corra!".

Se pudesse ficaria com o bebê, mas não tinha condição nenhuma, não havia saída. Lembrou-se do ódio que vira estampado no rosto do engenheiro e da tia quando ambos resolveram a situação mandando-a para aquele lugar.

⁓◦)(◦⁓

O engenheiro, atarefado com seus projetos, estava irritado e gritava com os trabalhadores. Seu pensamento estava no problema que, com certeza, estava sendo resolvido. Ele iria acertar as contas com aquela bruxa velha. Lembrava que naquele dia, enquanto descia as escadas da casa de dona Tetê, ele se perguntou como é que aquilo fora acontecer. A tia da menina assegurou que ele jamais iria ter problemas desse tipo, pois ela aplicava uma ciência que mulher nenhuma na mão dela engravidava; só se quisesse. Ele recebeu informações de amigos de que as meninas daquela casa realmente não engravidavam. Por que justo a sobrinha dela foi engravidar dele?

A maldita o sacaneou! Queria tirar dinheiro dele? Lembrou-se do dia em que a tia lhe entregou a menina, ela era virgem, a tia mentiu dizendo que a sobrinha tinha completado dezoito anos, e, na verdade, ela havia completado dezessete! Ele pagou um preço alto pela sua virgindade, isso era comum nessas casas fechadas. Quem sabe, depois de casado, poderia até continuar mantendo a moça, é claro, se ela se mantivesse fiel a ele. Ele gostava da menina, era diferente, dona de uma beleza exótica, uma mistura de índio com europeu.

Encontrou a mulher sentada atrás do balcão contando dinheiro. Ao percebê-lo, enfiou o maço de notas no busto. Assustada, levantou-se e, vendo a cara do seu maior e mais importante cliente, perguntou:

– O que houve, engenheiro? – perguntou a mulher trêmula. Puxando-a pelos ombros com força, ele respondeu:

– É você, sua maldita, quem vai ter de me explicar! Como deixou sua sobrinha engravidar? O que pensa que vai tirar de mim? Dinheiro? Quer me sacanear? Inauguro a ponte que estou construindo bem antes do previsto, mando amarrar as duas em uma pedra e as atiro no mar!

A mulher, sentando-se, colocou a mão no coração e disse:

– Meu Deus! O que o senhor está me falando? Socorro, grávida? Eu não estou sabendo de nada! Vamos até o quarto dela que quero tirar esta história a limpo! Não sou mulher de dar golpe em ninguém! Sou honesta, graças a Deus! Cuido dessas perdidas, tomo conta delas melhor que uma mãe, e veja só do que estou sendo acusada! Engenheiro, pelo amor de Deus! Eu nunca faria uma traição dessas com o senhor. Fique sabendo que, se for verdade, vou dar um jeito hoje mesmo. Se isso aconteceu foi porque a safada não bebeu o que eu preparei para ela. Acabo com a vida dessa perdida! – completou a mulher já entrando no quarto da moça, seguida pelo engenheiro.

Indo com tudo para cima da moça, arrastou-a pelos cabelos e perguntou:

– Fale-me a verdade, sua desavergonhada! Como é que embuchou? Todas as outras meninas bebem a minha garrafada e nenhuma engravidou até agora! O que você aprontou?

A mulher sacudia a moça com violência. O engenheiro afastou a moça, que tremia. Olhando para ela, pediu:

– Fale para sua tia o que você me falou!

– Estou prenha de mais de dois meses. Fiquei com medo de contar para a senhora, deixei a janela aberta e o gato entrou e derrubou a garrafa no chão e ela se espatifou. Fiquei só uma semana sem tomar o remédio, não sei como foi acontecer.

– O senhor está vendo, engenheiro? O que é que dá a gente ajudar parentes ingratos? Trouxe essa infeliz, que estava morrendo sem ter o que comer, mato a fome da mãe dela e dos irmãos, e olha o que ganho! O que quer que eu faça com ela, doutor? Posso preparar uma garrafada hoje mesmo e fazê-la engolir. Garanto que amanhã vai estar esticada e dentro de um caixão! Essa é a solução que eu lhe ofereço. Se o senhor ordenar, para lhe provar que lhe sou fiel, farei isso agora mesmo! Eu não admito traição na minha casa, e, para dar bom exemplo, começo com a minha própria sobrinha – disse a mulher, enxugando uma lágrima e se sentando em uma poltrona. – O senhor terá uma prenda melhor do que ela, isso eu lhe garanto; se ela escolheu este caminho, vai ser jogada nele! Eu fiz tudo por Maria do Socorro, não a entreguei nas mãos de qualquer um, e ela não soube dar valor. Quantas meninas queriam estar no seu lugar, sua ingrata! – lamentou a tia.

O jovem engenheiro, olhando para a menina, pela primeira vez não a viu com cobiça e sim com olhos de pena e solidariedade. Ela era apenas uma garota indefesa.

Estava de cabeça baixa, como um cordeiro que simplesmente espera o golpe final do seu destino.

O homem se aproximou e erguendo o seu queixo lhe disse:

– Amanhã mesmo você vai ser levada a uma médica muito conhecida, que vai livrá-la desse incômodo. Vou arranjar tudo, mando buscá-la e trazê-la de volta. A única coisa é que você não deve abrir a sua boca para falar nada a meu respeito com quem quer que seja, entendeu?

– Sim, senhor – respondeu Socorro de cabeça baixa.

Convidando dona Tetê para descer, de pé na porta do quarto, ele disse:

– Amanhã mesmo tudo será resolvido; não sei se volto a lhe ver, tenho de pensar bem com quem me envolvo. Paguei um preço alto por você, sempre a tratei muito bem, por que fez isso? – Dizendo isso, saiu do quarto sem esperar pela resposta.

Socorro ficou chorando, encolhida em um canto. Não demorou muito a porta do quarto se abriu e a tia, com as duas mãos na cintura, voltou e soltou vários palavrões. Humilhando-a, lhe jogava na cara que a mãe e os irmãos tinham sobrevivido à seca do Nordeste graças a ela. Já que não queria mais aquela vida, então voltasse para sua terra! Ela todo dia deixava de receber meninas lindas para manter as que estavam ali. Todas as outras lhe devotavam amor e respeito; ela, por ser sua sobrinha, deveria lhe lamber os pés e o que fizera?

Antes de sair do quarto alertou:

– E você esteja pronta logo de manhã; o doutor, por ser quem é, na verdade um santo, não permitiu que eu lhe mandasse para o lugar que você merece! O inferno! Vai mandá-la para uma médica de gente rica e vai pagar tudo. Você ficará livre da barriga. Ele não quer mais saber de você e eu, na qualidade de sua tia, não queria ter o coração que tenho, mas sou bondosa, foi assim que Deus me fez, não vou jogá-la na rua. Vou pensar no que poderei fazer com você. Com certeza, vai trabalhar muito mais, era mulher de um homem só, mas a partir de amanhã será diferente. Você vai fazer qualquer programa, ou seja, vai atender muitos clientes, bem diferentes do engenheiro, e vai tomar o remédio na minha frente todos os dias. Se quiser continuar comigo, será assim. Senão, pode de lá mesmo seguir seu rumo. Não vou ter nenhum prejuízo, só vou mandar avisar a sua mãe que você tomou outro destino e não está mais trabalhando comigo. Quero só ver o que você vai fazer por aí. Pensa que limpando as latrinas vai dar para comer, pagar aluguel e mandar dinheiro para sua mãe? Por que é isso que você vai encontrar fora daqui, limpeza de latrinas! Pense, sua ingrata, no que fez comigo. Sou a generosidade em pessoa, vou lhe dar uma última chance de ficar em minha casa. Vou permitir que a Adelaide a acompanhe. Ela está nos dias de prejuízo [menstruada] e pode lhe fazer companhia, inclusive na volta. Mas, olhe aqui, menina, esta é a minha última palavra: se você quiser ir embora de vez, arrume suas coisas e saia hoje mesmo. Se ficar, vai fazer o que eu mandar.

– Sim, senhora – respondeu a menina. Apesar de toda a humilhação, ela era agradecida à tia por permitir que ficasse. Para onde iria? Não tinha nada, apenas alguns poucos pertences pessoais.

∽⸰ᴑⵜᴑ⸰∽

Enquanto se lembrava de tudo, seus olhos descansavam na imagem do quadro da Sagrada Família pendurado na parede da casa de frente. A última vez que entrara em uma igreja fora no povoado onde nascera. Rezara e pedira tanta proteção a Deus e olha só, agora estava ali, sozinha e abandonada. Por que Deus a castigara daquela forma?

E agora então? Nunca mais teria coragem de entrar em uma igreja. Dali a alguns minutos ela seria uma assassina! E do seu próprio filho...

Foi surpreendida pela presença de uma moça que saiu do corredor com as duas mãos no ventre. Ela chorava e estava muito pálida. Um rapaz a abraçou. Socorro sentiu raiva nos olhos da moça em relação ao rapaz. Seu coração disparou, ficou olhando para a rua e viu quando a moça deixou a casa. Ela parecia muito mal.

A mesma mulher retornou para a sala e avisou:

– Maria do Socorro, se desejar ir ao banheiro pode ir, só vamos trocar os lençóis. Daqui a cinco minutos será a sua vez.

Adelaide olhou para ela com os olhos cheios de lágrimas. Por alguns segundos, Socorro viu a imagem de Jesus diante dela. De repente, desprendendo-se dos braços da amiga, ela partiu porta afora. Uma força estranha a arrancou dali. Continuou correndo até o fim da rua. Adelaide, pegando sua bolsa, saiu correndo atrás dela.

"Meu Deus, o que deu em Socorro?", pensou.

O rapaz, que estava sentado no banco de uma praça nas proximidades da rua onde deixara as duas moças, reconheceu uma delas correndo. Em desespero, pensou: "Santo Cristo, o que terá acontecido?"

Alcançando a moça, ele a segurou pelos braços e perguntou:

– O que houve? Posso ajudá-la?

Socorro, desesperada, respondeu:

– Não sou uma assassina! Não sou uma assassina!

– Sente-se aqui, por favor – pediu o rapaz lhe indicando um banco.

– Não! Preciso ir embora depressa deste lugar! Por favor, ajude-me a sair daqui!

Adelaide chegou naquele exato momento. Os três já estavam dentro do carro, quando uma mulher fez sinal com a mão para que esperassem. O rapaz, obedecendo ao chamado dos anjos, acelerou o carro e desapareceu da praça com as duas moças. Bem distanciados dali, ele parou o carro e perguntou:

– Sinto que me meti em uma encrenca. Quero saber o que está acontecendo. Tenho esse direito. Quem vai me explicar? Você matou alguém? – perguntou para Socorro, que estava em estado de choque.

Adelaide relatou a situação da amiga, que estava com os olhos fixos no chão e parecia alheia a tudo.

O rapaz ficou em silêncio e depois, aproximando-se de Socorro, falou:

– Se quiser ter o seu filho, posso ajudá-la. Não vou lhe prometer riqueza nem facilidades, isso eu não posso. Como você, tenho uma tia que age diferente da sua e ajuda as mães a não matarem seus filhos. Ela dá abrigo às mulheres que não têm para onde ir; cuida da mãe e do filho e depois, quando a mãe se recupera do parto, ela as ajuda a encontrar um trabalho e a cuidar do filho. Fica distante daqui, umas duas horas de viagem, mas podemos seguir para lá agora, se você quiser. Minha única exigência é que a sua amiga não a acompanhe e que convença sua tia a informar ao doutor engenheiro que deu tudo certo, que você está repousando e daqui a alguns dias tudo voltará ao normal. Depois, mandem que ela fale a ele que a mandou de volta para sua terra. Dessa forma, você e o bebê estarão protegidos. Sabe como é gente rica e de poder, se não querem o filho não se importam de matar também a mãe.

Adelaide convenceu o rapaz de que elas tinham de regressar para a casa da tia e dizer que tudo dera certo. Com certeza, o engenheiro iria à noite para se certificar dos resultados. Ela voltaria à casa da médica e dobraria o valor pago pelo engenheiro, para que ela dissesse que tudo havia corrido como combinado. À noite, depois que começassem as funções noturnas, discretamente, com a sua ajuda, Socorro deixaria a casa e seguiria para o seu novo destino. Ela iria manter firme a ideia de que Socorro tirara o filho. Assim, ninguém se complicaria.

Adelaide pegou as duas mãos da amiga e lhe disse:

– Vou mandar o dinheiro de sua mãe até você ter o seu filho e recomeçar sua vida. Não prometo visitá-la, mas tenho certeza de que nosso amigo Gerson vai me trazer notícias suas; e eu vou lhe mandar as minhas.

O rapaz pediu a Adelaide que fosse negociar com a médica e jurasse para ela que Socorro estava voltando para sua terra. Ele queria ter certeza de que Socorro não corria riscos. Minutos depois, a moça voltou dizendo que ficara tudo acertado. Ela convencera a mulher de que Socorro estava voltando para a sua terra natal e que não havia nenhum risco de comprometê-la em relação ao pagamento feito pelo engenheiro.

Antes de deixarem o local, Adelaide perguntou para a amiga:

– Você está segura de sua decisão? Ainda dá tempo de voltar atrás. Vou estar sempre do seu lado, ajudá-la como puder, mas não posso me responsabilizar amanhã pelo que você fez ou deixou de fazer hoje.

– Estou certa do que estou fazendo. Se Deus me deu essa coragem, não vai tirar as minhas forças daqui para a frente. Vou ter esse filho, estou saindo dessa vida que nunca sonhei para mim! Se precisar dormir embaixo de uma ponte, vou dormir, mas com o meu filho. Nunca mais vou me sujeitar à vida para a qual minha tia me empurrou. Eu lhe prometo, Adelaide, vou lhe pagar todo o dinheiro que você enviar para a minha mãe, mas jamais vou poder lhe pagar a ajuda que está me dando.

– Tenho certeza de que você também faria a mesma coisa por mim – respondeu Adelaide.

⁓⋆⁓

A médica, sentada ao lado da enfermeira, tomando café e olhando para as notas que estavam em cima da mesa, comentou:

– Para todos os efeitos, cumprimos a nossa parte. Se a doida não quis fazer o serviço, o problema não é nosso. Não conhecemos o figurão, ele veio por meio de um conhecido. Aceitei o trabalho, ele pagou certinho e nós ainda saímos no lucro. Essa gente que tem dinheiro é assim mesmo, de repente, a doida resolveu ter o filho pensando que vai prendê-lo ao lado dela... sabe como é! Vou aproveitar meu tempo livre e visitar meus netos. Eles estão lindos! Cada dia que passa ficam mais espertos. Já completaram um ano de idade. Esses gêmeos vieram de encomenda! São a alegria da nossa família. Você, por favor, arrume tudo e só me chame em caso de emergência. Ok?

– Sim, senhora. Pode ir tranquila curtir seus netinhos. Eu limpo tudo e fico aqui marcando as consultas.

Um barulho ensurdecedor de algo que caiu no chão sobressaltou as mulheres, que se dirigiram correndo até o aposento.

– Ai, que susto! – disse a enfermeira. – Ainda bem que foi apenas uma bandeja que caiu no chão.

Ali, naquele momento, dentro daquele recinto sujo de sangue, um espírito se debatia. Enlouquecido, ele gritava:

– Assassinas! Assassinas! Vocês vão me pagar! Destruíram minha vida. Vou acabar com as duas! – E, olhando para os irmãos que tentavam controlá-lo, gritava: – E vocês? Por que as deixaram me matar? Por quê? Não quero saber de ninguém! Deixem-me em paz. Quero ficar sozinho, não vou sair daqui! Ninguém vai me tirar daqui, vou matá-las bem devagar, assim como elas me mataram. Vocês não poderão me impedir; conheço meus direitos!

A médica arrumou-se e antes de sair teve a impressão de ter ouvido alguém falando atrás dela.

"Esses ecos vão nos deixar loucos, este bairro era tão sossegado! Mas agora está virando um inferno com esses ruídos vindos de todos os lados devido a essas novas construções!", pensou.

A enfermeira limpou o quarto e jogou todo o material recolhido em sacos de lixo. Os irmãos socorristas tentavam acalmar Pedro, que se arrastava de dor pelo chão.

A enfermeira sentiu uma dor imensa no pé e disse:

– Santo Deus! O que foi isso? – Sentou-se em uma cadeira e massageou o pé. Pedro havia lhe aplicado um golpe.

Em frente à casa noturna, Socorro, pela primeira vez, prestou atenção ao local onde vivia. Agradeceu ao rapaz, que lhe prometeu que estaria de volta às cinco horas da manhã para apanhá-la e ambos seguirem viagem.

A tia de Socorro observava pela janela a chegada das moças. Como prometeu, ela fingiu sentir dor e desceu do carro devagar, com as duas mãos sobre o ventre.

"Menos mal, que problema essa desavergonhada me arranjou! O meu melhor cliente, e eu que me valia do fato de ela ser a minha sobrinha. Preciso pensar no que vou fazer para reconquistar a confiança do engenheiro. De uma coisa eu tenho certeza: as mais finas flores do Rio de Janeiro estão em minhas mãos. De repente, posso negociar Socorro para o grandão do porto. Ainda vou sair no lucro com essa história de gravidez! E, se o engenheiro a quiser de volta, vai ter de me pagar o dobro por conta das humilhações que me fez passar. Se ele aparecer hoje por aqui, vou escalar a Cilene para acompanhá-lo; além de bonita e inteligente é nova na profissão e sabe se comportar na companhia de um homem fino como ele."

Vendo as duas moças entrarem, ela disse:

– E você, dona Socorro, trate de ficar trancada em seu quarto. Não quero comentários entre as outras meninas. À noite vou anunciar a todas que você está com uma doença contagiosa e que por essa razão não pode receber visitas. E você, Adelaide, fique de olho, quando o engenheiro chegar, sem chamar a atenção de ninguém, avise-o de que deu tudo certo.

– A senhora pode ficar sossegada, eu vou cuidar disso; afinal, acompanhei Socorro e vi com os meus olhos que, de fato, tudo correu bem!

Sentando-se na poltrona que ficava próxima à cama de Socorro, a tia, suspirando fundo, falou:

– Socorro, minha filha, a vida não é uma brincadeira; quando somos jovens sonhamos com muitas fantasias, aí vem a realidade e descobrimos que os nossos sonhos só existem dentro de nós. Você ainda é muita nova e tem de aproveitar o frescor da primavera de sua vida para fazer o seu pé de meia. Atualmente, tenho mandado mensalmente uma quantia em dinheiro para sua mãe, que dá para ela e seus irmãos irem levando a vida. Não tenho herdeiros, nunca tive filhos, por esse motivo, quero prepará-la para futuramente assumir as funções desta casa.

Dependendo do que você fizer por mim, será minha herdeira. Faça um esforço; não coloco dinheiro na sua mão, como faço com as outras meninas, porém, tudo o que emprego aqui um dia poderá ser seu, só vai depender de você, minha filha. Não faça mais nenhuma besteira. Peço que não abram as janelas do fundo para não atrair a atenção dos vizinhos que vivem de olho nesta casa. Não me faça mais besteiras; caso aconteça algo semelhante, venha diretamente falar comigo. Adelaide, vá até a cozinha e traga o almoço de Socorro, ela precisa se alimentar bem para repor as forças e melhorar logo. Aproveite também e peça para a cozinheira preparar um chá de folhas frescas de cidreira, que é bom para o estômago e ajuda a tirar dor.

✧

Depois que Tetê saiu, Adelaide fechou a porta e disse para a amiga:

— Peço a Deus que você consiga ter o seu filho em paz e também arrume um trabalho digno e honesto para refazer sua vida bem longe dessa serpente! Apesar de sermos amigas, não sabemos muito uma da outra. Agora que sei um pouco de sua história, vou lhe contar a minha. Estou com 23 anos; há três anos vim para cá. Havia me apaixonado por um homem casado, que me prometeu mundos e fundos. Disse que iria se separar da esposa para ficar comigo e alugou um apartamento mobiliado, aqui perto do centro. Eu estava cheia de sonhos e deixei a casa dos meus pais para morar com ele. Mas sabe o que aconteceu? A mulher dele apareceu no meu apartamento, apanhou-nos juntos e, na minha frente, exigiu: "Você vai escolher, ela ou eu". E ele jurou que nunca mais colocaria os pés naquele apartamento caso fosse perdoado e não mais me procuraria. E foi o que aconteceu. Ele foi embora com ela e, além das ameaças e humilhações, fiquei sem recurso nenhum para sobreviver. Procurando trabalho avistei uma placa nesta casa com os seguintes dizeres: "Admitimos moças, idade entre 18 e 25 anos". Entrei e fui informada sobre o trabalho que iria realizar. Nunca mais procurei a minha família; sinto vergonha e medo, os meus familiares jamais aprovariam o que eu faço. Culpo-me por não ter lutado por mim mesma, poderia ter um trabalho digno, mas me entreguei a essa vida e sou o que sou. Ganho minhas comissões, que não são nada perto do que fica com a sua tia. Mas também ganho algum dinheiro, que não chega ao conhecimento dela, e guardo pensando no meu futuro. Não vai demorar muito, só vou servir para arrumar as camas, limpar chão e banheiros. Vou ficar nessa vida mais uns dois anos e cair fora de uma vez por todas. Quem sabe vamos embora para o Nordeste e abrimos um negócio por lá, uma loja ou sei lá o quê!

Socorro respondeu:

– Nós nos conhecemos há pouco tempo e nos gostamos como irmãs. Minha história, você já conhece. Vim para o Rio de Janeiro na certeza de que iria trabalhar na casa da minha tia, só não sabia o que iria fazer. Eu também sinto vergonha e tenho medo de que um dia minha mãe descubra o que aconteceu comigo. Na verdade, ela não queria que eu viesse para o Rio, porém eu implorei, disse a ela que seria a minha única oportunidade de mudar de vida e ajudá-la a cuidar dos meus irmãos. Jurei que iria me guardar, não iria fazer nada que a envergonhasse. Ela concordou, mas antes me fez jurar que iria sempre lhe falar toda a verdade a respeito da minha vida. Como você acha que me sinto?

– Calma. Você vai embora e se Deus quiser nunca mais vai precisar mentir para sua mãe nem para ninguém. Eu, de fato, sou sua irmã, vou ajudá-la no que puder. Vou contornar a situação com a sua tia e, quem sabe, em vez de mandar dinheiro para sua família, mando para você e seu filho. Sua tia tem o rabo preso com a sua mãe e não vai querer falar a verdade. Acho que vai continuar mandando o dinheiro e mentindo como ela sempre fez, mas vamos aguardar para ver o que vai acontecer.

Na empresa, o engenheiro passou o dia brigando com todos, estava muito nervoso. Um dos colegas de trabalho comentou:

– Acho que ele só vai melhorar no fim de semana, quando for se encontrar com a noiva.

– Quando vai se casar? – perguntou o outro colega.

– Pelo que sei, será no mês de maio do próximo ano.

– Ah! Até lá, temos de engolir esse mau humor. Quando ele se encontra com a noiva volta como uma seda, já notaram isso?

– Isso é normal. Sabemos que este trabalho acaba com os nervos de qualquer um. Ainda bem que temos esposa e filhos, que nos ajudam a quebrar um pouco a tensão dos nossos dias. Ele, ao contrário, é solteiro e não tem família no Rio de Janeiro.

À noite, o engenheiro frequentava aquela casa noturna, onde deixava uma pequena parte do dinheiro extra que recebia nas negociações empresariais. Olhou em direção ao caixa, sabia ser o lugar preferido da dona da casa. Ela lhe acenou com um sorriso.

Adelaide, como tinha sido instruída, foi até ele e falou baixinho:

– Deu tudo certo! Pode ficar sossegado. Socorro está descansando e dona Tetê já disse para todos que ela está doente e que por esses dias o senhor não vai entrar no quarto dela. Acompanhe-me, eu vou lhe apresentar uma menina nova que começou a trabalhar na casa hoje. Ela ainda não tem nenhum pretendente fixo; se o doutor gostar, dona Tetê disse que vai deixá-la fixa para o senhor. Se aprovar passe no balcão e acerte com a dona Tetê o preço dela. Caso não goste, pode ficar à vontade para escolher outra.

Foram até o outro lado do salão e encontraram uma garota morena, de cabelos longos e negros, rosto angelical, sorriso malicioso e olhos puxados. Dava para ver que era descendente de orientais. Estava sentada com as pernas cruzadas. Chamava-se Cilene e tinha dezenove anos de idade.

Adelaide apresentou o engenheiro à moça e pediu licença aos dois, retirando-se.

A dona da casa não tirava os olhos deles. Satisfeita, percebeu o entrosamento entre ambos. Colocou uma ficha em um envelope e mandou a mensageira entregar ao moço. Logo a garota voltou com o dinheiro no envelope. Ela conferiu e os dois desapareceram do salão.

Tetê pensou: "Ele é de fato um cliente e tanto! Pagou o valor cobrado sem questionar. Vai ser uma pena quando ele se casar... Vou ficar sem esse gordo pagamento; mas, pelas minhas contas, os homens que gostam das meninas sempre voltam depois de um ano de casados".

Olhou à sua volta para se certificar de quantos homens casados, que se encontravam ali naquela noite, frequentaram sua casa quando solteiros. Satisfeita, percebeu que eram muitos.

Voltou o pensamento para a sobrinha... Novinha, cheirando a leite, linda como era, não seria difícil arrumar outro bom partido e assegurar o prestígio daquela doida. Por outro lado, pensando bem, o engenheiro ia se casar dali a alguns meses e Socorro precisava mesmo arrumar outra companhia. Ela tinha um plano: ia apresentar a sobrinha para o deputado que de vez em quando aparecia por lá em busca de diversão. Ele ainda não a conhecia; ela precisava pensar na forma de tirar dele o máximo possível. Algumas de suas meninas o tinham acompanhado em seus programas marítimos, porém ela não gostava muito que as meninas trabalhassem fora; as queria ali, embaixo de seus olhos. Sempre que as meninas voltavam, traziam roupas, acessórios, perfumes e, com certeza, dinheiro escondido. Era difícil de controlar.

⁓◦⦚◦⁓

As funções na casa nunca se encerravam antes das quatro da manhã. Adelaide se ocupou a noite toda e dona Tetê não tirou os olhos dela e das outras meninas. Tinha semana que era um prejuízo só! Muitas meninas menstruavam ao mesmo tempo.

Faltavam quinze minutos para as quatro horas da manhã quando Adelaide pediu para ir ao banheiro. A dona da casa respondeu:

– Vá depressa e não demore! Há muitos fregueses que ainda não acertaram as despesas e estão saindo. Você precisa ajudar as outras, eu sei que muitos vão voltar à noite, mas, mesmo assim, o melhor é receber agora. Quem é vivente é mortal.

– Sim, senhora, volto já.

A moça se dirigiu ao quarto da amiga e viu que ela já estava preparada para sair.

VIDAS ROUBADAS • 39

– Vou deixar a porta dos fundos encostada; os fregueses já estão se retirando. Logo dona Tetê vai fechar o caixa e as meninas vão se recolher. Aí é a sua vez.

Abraçaram-se e Adelaide colocou na mão dela um envelope com dinheiro.

– Aceite, é para suas primeiras necessidades. Boa sorte, Deus a acompanhe.

O último freguês, o engenheiro, deixou a casa às vinte para as cinco da manhã. Antes de sair foi até o balcão e falou baixinho para a dona da casa:

– Cuide bem dessa aí. Não quero problemas para o meu lado. Paguei o que me pediu e confio no seu bom-senso.

– Pode ficar tranquilo, o senhor não terá dor de cabeça. Vou vigiá-la dia e noite. Agradeço pelo que fez pela doida da minha sobrinha.

Ele saiu sem responder.

A dona da casa mandou fechar as portas, dispensou os seguranças e pediu às garotas que guardassem as garrafas que ficaram abertas, dando ordens para que elas se retirassem e fossem dormir. À tarde, todas participariam da limpeza e da arrumação da casa.

Adelaide ajudou a retirar as mesas e em seguida acompanhou as outras meninas, que reclamavam de sono e cansaço.

Olhando o relógio, viu que eram cinco horas. Correu até a janela e percebeu o carro de Gerson se aproximando. Logo, avistou Socorro atravessando a rua com uma sacola na mão. A moça entrou no carro, que deu partida e desapareceu na rua. Fechando os olhos, Adelaide, apreensiva, pediu a Deus que protegesse a amiga e o bebê, que escapou da morte pela bondade daquele moço que elas nem conheciam.

Adelaide, apesar do cansaço, não conseguiu dormir e só sossegou quando percebeu os raios de sol iluminando a janela do quarto. Olhou para o relógio, já eram oito e meia da manhã. Àquela altura, Socorro já havia chegado ao seu novo destino. Virou de lado, cobriu a cabeça e adormeceu. Estava em lugar muito bonito, onde várias crianças brincavam ao redor de um jardim. Um menino saiu do meio dos outros e foi até ela, pegou sua mão, beijou e disse:

– Muito obrigado por terem me ajudado. Se não fosse você e o Gerson, eu não iria cumprir minha nova missão.

Antes de ela responder alguma coisa ele saiu correndo e desapareceu no meio da multidão de crianças. Adelaide acordou transpirando e pensou: "Meu Deus! Que sonho estranho. Um lugar bonito... aquele menino...". Olhou o relógio e viu que já passava das treze horas; resolveu se levantar!

Saiu de camisola e encontrou algumas meninas que tomavam café e brincavam. Na cozinha, a cozinheira estava preparando o almoço e assim que a avistou disse:

– Você não vai levar nada para a Socorro? A dona Tetê disse que ela não pode circular pela casa porque está com uma doença contagiosa. Como você também já pegou essa doença, é a única que pode entrar no quarto dela. Aproveite, e, por favor, dê uma arrumada no que precisar. Tire as roupas de cama e passe um pano no chão. Não estou me aproveitando da sua boa vontade, mas, já que você está imune...

– Tudo bem. Vou levar a bandeja com a refeição e depois faço o que me pediu. Pode ser?

– Obrigada, você é uma menina de ouro.

Adelaide pegou a bandeja e saiu pensando no que iria fazer. Ia dar o alarme da ausência de Socorro ou deixar que a tia mesma fosse até lá e descobrisse?

No caminho, encontrou com Cilene, que perguntou:

– É verdade que a sobrinha da dona Tetê está muito doente?

– Sim, estou levando sua refeição. Ela está de molho. E você, teve uma noite feliz? Gostou de sua nova companhia?

– O engenheiro é um homem maravilhoso, se depender de mim ele nunca mais vai encostar um dedo na sobrinha de dona Tetê – respondeu Cilene.

– Estou vendo que as fofocas por aqui correram soltas! – comentou Adelaide se afastando.

Sentada na cama de Socorro, ela pensava no que iria fazer e como iria dizer a todos que a jovem sumira. Sentiu as pernas tremerem ao ouvir a voz de dona Tetê na porta do quarto.

– Está tudo bem aí?

Adelaide, sem pensar, respondeu alto:

– Está sim, senhora. Trouxe o almoço de Socorro e ela está ótima!

– Pois então venha logo ajudar na limpeza, pois a única que vai continuar na vida boa é a Socorro. Mas tudo bem, se Deus quiser, logo, logo ela vai deixar esse quarto para florescer em nosso jardim.

Adelaide escutou os passos se afastando. Colocou a mão no coração e pensou: "Santo Deus! O que vou fazer? Nós combinamos a fuga e nos esquecemos de planejar o que fazer depois".

Jogou no lixo tudo o que tinha na bandeja, arrancou os lençóis da cama e as toalhas e fechou a porta do quarto. Chegando à cozinha, encontrou com dona Tetê, que, olhando para a bandeja, comentou:

– A nossa doente amanheceu com apetite! Que bom que você mesma ajudou na limpeza do quarto. Vamos cuidar da vida que já está passando da hora – continuou Tetê, batendo no ombro da moça.

– Vou trocar a camisola e já volto.

No salão, as meninas já se preparavam com rodos, vassouras e baldes para iniciarem a limpeza. Tetê, encaminhando-se para uma das moças, que era a responsável pelas outras, disse:

— Gerusa, hoje é o dia em que preciso ir ao banco para acertar minhas contas. Tome conta de tudo, pois não sei a hora que volto; não espere por mim para fazer o que precisa ser feito.

— Pode ir tranquila, dona Tetê, cuidaremos de tudo. A senhora tem alguma recomendação especial para hoje à noite?

— Deve chegar um mensageiro com bebidas e outro com as flores. O dinheiro de cada um está aqui nestes envelopes, é só receber e pagar. Já sabe: ninguém entra, ninguém sai, tudo bem?

— Claro, dona Tetê! Se sair não entra mais. E eu duvido de que exista outra casa igual a esta, na regalia e na qualidade de quem vem aqui.

— Ainda bem, Gerusa, que você é uma mulher vivida, que já passou por outras casas e pode alertar a essas meninas o que elas têm aqui em minha casa. Deus dá a cada pessoa uma missão, a minha foi essa, cuidar de outras filhas de Deus desamparadas. Vocês sabem que eu amo cada uma de vocês como se fossem minhas verdadeiras filhas! – afirmou, secando os olhos e saindo.

As meninas se emocionaram diante daquelas palavras. Gerusa então falou:

— Estou aqui há mais de oito anos. Se Deus quiser, só vou deixar esta casa quando morrer pela idade. Tenho dona Tetê em conta de minha mãe. O que me falta aqui? Tenho casa, comida boa, sossego, ninguém mexe comigo e me orgulho de ser o que sou. Com o dinheiro que juntei trabalhando aqui, comprei uma boa casa, que está alugada. O dinheiro do aluguel está bem guardadinho e é a certeza de que amanhã vou ter do que viver. Com o que recebo aqui na casa, pago um ótimo colégio para a minha filha, que mora com a minha mãe no Rio Grande do Sul. Graças a Deus ela se prepara para ser alguém na vida. Se tivesse ficado por aí batendo a cabeça aqui e acolá, nada teria feito em minha vida. Por tudo isso, prestem atenção ao conselho que vou lhes dar: não gastem o dinheiro que ganham com perfumes importados, joias, roupas e coisas assim. Sei que isso é a primeira coisa que pensamos comprar quando temos dinheiro. Mas eu as aconselho: juntem dinheiro, meninas, pensem no amanhã, comprem uma casa, pois esse é o primeiro caminho! Pensem na velhice. Daqui a dez anos vocês não vão mais ter essa chance que a vida está lhes oferecendo hoje, todas vamos estar velhas para essas tarefas, e aquelas que permanecerem aqui vão servir mesas e arrumar camas.

Adelaide parecia interessada na conversa, porém, o pensamento estava longe, nem prestava atenção nas palavras de Gerusa.

"Meu Deus, que sorte!", pensou; ainda lhe restava um tempo para pensar no que iria fazer a respeito do desaparecimento de Socorro.

Cilene se aproximou dela e comentou baixinho:

– Fiquei sabendo que o engenheiro era o homem da sobrinha de dona Tetê. Ainda não a conheço, mas me falaram que ela parece um pouco comigo. É verdade? Tenho medo de que isso gere um mal-estar entre nós. Não tive culpa e você é testemunha, pois foi quem me apresentou ao rapaz. Mesmo sabendo que eles não têm nenhum compromisso conosco, é normal um clima de ciúmes e desentendimento entre as garotas quando isso acontece.

– Fique sossegada. Socorro não tem esse tipo de pensamento, ela não está bem de saúde e por esse motivo a tia a afastou por alguns dias das tarefas da casa. Não deixe de viver sua vida pensando nela. Quando chegamos aqui, somos advertidas sobre isso, não é verdade? Então ninguém pode ficar melindrada com essas bobagens – respondeu Adelaide.

– Muito obrigada. Você aliviou meu coração. Eu estava angustiada pensando na garota. Você tem razão, às vezes ficamos sensibilizadas umas com as outras e esquecemos que somos apenas instrumentos de desejos passageiros.

Cilene se afastou e Adelaide teve uma ideia: "Já sei o que vou fazer! Vou aproveitar o meu estado de mulher e manchar todos os lençóis da cama, simulando alguns cortes. Deus me ajude, não sou atriz, mas tenho de ensaiar uma peça e convencer a todos que Socorro fugiu porque teve uma crise de ciúmes após ver o engenheiro com Cilene".

Já estava escurecendo e os seguranças estavam chegando e organizando suas tarefas. As meninas foram se preparar para cumprirem as funções da casa.

Tetê chegou apressada e perguntou a Gerusa se estava tudo bem. Virando-se para Adelaide, quis saber como estava a sobrinha.

– Ela está ótima! Passou um dia normal, a senhora quer ir até lá? Eu a acompanho – questionou Adelaide, demonstrando tranquilidade.

– Não! Agora não! Estou atrasada e muito cansada. Vou tomar um banho, comer alguma coisa e descer para a lida. Amanhã vou até lá.

Assim que ela se afastou, a moça ficou parada observando a frieza com que ela tratava a sobrinha. Sentiu inveja da coragem de Socorro e saiu correndo porta afora para se libertar daquela cadeia maldita em que ela estava aprisionada.

– Se eu tivesse a mesma coragem saía daqui agora e nunca mais voltava. Contudo, não tenho essa determinação. Mas um dia eu vou fazer isso, tenho fé em Deus que vou conseguir!

Gerusa lhe tocou o ombro e ela se virou assustada:

– Menina, você não vai se arrumar? Mesmo não cumprindo suas funções na casa, está escalada para outros deveres.

– Claro! Já estou indo; e você, não vai se arrumar?

– Pois é, tenho de esperar dona Tetê descer e depois sair voando para me arrumar de qualquer jeito. Ainda bem que, como se diz por aí: "Todo gato de noite é pardo", e ninguém vai perceber minhas rugas de cansaço.

Adelaide foi se arrumar e quando desceu encontrou Tetê dando ordens aos seguranças.

Gerusa chegou perto dela e, piscando, disse:

– Ela está uma pilha de nervos. É bom avisar as meninas para que não se atrasem e não fiquem fazendo gracinhas, pois quando ela está assim, por qualquer besteira, coloca-nos para fora.

❧

Naquela noite, o movimento na casa foi normal. Entre servir uma mesa e outra, Adelaide foi até o quarto de Socorro e fez o que havia planejado.

Por volta do meio-dia ela se levantou e foi até a cozinha, tomou café e a cozinheira lhe pediu:

– Leve a bandeja da Socorro. Coitada, até uma hora dessa sem o café da manhã, isso é castigo para qualquer um.

Aproveite para dar uma arrumada no quarto e tirar as roupas sujas. Por favor, não quero me arriscar a ir até lá.

— Pode deixar, vou levar a bandeja e faço o que você me pediu. Só me deixe terminar de tomar o café.

Assim que Adelaide deixou a cozinha, outra menina, que estava tomando café, perguntou baixinho:

— Dina, você sabe que doença é essa que a Socorro pegou? Nós estamos com medo de ser alguma dessas doenças que falam por aí, a tal "doença do mundo". Já ouviu falar?

A cozinheira, fazendo o sinal da cruz, respondeu:

— Doença do mundo não tem cura, ela mata!

— Será que pegou do tal engenheiro? Ela só foi mulher dele... Se pegou dele, logo a Cilene vai estar no mesmo caminho. Será que nós não corremos o mesmo risco? Está todo mundo com medo. Você, que é nossa amiga, poderia investigar para nos ajudar.

De repente, ambas ficaram pálidas ao ver a expressão do rosto de Adelaide, que apareceu com a bandeja na mão e o alimento intocado.

— O que foi? O que aconteceu com a Socorro? Ela morreu? — perguntou a menina, tremendo de medo.

— Não sei nem como vou dizer para dona Tetê que a Socorro não está no quarto — respondeu a moça, demonstrando desespero.

— Vamos procurá-la por toda a casa antes de dar o alarde — respondeu a outra jovem.

— Santo Cristo! — exclamou a cozinheira. — Será que a doença subiu para a cabeça?

— Vamos procurá-la pela casa — insistiu Adelaide. — Prefiro acreditar que ela está aqui dentro e não lá fora.

As meninas que desciam para o café foram informadas e logo se criou uma balbúrdia dentro da casa.

Tetê acordou com o abre e fecha das portas e o corre-corre dentro da casa. Assustada, jogou o chambre por cima da camisola e foi correndo saber o que estava acontecendo.

Adelaide, cercada pelas outras meninas, todas assustadas, foi informada de que Socorro não estava no quarto nem na casa. Adelaide, seguida por Tetê, entrou no quarto e ambas viram os lençóis sujos de sangue e o armário vazio.

– Meu Deus! – gritou Tetê se sentando na poltrona. – O que essa doida fez? Adelaide, você, que era a única pessoa que estava conversando com ela, não percebeu nada?

– Estava tudo bem até hoje de manhã, antes de encerrar as funções. Vim saber como ela estava e a encontrei chorando. Ela viu Cilene com o engenheiro e ficou enciumada. Tentei chamar-lhe a atenção, lembrando-a de que nenhum homem frequentador desta casa tem compromisso com nenhuma de nós, mas acho que ela não entendeu. Estava revoltada, inclusive com a senhora, dizendo que tinha sido enganada, mas não pensei que ela fosse fazer essa loucura.

Gerusa, que estava de lado, escutando, deu sua opinião:

– Dona Tetê, vamos dar uns trocados para os meninos malandros que ficam aqui em frente, que eles a acham rapidinho. Para onde ela iria? Não conhece ninguém nem tem como sobreviver sozinha por aí... Deve estar sentada em algum banco de praça. Logo os moleques encontram sua sobrinha. Posso fazer isso? A senhora me autoriza? Antes de escurecer ela vai estar de volta.

– Por favor, Gerusa. Faça isso, estou me sentindo mal. Adelaide, você acha que eu mereço passar por isso, minha filha?

– Não senhora. Sua sobrinha foi uma ingrata. Estou decepcionada com ela. Justo eu, que sempre procurei ajudá-la em tudo! A senhora é testemunha, dei aulas de boas maneiras, ensinei-a como combinar as roupas, usar os acessórios, perfumes e sapatos! Fui uma amiga de verdade, acompanhei-a no que ela precisou e olhe o que eu ganhei!

– Pense bem, Adelaide. O que vou fazer com essa criatura? Não posso mandá-la embora, mataria minha irmã do coração. O que vou fazer com Maria do Socorro? Não duvido nada de que essa traidora arrume um trabalho em outra casa! Isso seria a maior vergonha da minha vida.

– Não, dona Tetê, ela não faria isso! E depois, do jeito que a senhora é respeitada nesse meio, ninguém daria trabalho a ela. Não se lembra do caso da Selma que saiu daqui e foi atrás da outra casa pensando ganhar mais?

– É, vamos esperar para ver no que vai dar. Olhe só que sujeira está a cama dela! Como me arrependo de tê-la trazido! Maldita a hora em que tirei aqueles dez dias de férias e fui para o Nordeste! Fiquei com pena dela e da minha irmã e sobrinhos, pois estavam passando fome. Ofereci-lhe a oportunidade de sair de lá e tirar a mãe do inferno. Agora, olhe o que ela aprontou!

– Ah! Dona Tetê, a senhora não é obrigada a aguentar sua sobrinha, não! Mande-a de volta para casa. Sua irmã não precisa saber como ela viveu aqui no Rio de Janeiro. A senhora não vai ter nenhum problema.

– Não posso fazer isso, Adelaide. A mentalidade dos meus parentes nordestinos ainda é muito atrasada, eles vão me criticar demais, isso se não me matarem! Quando souberem que ela não é mais virgem e que eu facilitei a vida dela, ninguém vai querer saber das minhas boas intenções. Serei condenada e executada como uma criminosa. Eles morrem de fome, mas se apegam ao maldito orgulho, vangloriam-se por serem honestos e verdadeiros. Eu deixei minha família logo cedo, acompanhei um caminhoneiro que me fez de gato e sapato, depois me largou. Comecei esta vida em uma época de ouro; ganhei muito dinheiro e pensei no meu futuro.

ᗆᔇᘔ

Ao escurecer, os primeiros clientes de dona Tetê já lotavam as mesas. O engenheiro foi um dos primeiros a chegar. Ele se aproximou do balcão e, discretamente, perguntou para a dona da casa:

– Está tudo bem com a sua sobrinha?

– Ah! Sim, está tudo ótimo. Fique tranquilo, e muito obrigado pela sua preocupação com a saúde dela.

Ele se afastou e a mulher ficou matutando: "Ele ainda pensa nela... Tudo bem, para tê-la de volta, terá de me pagar o dobro! E ainda é pouco pela raiva que estou passando".

O segurança estava conversando com Gerusa. Dona Tetê, atenta, perguntou:

– Encontraram a fugitiva?

Gerusa falou baixo ao ouvido de dona Tetê:

– Ninguém a viu nas redondezas. Está tudo muito estranho. O segurança teme que ela possa ter se jogado por aí e esteja morta.

– Seria uma boa solução, mas não acredito nisso; ela é tão hipócrita que não faria esse favor para mim. E os meninos, continuam na busca?

– Sim, senhora. Aumentamos o número de meninos no encalço dela. Eles vão pegar um ônibus e circular por aí; inclusive, vão até as praias, pois nunca se sabe o que pode acontecer em uma cabeça sem juízo como a de Socorro. Imagine ficar enciumada por causa do engenheiro e fazer uma besteira, e, o que é pior, estando doente. Coisa de mulher sem experiência, dona Tetê! O engenheiro foi o único homem na vida dela, então, quando o viu com Cilene, o mundo desabou. Vai passar, a senhora vai ver. Quando ela voltar, vamos ter paciência e ajudá-la a passar por cima disso. Garanto que ela vai levantar a cabeça, e a senhora vai ter alguém firme e com os pés no chão.

– Deus a ouça, Gerusa – respondeu Tetê. – Por favor, tome cuidado e relembre as meninas de que não devem falar nem uma palavra sobre o desaparecimento de Socorro com a nossa clientela.

– Fique tranquila, dona Tetê. Os seguranças estão de olho, e as meninas foram alertadas a não falar sobre o assunto. Adelaide é que está muito nervosa, pedi a ela para não transportar as bandejas com os copos, pois está tremendo da cabeça aos pés. Elas eram amigas e a Socorro não levou isso em consideração.

– O engenheiro já se retirou do salão com Cilene? – perguntou Tetê preocupada.

– Sim, senhora. Os dois já foram para os aposentos dela.

– Ainda não a conhecemos bem. Será que ela é de confiança? Apesar de termos conversado muito com ela precisamos ficar atentas.

– Ela me pareceu uma boa menina; pelo menos nessa semana de adaptação demonstrou muita discrição em tudo. Tomara que fique conosco por muito tempo. A história dela é parecida com a de todas as outras meninas: saiu da casa dos pais e foi abandonada pelo príncipe encantado. Por esse motivo que lhe digo para ter paciência com a Socorro, ela não passou pela fase do príncipe encantado, mas ainda tem caraminholas na cabeça.

As duas mulheres pararam de falar com a entrada de ilustres visitantes.

– Corra, Gerusa, vá atendê-los – pediu Tetê. – As mesas de honra que ficavam reservadas, com ajuda dos seguranças, foram liberadas.

Tetê se ajeitou e, ainda tensa, dirigiu-se às mesas para dar as boas-vindas aos ilustres visitantes que foram conhecer a casa.

Apertando a mão do deputado, ela os agradeceu pela ajuda recebida para obter o título de eleitora, pois, pela primeira vez em sua vida, participara de algo tão importante como uma eleição. Suas meninas também haviam votado, como eles tinham sugerido.

Ficaram ali conversando durante alguns minutos. Logo as bailarinas se apresentaram acompanhadas de músicos e cantores selecionados a dedo. O grupo de meninas, escolhidas por Gerusa, colocou-se à disposição deles.

A conversa era sobre as eleições. O nome mais citado era o de Getúlio Vargas. Eles comentavam que o presidente eleito só alcançara o prestígio de se eleger graças a Vargas. O símbolo da marmita foi o alvo! O concorrente de Eurico teve a infelicidade de discursar e suas palavras espalharam-se rapidamente: "não preciso de votos de marmiteiros". Naquela ocasião, com o fim da Segunda Guerra Mundial e no auge de se conquistar um novo estado, as cidades do Rio de Janeiro e de São Paulo empregavam brasileiros de norte a sul do Brasil para trabalharem na construção civil. E eles eram os marmiteiros!

Entre as meninas que faziam companhia para os ilustres senhores estava Adelaide; por sua beleza física e formação cultural, ela fora escalada para ouvir os nobres senhores.

Em determinado instante, um deles virou-se para a moça e perguntou:

– Você votou em quem, minha bela?

– Votei no dr. Eurico Gaspar Dutra, e sei que ele só alcançou a cadeira graças ao dr. Getúlio Vargas, que, tenho certeza, vai voltar a ser o nosso presidente.

– Olhe que menina inteligente! – disse o deputado. – Estou feliz que você não tenha entrado no grupo das mulheres que votaram no homem que se dizia "bonito e solteiro". Cá entre nós, esse brigadeiro é muito estranho, para mim ele joga em outro time... – Foram só risadas.

O brigadeiro Eduardo Gomes era solteiro e aproveitaram esse fato para criar o *slogan*: "Vote nele que é bonito e solteiro".

Enfim, Adelaide entendeu que eles estavam ali para comemorarem a vitória nas eleições e algo mais. Ao levantarem os copos para brindarem, o deputado acrescentou:

– Viva ao estado novo! Viva a nós!

O engenheiro foi fazer companhia aos visitantes da casa. Cilene percebeu o quanto ele era influente no meio político. Naquela mesa, algumas propostas foram colocadas a respeito de se construir uma nova ponte no Rio de Janeiro. Algo tão fantástico que até os nobres da Inglaterra deveriam vir na inauguração. O mundo iria voltar os olhos para o Brasil.

***

O engenheiro, um grande empreendedor, porém, não viu sua ideia publicada nem levada a sério durante algum tempo.

Contudo, muitos anos depois, para a felicidade do nosso país, em 1963, eis que se forma o primeiro grupo de trabalho

VIDAS ROUBADAS • 53

para tratar exatamente da brilhante ideia do engenheiro de tantas outras obras importantes.

Em 29 de dezembro de 1965, surgiu uma comissão executiva para cuidar do projeto definitivo. Para atravessar a Baía da Guanabara havia duas opções: utilizar as balsas (com filas enormes, principalmente nos fins de semana e feriados) ou caminhar 100 km para seguir até Magé (contornando a Baía). O início da construção da ponte foi simbólico e aconteceu em 1968; como havia sido previsto na mesa da casa de Tetê, o projeto era o máximo! Na presença da Rainha Elizabeth II e de Sua Alteza Real, o Príncipe Phillip, juntamente com o ex-ministro dr. Mário Andreazza, a ponte não era mais um sonho, delírio ou pesadelo, mas uma realidade.

A construção real começou no ano seguinte pelo consórcio vencedor, o CCRN – Consórcio Construtor Rio-Niterói, encabeçado pela Construtora Ferraz Cavalcanti. No entanto, muitas dificuldades foram encontradas pelo consórcio no que dizia respeito às fundações. As obras ficaram paralisadas e o contrato foi rescindido em 26 de janeiro de 1971. O sonho não tinha terminado; pelo contrário, preparava-se para renascer e beneficiar o país.

Dessa forma, foi organizado um segundo consórcio, chamado Consórcio Construtor Guanabara Ltda., que era formado pelas seguintes empresas: Construções e Comércio Camargo Corrêa, Construtora Rabello e Construtora Mendes Júnior e Sobrenco. À época de sua inauguração, previa-se que a ponte alcançaria um volume de tráfego de cinquenta mil veículos por dia, nos dois sentidos; mas o crescimento da região metropolitana do Rio de Janeiro extrapolou essa previsão.

Atualmente, a ponte recebe mais de cento e trinta mil veículos por dia, e os cartões-postais da ponte são levados para o mundo inteiro, gerando uma grande fonte de renda para a cidade do Rio de Janeiro.

A ponte ainda mantém o recorde mundial por ter o maior vão central sobre o canal de navegação em viga reta metálica do mundo.

Belíssima obra de engenharia. Impossível imaginar como seria o trânsito entre Rio e Niterói, além de outras localidades, sem a ponte. Apesar de tantas lágrimas e tantos sofrimentos, muitas coisas importantes surgiram na casa de Tetê. São os dois lados da moeda.

Não podemos atirar pedras na casa dela, pois o local também serviu de refúgio para os que ajudaram a construir a história do nosso país. Percebemos que Tetê foi mais uma das Marias do Brasil, que escolheu o caminho que lhe foi permitido. Faltaram-lhe a educação religiosa, o amparo familiar e um banco na universidade.

E, assim, sabemos que o Brasil se formou e cresceu diante de nossos olhos com muitas mulheres que tiveram o mesmo destino que o de Tetê e suas meninas.

As palavras que mudaram Maria do Socorro

Durante todo o trajeto, Socorro contou para o novo amigo Gerson sua vida, seus sonhos e como fora parar na casa de sua tia Tetê.

Ao descer do carro, a moça olhou à sua volta e viu que o lugar lembrava suas raízes. A casa era cercada por hortas e um pomar. Ela suspirou aliviada. Estava muito agradecida àquele rapaz e orgulhosa de si mesma. Diante de tantas coisas erradas, ela tomou uma atitude que deixou seu espírito aliviado.

Uma senhora simples e de aparência bondosa apareceu na porta. Chegou sorrindo e abraçou o rapaz, convidando-o:

– Entre, meu filho, entre! Que surpresa boa! E essa menina linda, é sua namorada?

O rapaz, abraçando-a, respondeu:

— Essa menina linda precisa de nossa ajuda, é por esse motivo que a trouxe até aqui — respondeu o rapaz.

A mulher, um tanto desconcertada e pegando a moça pela mão, levou-a para dentro de casa.

— Sente-se, minha filha. Desculpe a confusão. É que o meu sobrinho me disse que na próxima vez que viesse aqui iria trazer a namorada; quando os vi juntos, e pela sua beleza, imaginei ser ela.

O rapaz se levantou e disse:

— Tia, esta moça precisa muito de sua ajuda. Ela mesma vai lhe contar sua história e a senhora vai decidir se quer ajudá--la ou não. Quanto à minha namorada, prometo-lhe que em breve vou trazê-la. Angélica trabalha em uma loja e só tem o domingo livre, a mãe não a deixa sair sozinha comigo para uma viagem que ela considera longa. O irmão dela sempre nos acompanha; vou tentar negociar com ele e com a mãe, quem sabe em um desses domingos consiga trazê-la até aqui, mas o irmão virá junto.

— Isso prova que ela tem uma família que se preocupa com a sua reputação. Se toda mãe zelasse pelas filhas e dessem amor, apoio e carinho, muitas meninas não chegariam aqui desamparadas, sem saber o que fazer da vida.

Oferecendo um copo de água à moça, ela pediu:

— Minha filha, a única exigência para com as mulheres que me pedem auxílio é que sejam sinceras comigo. Quantos anos você tem, menina? Parece uma adolescente! O que está acontecendo? Quero ouvi-la, saber a verdade para saber como agir.

A garota lhe disse ter dezessete anos. Relatou sua história até o momento em que recebeu a ajuda de Gerson e falou que estava

VIDAS ROUBADAS • 57

decidida a não matar o filho, mesmo que isso pudesse custar sua própria vida. Ajoelhando-se aos pés da senhora, ela pediu:

– Por favor, em nome de Deus, ajude-me.

Os olhos de Filó se encheram de lágrimas ao pensar que mundo era aquele. Onde já se viu? A escravidão continuava do mesmo jeito ou pior. Que coração era aquele que não tivera um momento de lucidez? Acabara com a vida de uma menina e a empurrava para cometer um crime? Essa mulher não conhecia Deus, e nunca iria receber o castigo dos homens.

Sua casa não recebia ajuda de nenhum fidalgo, a não ser das boas senhoras que tinham Deus dentro do coração e davam uma mão para as pobres infelizes que eram levadas até ela. Tantas mulheres querendo ter o seu filho, e outras se sujeitando àqueles absurdos!

Todas as vezes que chegava uma futura mãe em sua porta, ela revivia sua própria história. Fora para o Rio de Janeiro, recém-casada, sem ter nenhum familiar nem amigos, e engravidara no segundo mês de casada. O marido a fez beber de tudo, pois não queria o filho de jeito nenhum. Ela quase morreu. Acordou em um hospital com o marido ao seu lado. Ele pediu:

– Fale que perdeu o bebê naturalmente, não conte o que bebeu.

Logo, um médico chegou e a examinou. Perguntou exatamente o que o marido já havia previsto. O médico insistiu, queria saber se ela não provocara a perda da criança, se não havia tomado alguma coisa. Ela negou.

Assim que o doutor saiu, sua companheira de quarto falou:

– Eu também perdi meu filho. Já estava no nono mês e levei um chute na barriga. Disseram que meu filho nasceu morto e eu nem o conheci. Meu marido também me ameaçou. Se eu falasse a verdade, ele me mataria. Quando eu receber alta vou para casa, mas, assim que me recuperar, vou ganhar o mundo. Se tiver de viver embaixo da ponte, vou viver, mas não quero mais ver a cara daquele canalha. Você vai continuar com esse infeliz?

– Não tenho nada, ninguém. Não sei o que fazer de minha vida – respondeu entre lágrimas.

Quando deixou o hospital na companhia do marido, este lhe ofendeu com as más palavras que ela já ouvira outras tantas vezes. Dizia que gostava de mulher para se entregar aos prazeres e não mulher que mal se deitava com ele e já engravidava! Humilhada, ela não abriu a boca. Que culpa tivera em engravidar? Não tivera nenhuma orientação a respeito do casamento e da vida a dois. Tudo para ela fora uma surpresa. O que conhecera ao lado daquele homem fora somente sofrimento e não alegria e prazer, como ele dizia.

Graças a Deus, apareceu uma moça na casa dela, mulher de um conhecido dele. Na frente dele, a moça lhe recomendou que tomasse as pílulas que evitavam a gravidez. Escreveu o nome no papel e falou para ele comprar. Ele perguntou quanto custava, a moça lhe disse o preço, ele enfiou a mão no bolso e pediu:

– Faz esse favor, você está acostumada a comprar isso. Compra para mim, porque se depender dela logo vai ficar cheia de novo.

Sua vida virou um inferno. Passou dias encolhida em um canto pensando em Deus. Sempre pedia:

– Se o Senhor existe mesmo, leve-me, não suporto mais essa vida. Não tenho coragem de me matar, mas também não quero mais viver.

Um dia, ela não sabe se cochilou ou se realmente saiu do corpo, sentiu algo estranho. Lembrava que estava sentada no degrau da porta de entrada de sua casa e pedira a Deus com muita fé, para que Ele a ajudasse e lhe tirasse o sofrimento. Estava com muita fome, não sabia se dormira, desmaiara ou coisa assim; só lembrava que acordara com o marido a empurrando e jogando um pacote de pão em cima dela. Naquele dia, o marido saíra cedo de casa dizendo que voltaria com alguma coisa para o almoço, pois não tinham nada em casa. Passava das dezessete horas, o sol já tinha baixado no céu e ela só tinha bebido água. Ele não permitia que ela procurasse um trabalho, muito menos que saísse de casa. Ele trancava a porta e o portão de madeira e ela nem enxergava a rua; somente via pássaros e borboletas ou algum avião que passava voando pela janela.

A partir desse dia, sua vida mudou. Passou a sonhar constantemente e não mais se sentia sozinha. Sempre que fechava os olhos, chegava a um local onde havia muitas crianças brincando e várias mulheres cuidando delas.

Uma mulher se aproximou e a convidou para entrar na sala. Lá dentro, havia um berçário com muitos bebês. Alguns dormiam profundamente, outros choravam e eram amparados pelas mulheres.

Um bebê lhe chamou a atenção. Ele dormia profundamente. A mulher se aproximou e disse:

– Não toque nele, pois está recebendo um tratamento especial. Sofreu uma agressão muito grande: foi rejeitado pelo pai, e a mãe, pobre criatura indefesa, não soube lutar e foi tão vítima quanto ele.

Filó tinha certeza absoluta de que aquele bebê era o seu filho! O filho que fora expulso do seu ventre graças a muitas e muitas xícaras de bebidas amargas e outros complementos. Lembrou-se do domingo à tarde, quando o marido a mandou se trocar, pois iria levá-la à casa de alguém. Lá chegando, uma senhora, bebendo cerveja e fumando, entregou-lhe uma xícara com algo escuro e cheiro forte. O marido pegou a xícara da mão dela e, falando naquele timbre de voz que a fazia tremer de medo, disse:

– Beba de uma vez!

Ela bebeu e foi para uma cama que havia na sala. Naquela noite, sentiu uma dor imensa, correu para o banheiro e viu o sangue jorrando no vaso sanitário.

Em outro dia, sonhou com uma mulher batendo de leve em seu ombro e a convidando para irem até uma sala. Ela saiu, levada por uma força alheia à sua vontade. Sentado atrás de uma mesa, um bondoso senhor de barbas brancas, ao vê-las entrar, levantou-se e as convidou para se sentarem. Olhando para ela, disse:

– Filomena, minha filha, você veio até aqui graças aos seus rogos a Deus. Você conseguiu essa benção. Você pode conhecer o hospital onde está internado o seu pequeno filho. Ele vai conseguir se recuperar do trauma sofrido na matéria. É um espírito forte e preparado, e aqui está amparado pelas mãos das santas mães de Deus. Quanto à você, minha amada filha, tenha paciência com os desígnios que a vida lhe preparou. Logo vai precisar enfrentar outra realidade e terá uma grande chance: fazer na Terra o mesmo trabalho que estas santas mães fazem por aqui. Seu filho está sendo cuidado por essas voluntárias e você deve ajudar outras mães a não cometerem o mesmo erro que você. Ajude a salvar os anjos que baterem em sua porta.

VIDAS ROUBADAS • 61

Ela retornou ao berçário e viu o filho, que dormia como um anjo. De joelhos diante daquele ser tão amado, que não teve a chance de viver em seus braços, ela fez um juramento: lutar para ajudar todos os anjos rejeitados a nascerem.

Passaram os dias e o sonho se fez vivo e presente. Em uma tarde de domingo, ela se surpreendeu com uma visita levada pelo marido: um casal de amigos. De repente, ela percebeu que eles já tinham conversado sobre o assunto que puxaram quando estavam tomando café à mesa. O marido lhe disse:

– Filomena, amanhã você pode acompanhar Maria José. Vá ver se consegue um trabalho. As coisas estão apertando, e meu amigo tem toda razão: manter mulher na vida boa dentro de casa é coisa de trouxa. Se eu desconfiar de que você está esticando os olhos de lado, pode ter certeza que o seu caixão vai sair por esta porta. Outra coisa: o pagamento vai ser entregue do jeito que você receber bem aqui na palma da minha mão, entendeu?

Ela olhou para a moça que, com certeza, era um anjo de Deus que aparecera para colocar luz em seu caminho. Surpresa, agradeceu a Maria José e ao marido dela, pois aquela seria sua grande chance de sair de um inferno. Ela procurou um emprego e conseguiu.

Na tecelagem, ela andava de cabeça baixa, tinha até medo de responder ao bom-dia dos colegas de trabalho. Aos poucos, percebeu que tinha direito de olhar para as pessoas à sua volta, falar e até mesmo pensar.

Ela ficou na companhia daquele monstro por mais três anos. Carregava uma cicatriz de queimadura no braço direito, pois ele a queimara de propósito. Vivia com hematomas por todo o corpo. Muitas vezes ia trabalhar com blusas fechadas até o pescoço para não expor as marcas na garganta.

Um dia, sua patroa, uma pessoa cheia de luz, chamou-a até o escritório. Ela empalideceu, pensou que seria demitida.

Dulce pediu:

— Abra sua blusa, quero ver o que você está escondendo no seu corpo. Faz tempo que percebo que há algo estranho com você. Quero ajudá-la. Se for algum marido cruel, asseguro-lhe que chegou o fim do reinado dele, a não ser que você queira continuar sofrendo. Faço parte do movimento que luta para libertar mulheres do cativeiro doméstico e notei seu comportamento. Você me chama atenção pela sua capacidade profissional e pelo sofrimento que vejo dentro dos seus olhos.

Naquele dia, ela não retornou mais para casa; recebeu toda proteção de Dulce, que se encarregou de providenciar o desquite dela e, definitivamente, ela se livrou do seu algoz. Nunca mais soube dele e deu graças a Deus.

Ficou com Dulce por mais de vinte e cinco anos. Só saiu da casa quando a senhora faleceu. Foi uma perda muito grande para todos. Os filhos de Dulce moravam no exterior e vieram acompanhar os últimos dias da mãe. Filó, como a chamavam, ajudara a criá-los. Dulce, ainda em vida, comprou e escriturou aquela chácara em seu nome, que virou uma colônia para os renegados.

Com a morte de Dulce, Filó se mudou para a chácara. Tinha juntado algumas economias que a ajudavam a viver. Ia tocar sua chácara, plantar e vender os produtos, criar galinhas etc. A princípio, era apenas essa a sua intenção, não pensava mais no sonho.

Um dia, em uma noite de tempestade, acordou com o barulho do vento e de pancadas em sua porta. Uma voz feminina pedia:

— Por favor, ajude-me.

Era uma moça que tremia de frio. Quando entrou em casa, desmaiou. Filó trocou a roupa molhada da menina, aqueceu o corpo dela e ajudou-a a recobrar os sentidos. Esta lhe contou sua história. Engravidara de um homem que passara por ali e lhe prometera casamento. Ele havia desaparecido e sua mãe lhe propôs fazer um aborto, porque se o pai ficasse sabendo poderia matar os dois: mãe e filho. Contudo, a jovem não queria tirar o bebê, que já estava dando sinais de vida; ela queria ter o filho...

Filó entendeu que era a grande chamada do pai. Chegara a hora de abrir a porta de sua casa e do seu coração. Lembrou-se do seu bebê; com certeza, estava bem e ela iria cumprir sua missão: cuidar dos filhos de outras mães. A partir daquele dia começaram a chegar à sua porta outras e outras mães desesperadas. Em alguns casos, ela conseguia convencer a família a receber o bebê. Muitos deles, quando adultos, voltavam para lhe agradecer e a ajudavam a manter as crianças que nasciam na sua chácara. Como havia muitas pessoas de idade que moravam nas proximidades, a maioria contratava as mães abandonadas como empregadas e aceitava que levassem os bebês.

❧⁂❧

Gerson chamou atenção da tia, que parecia distante:

— E então, tia, o que a senhora nos diz? O caso de Socorro é complicado. Se a senhora procurar a tia da moça, acho que ela vai ter mais problemas. O pai do bebê, nem pensar! É possível que ele acabe com mãe e filho! O que podemos fazer?

– Bem, não posso deixá-la na rua. Não sei, minha filha, depois que o bebê nascer, se será fácil arrumar um emprego para você aqui na região. Você não está acostumada com trabalhos domésticos, não é mesmo? Dá para notar que é uma moça diferente, novinha e bonita, não vai querer ficar presa nestas terras solitárias e se dedicar apenas ao bebê... Estou enganada? Quero ouvi-la. O que tem no coração e na mente para oferecer ao seu filho? Se você de fato arregaçar as mangas e pensar no futuro do seu filho, sempre terá uma chance de encontrar um trabalho. Sabemos que nem todas as pessoas gostam de contratar moças jovens e bonitas. Mas ninguém nasce bonito; se você disfarçar, vestir-se de forma mais discreta, parecer mais velha e menos bonita, tem mais chance de se encaixar em uma das chácaras das redondezas. Infelizmente, deverá ser assim, um sacrifício pelo seu bebê.

Socorro respondeu entre lágrimas:

– Pelo meu filho dou a minha vida. Farei qualquer sacrifício. Renuncio a qualquer coisa boa da vida para ficar ao lado dele.

– Vou ajudá-la, menina. Deus não me envia nenhum dos seus filhos por acaso. Quantos meses de gravidez? Um ou mais? – perguntou Filó.

Socorro lhe contou de sua última menstruação.

– Então você está de mais de dois meses... Na semana que vem, tenho de levar uma futura mãe que está chegando ao fim da gravidez ao médico. Aproveito e a levo para uma consulta e acompanhamento médico. Mas você terá de ir bem disfarçada. Já pensou se alguém a reconhecer? As consultas são sempre no Rio de Janeiro, vamos depois do almoço e retornamos à noitinha.

Gerson se propôs a ir buscá-las e trazê-las de volta.

– Posso tirar folga nesse dia. Podem contar com a minha ajuda. Não vou aceitar nenhum trabalho. Ficamos combinados?

VIDAS ROUBADAS • 65

– E quanto você vai nos cobrar? Não é justo que deixe o seu trabalho e não receba nada em troca!

– Quanto ao pagamento, como a senhora me perguntou, acho que Deus vai me pagar e muito bem! Como a senhora sempre me disse, estamos neste mundo de passagem. Ofereço-me para transportar algumas pessoas neste mundo, para, quando partir, poder encontrar quem possa me dar uma carona. Estou certo? Não é isso que a senhora e a mamãe pregam?

– Por falar nisso, meu filho, sua mãe tem frequentado as sessões espíritas?

– Ah! Ela não abre mão do compromisso com os mentores dela, não! E, se a senhora quer saber, por falta de ir uma vez por semana, ela está indo duas vezes!

– Isso é muito bom, meu filho. Quando somos úteis ao trabalho da espiritualidade, só ganhamos! Que Deus abençoe minha irmã, e que ela possa cada vez mais levar a palavra de fé um pouquinho mais adiante.

– E a senhora, tia? Continua fazendo o seu trabalho semanalmente?

– Semanalmente, meu filho? Faço-o todos os dias! Devemos praticar as obras de Deus dia a dia, por meio de nossas ações. Toda semana, abro uma mesa. Hoje é dia; o mentor me traz instruções e sustentações para prosseguir em minha caminhada.

꩜

Após aquela conversa prolongada, Gerson abraçou a tia, agradecendo.

– Siga com Deus, meu filho. Que a luz do nosso Mestre Jesus ilumine sua estrada. Fique sossegado, pois vou cuidar dessa menina para que ela possa ter o filho em paz.

Antes de sair, Gerson olhou para Socorro e perguntou:

– Tem alguma coisa que eu possa fazer por você?

– Você já fez, Gerson. Salvou meu filho da morte... nós lhe devemos a vida. Todos os dias vou rezar e pedir a Deus que faça por você tudo de bom que merece.

– Olhe, não lhe prometo, mas se tiver uma oportunidade eu levo notícias para sua amiga Adelaide. Não entro em casas como aquela, mas levo muitos clientes até lá e em uma dessas viagens posso avistar sua amiga. Se isso acontecer, digo-lhe que você está bem e me certifico da atitude de sua tia quando soube de seu sumiço.

～⌘～

Naquela noite, a vida de Socorro também ganhou novo rumo. Ela conheceu a Doutrina Espírita e quando terminou a sessão estava em prantos de alegria.

A partir daquele dia, parecia outra pessoa. Esforçada, aprendeu a fazer casaquinhos, mantas e sapatinhos. Insistia e acabava realizando muitas tarefas dentro de casa. Filó não sabia explicar, mas pegara um amor tão grande por aquela menina que não se via mais vivendo sem ela.

Das duas moças que estavam na casa de Filó, uma se reconciliou com a família e a outra arrumou uma colocação na chácara de um casal que se mudou para a região. Lá permaneceram apenas Filó e Socorro. Diariamente, mães com bebês iam visitar Filó. Todas lhe pediam a bênção; ela era uma verdadeira mãe.

Gerson encontrou-se com Adelaide e soube que Tetê iria continuar enviando dinheiro para a mãe de Socorro. Não diria nada sobre o sumiço.

Adelaide mandou certa quantia em dinheiro para a amiga e esta entregou para Filó, que disse que o dinheiro deveria ser guardado para quando o bebê nascesse. Socorro fazia o pré-natal e tudo estava bem com o bebê. Gerson quase toda semana ia visitá-las. Filó se alegrava e se preocupava com o comportamento do sobrinho. Ele trazia guloseimas e presentes para mãe e filho.

Socorro estava no nono mês de gravidez, quando Filó notou a preocupação do sobrinho. Ele ficava muito tempo na chácara. A tia desconfiou de que ele estava apaixonado pela moça, e ela não podia acusar a menina de ter facilitado nada. Socorro não tinha malícia. Ela teve a confirmação de suas suspeitas no dia em que ele disse na frente de Socorro que tinha terminado o namoro. Resolvera dar um tempo para si mesmo.

A tia, que tinha dúvidas, passou a ter certeza de que o sobrinho estava apaixonado pela menina. Filó era suspeita para dizer qualquer coisa, mas sabia que, se tivesse tido uma filha, ela não seria tão apegada! Por alguns segundos pensou: "Como seria bom ver meu sobrinho casado com ela, tendo o filho dela como meu sobrinho-neto...". Logo pediu perdão a Deus por seus pensamentos, isso era um desejo dela e ela não tinha o direito de interferir no destino deles.

Pelas suas contas, o bebê iria nascer na virada daquela lua. Gerson pediu a tia para ficar na chácara durante aquela semana, pois, caso Socorro precisasse, ele estaria ali de carro.

Tinha combinado com um colega e passara seu trabalho para ele. Assim, ajudava o amigo, que estava com dificuldades financeiras, e também Socorro.

A tia concordou. Não havia necessidade de perguntar mais nada. Ele mesmo dera a resposta. Gerson queria ficar ao lado dela quando o bebê chegasse.

A lua mudou e o bebê nasceu, lindo e forte. Era um belo menino e não deu trabalho. A parteira de confiança de Filó lhe informou que estava tudo bem, não precisava chamar o médico.

Gerson andava para cima e para baixo, quando ouviu o choro alto do bebê, e, esquecendo qualquer protocolo, saiu correndo e sorrindo. Entrou no quarto, e num instante estava chorando abraçado a Socorro.

A parteira balançou a cabeça e disse em voz alta com ar de riso:

— Esses pais são todos iguais! Não querem o filho, mas, basta ouvir o choro, vêm chorar também.

Terminou de falar quando colocava o bebê já embrulhado nos braços de Gerson. Completando, disse:

— Admire seu filho! É lindo.

Socorro olhou para Filó e para o rapaz e, sem graça, disse:

— Ele não é o pai, dona Júlia.

Segurando Frederico entre as mãos, ele respondeu:

— Infelizmente não sou seu pai, Frederico! Mas, neste momento, quero lhe passar a força de um homem que vai ajudá-lo a ser alguém na vida. E, tendo você como testemunha, além das duas mulheres que se encontram entre nós, quero lhe fazer um pedido: a mão de sua mãe em casamento. Se ela aceitar se casar comigo, faremos o seu registro de nascimento como meu filho. Não sei se ela percebeu ou faz de conta que não entendeu o meu amor por ela, mas só estava esperando seu nascimento para pedi-la em casamento. Vou amá-lo como meu filho e sei que você já gosta de mim.

A parteira disse brincando:

– Então não errei tanto assim! Alguma coisa de pai eu percebi em você. Ninguém entra chorando e abraçando uma mulher como você fez se não a ama.

A tia sentou-se ao lado de Socorro e disse:

– Não fique nervosa, acho que você foi pega de surpresa. Não precisa dar a resposta agora. Ele pode esperar até você poder se levantar desta cama. O importante é descansar ao lado do seu rebento. Depois, com calma, você dá sua resposta.

– Acho que minha tia tem razão. Descanse e pense na minha proposta; só me responda quando e se puder responder. Se aceitar o meu pedido de casamento vou me considerar o homem mais feliz do mundo. Se não aceitar, vou continuar sendo o seu melhor amigo, pode ter certeza. E vou ajudar Frederico a dar os seus primeiros passos na vida.

Antes de deixar o quarto, ele alisou a testa do bebê e disse:

– Frederico, eu lhe dou as boas-vindas neste mundo. Conte sempre comigo, tenho idade para ser seu pai e sonho com isso.

A parteira terminou suas tarefas e deixou mãe e filho descansando. Antes de sair, ela disse para Filó que se precisasse de alguma coisa era só chamar.

Filó pediu para Socorro que dormisse um pouco. Iria ficar de plantão olhando o bebê e Gerson ficaria no outro quarto para qualquer necessidade.

Socorro respondeu:

– Dona Filó, a senhora é mais que minha mãe. Peço perdão a Deus, mas não me vejo mais longe da senhora; parece que sempre vivi ao seu lado. Agora que Frederico nasceu, eu também sei que não vou poder ficar tanto tempo aqui. Sinto um aperto no coração. Se pudesse nunca mais deixaria esta casa.

Filó acariciou as mechas do cabelo da jovem e respondeu:

– Não pense em sair daqui nunca, a não ser para ser feliz e, mesmo assim, vou atrás de você sempre. Descanse, minha filha. Não pense em nada, apenas em ficar bem. Juntas, cuidaremos do seu filho.

Uma semana depois do nascimento de Frederico, Gerson chegou com Adelaide na chácara de Filó. Ele apresentou a moça dizendo:

– Esta é a única amiga de Socorro. Já lhe falei sobre ela. Hoje deu um jeito de escapar e veio até aqui. Posso levá-la até o quarto?

– Você não tem juízo, meu filho! Não podemos dar um susto desse em Socorro! Ela teve um filho há uma semana. Fiquem aqui esperando, vou prepará-la para receber a visita. Ela está amamentando Frederico e ele parece um bezerro faminto, mas está tão lindo!

Filó entrou no quarto e se sentou perto da moça dizendo:

– Como esse nosso bebê é guloso! Logo vai perder as roupas, você vai ver. Ainda bem que está ganhando muitos presentes e muitas roupas grandes. Agora mesmo tem uma amiga sua aí que veio trazer um montão de roupas de presente para Frederico.

– Amiga minha? Eu não tenho nenhuma amiga por aqui, dona Filó. Quem é?

– Eu não disse que ela mora por aqui! Ela veio de longe só para vê-la e vai retornar hoje mesmo. Foi Gerson quem a trouxe. Dá para imaginar quem é?

– Meu Deus! Adelaide! Minha amiga querida, ela veio.

– Termine de amamentar o seu bezerro enquanto sirvo um suco para a moça. Depois, trago-a para conhecer o nosso príncipe.

Minutos depois, as duas amigas se abraçavam e choravam em silêncio. Socorro pegou o filho e colocou nos braços da amiga dizendo:

– Gostaria que fosse a madrinha do meu filho. Ele está aqui graças a você, ao Gerson e à dona Filó.

Adelaide, emocionada, respondeu:

– Você sabe que não posso ser madrinha do bebê, Socorro! Como pode entregar o seu filho para alguém que tem a vida que levo? E você, minha amiga, sabe que a igreja não batiza filhos de mães solteiras.

– Adelaide, orgulho-me de ser sua amiga, agradeço a Deus por você existir. Um dia o meu filho vai ficar sabendo que foi você quem nos ajudou em tudo, que as roupas e tudo o que ele usou quando nasceu foi você quem deu. E meu filho vai ser batizado sim, e você será a madrinha; não falei que será na igreja! Estou falando de amor, de Deus!

Filó, pedindo licença, entrou no quarto. Tomando o bebê nos braços, disse que as duas poderiam conversar sossegadas, pois ela cuidaria de Frederico.

Gerson esperava na sala pela tia. Quando a viu com o bebê, correu até ela e pediu:

– Posso pegá-lo um pouquinho? Como é lindo! A senhora não acha que ele está parecido comigo?

As duas amigas conversaram sobre muitos assuntos. Socorro soube que a tia estava recebendo pessoas muito importantes em sua casa e teve de fazer muitas reformas, inclusive patrocinadas por um deles. Que o engenheiro não estava mais frequentando a casa e tinha se casado. E que ela continuava escrevendo para a irmã e enviando o dinheiro que achava justo. Contou que realizara um sonho: adquirira uma boa casa e a alugara. Estava guardando dinheiro e dali a um ano, mais ou menos, deixaria aquela vida para sempre. Se Socorro a esperasse, as duas poderiam se mudar para o Nordeste e lá abrir uma loja. Com certeza, a mãe dela iria aceitar o neto.

Socorro respondeu:

— Adelaide, eu quero que você seja a primeira a saber: vou me casar e você poderá morar conosco.

— Casar-se? Com quem, Socorro?

— Com o Gerson. Ele me pediu em casamento. Ainda não lhe dei a resposta; quero fazer isso na sua frente e na presença de dona Filó. Ela, para mim, é mais que uma mãe. Pelo que tenho aprendido, somente Deus poderá recompensá-la. Que pena que você tenha de retornar hoje; gostaria que assistisse à sessão aberta por dona Filó.

— Sessão de quê?

— Sessão espírita.

— Santo Deus! Socorro, você não tem medo?

— Pelo contrário, Adelaide. Por meio dessas sessões, pude compreender e até perdoar minha tia. Hoje acredito que ela foi apenas um instrumento na minha vida e que se conhecesse a doutrina não teria errado tanto.

VIDAS ROUBADAS • 73

– Socorro, você trabalha com coisa de espírito? Isso é muito perigoso! Já ouvi tantas histórias! Quem trabalha com isso vende a alma ao diabo.

– Vou pedir ao Gerson para qualquer dia levá-la à casa onde a mãe dele trabalha. Fica mais fácil para você. Confie em mim, eu compreendi e você também vai compreender o porquê de certas coisas e de certas passagens de nossa vida. O que você fez pelo meu filho é muito maior do que os erros que você pensa cometer dentro daquela casa. Não existem cobranças da espiritualidade, Adelaide, tudo é amor.

– Você não tem mais raiva da dona Tetê? – perguntou Adelaide assombrada.

– Não, eu não tenho mais mágoa nem raiva dela. Agora então, com o meu filho nos braços, só tenho de agradecer a Deus. Ela contribuiu para que eu tivesse essa nova visão em minha vida. Tenho estudado muito os livros da doutrina e aproveitei a minha gestação para ampliar, digamos assim, meus conhecimentos. Abri minha mente e encontrei respostas para minha própria existência.

– Você me parece tão segura e tão feliz! Não conheço nada disso, pelo contrário, tenho medo, mas acho que deve ser bom e verdadeiro para transformá-la assim!

– Espere aí. – Socorro abriu uma gaveta, pegou um livro e o estendeu para a amiga. – Não fique com medo, este é um livro abençoado, assim como a Bíblia. É *O Evangelho Segundo o Espiritismo* e todo mundo pode ler e compreender. Além disso, os espíritas facilitam a leitura, dão de presente, emprestam ou leem em grupo. Eu quero que leve e comece a ler para compreender várias coisas. Leia tantas vezes quanto puder. Aos poucos, você vai descobrir que só poderá compreender a si mesma depois que compreender o seu próximo.

– Mas se o livro é tão sagrado quanto a Bíblia como vou entrar com ele naquela casa? O padre não permite que se tenha uma Bíblia Sagrada na casa de dona Tetê. Este livro não é igual?

– Eu lhe asseguro que Jesus pode entrar naquela casa e salvar qualquer uma das mulheres que vivem lá dentro. Assim como Ele me salvou, vai salvar você e todas as que desejarem estar com Ele.

As duas conversaram bastante sobre as mudanças que Socorro alcançou por meio do Espiritismo. Adelaide já estava curiosa e ansiosa para conhecer a sessão espírita na casa onde a mãe de Gerson era voluntária.

Sentados em torno da mesa para o lanche da tarde, Socorro pediu permissão para Filó para dar a resposta a Gerson na presença dela e de sua única amiga, Adelaide.

– Claro que pode, minha filha. Talvez eu esteja mais ansiosa do que ele para ouvir o que tem a dizer.

– Gerson, eu pensei muito. Analisei e cheguei à conclusão de que os anjos aparecem em nossa vida e se não soubermos reconhecê-los e amá-los como merecem é porque ainda estamos com uma venda nos olhos. Você acendeu uma luz em minha estrada e tem sido um anjo de bondade, além de gostar do meu filho. Se realmente acha que pode confiar em mim, eu lhe prometo que farei de tudo para fazê-lo feliz. Também confesso diante de Adelaide e de dona Filó que eu o amo.

Gerson se levantou, abraçou-a e secou as lágrimas. Tossiu para limpar a garganta e respondeu:

– Desde o dia em que a conheci, minha alma chama por você. Não existe acaso, eu tinha de encontrá-la naquele dia! E foi o melhor dia de minha vida; além de você, ganhei um filho. Não quero adiar muito nosso casamento, quero registrar Frederico e vou cuidar dele da mesma forma que cuidarei dos irmãos que ele vai ter.

Ali, naquela mesa, acompanhando a conversa estavam muitos irmãos do plano superior. O espírito que Filó não tivera a felicidade de receber em seus braços agora voltava para os braços dela por meio de Maria do Socorro.

Um dos mentores que dava assistência aos trabalhos abertos na casa de Filó perguntou ao responsável pela sessão:

– Ela não pode saber quem é Frederico?

O mentor respondeu:

– Pela segurança dos dois, não é aconselhável que ela saiba, pois isso pode acarretar prejuízos ao desenvolvimento do menino. A justiça divina está juntando as peças espalhadas pelo tempo. Vamos desenvolver nossas tarefas e aguardar a vontade do Senhor.

Gerson acertou com Filó que levaria a mãe para conhecer a noiva e combinou os detalhes para o casamento. Ele comentou que aquela noite a mãe iria à Casa Espírita.

Adelaide agradeceu Filó e a amiga Socorro. Realmente, ali era um lugar de paz e amor, uma casa de família. Há quanto tempo ela estivera distanciada daquela energia? Saiu pensativa e calada.

Na viagem de volta, o rapaz, notando o silêncio e a seriedade da moça, perguntou:

– Alguma coisa lhe desagradou na casa de minha tia?

– Pelo contrário, meu amigo! Não li ainda este livro, mas só de tocá-lo sinto que vivo um pesadelo, e para acordar só depende de mim. Hoje vivi e senti uma família, e isso mexeu demais comigo. Um bebê... Meu Deus! Há quanto tempo não pegava um anjo em meus braços? Tenho sobrinhos que não sabem de minha existência, pais, irmãos... Quantos desgostos devem sentir pelo que lhes causei...

– Calma, Adelaide. Vou lhe dar um conselho: reze, ore ao Pai com amor no coração. Ele vai indicar-lhe um caminho seguro, você vai ver. Um dia, tenho certeza, eu e Socorro vamos visitá-la em sua casa e você terá ao seu lado alguém que a ama de verdade e um bebê nos braços.

Os olhos de Adelaide se encheram de lágrimas e ela respondeu:

– Deus o ouça! Já ouvi histórias de seres como eu que saíram do inferno para viverem entre os anjos... Quem sabe Deus sinta compaixão e coloque uma luz em meu caminho! Estou tão cansada dessa vida que levo, tenho tantos pesadelos quando adormeço! Ultimamente ando muito angustiada; nada me alegra. Gerson, quais os dias que sua mãe faz a sessão espírita em sua casa?

– Não é em nossa casa; lá ela só faz o evangelho.

– O que é isso? – perguntou a moça.

– Vou lhe explicar o que é o evangelho e o que é uma Casa Espírita para você entender a seriedade e a dedicação de todos os trabalhadores, tanto encarnados quanto desencarnados. – Você pode fazer o evangelho a sós ou com quantas pessoas estiverem ao seu lado. Depois de uma oração, pede-se aos mentores para ajudar no ambiente, os encarnados e desencarnados. Minha mãe costuma abrir o evangelho e ler uma mensagem. Ela é médium de muita intuição. Ela trabalha nas palavras oferecidas pelo evangelho e, intuída por um mentor que assiste a cada um de nós, passa as mensagens. Eu lhe asseguro que não são pensamentos dela, mas sim da espiritualidade.

A Casa Espírita é uma casa comum, feita do mesmo material que todas as outras. A diferença é o que sentimos quando entramos nelas: sensação de paz, amor e segurança. É um local reservado às tarefas espirituais. As pessoas se reúnem em um só pensamento: praticar a caridade e doar amor, resgatar os espíritos perdidos e ajudar os doentes; coisas assim, você me entende? É um local sagrado, um hospital espiritual, que atende aos doentes.

– E você acha que posso entrar em uma casa assim?

– Claro que pode! Você vai ver como falo a verdade. Não será tratada com indiferença por nenhum deles. Os mentores jamais vão condená-la. Vão apenas orientá-la, aconselhar e ajudar. A decisão de acolher seus conselhos é sempre uma decisão nossa.

– E qual é o dia que você pode me levar nessa casa?

– Hoje mesmo, se você quiser. Essas casas trabalham todos os dias. Os médiuns se revezam, mas lá é como se fosse um hospital, eles estão sempre de portas abertas para acolher os necessitados.

– Então vamos fazer o seguinte: não me leve de volta à casa de dona Tetê. Vamos à Casa Espírita.

Gerson olhou o horário e respondeu:

– Você não vai arrumar confusão com dona Tetê? O que vai dizer quando retornar? Não tem problema algum levá-la; aliás, minha mãe deve estar lá hoje, pois é o dia em que ela faz atendimento.

– Se dona Tetê me colocar para fora, juro que não vou me importar! Preciso de Deus e com Ele ninguém se sente só.

E assim Adelaide, pela primeira vez, colocou os pés em uma Casa Espírita. Quando entrou, a mãe de Gerson foi ao encontro dele.

– Ó, meu filho! Que bom que está aqui. Quem é a mocinha? – perguntou, imaginando que ele iria responder: "minha nova namorada!"

– Esta é Adelaide, uma pessoa querida que está precisando de muita ajuda. É minha amiga.

Apertando a mão da moça, ela respondeu:

– Venha, minha filha, sente-se nesta cadeira, vou lhe aplicar um passe.

Adelaide teve a impressão de que algo dentro dela estava sendo aberto. As lágrimas desciam pelas suas faces.

Ao terminar, Gilda pegou as mãos de Adelaide e disse:

– Não somos chamados fora de hora; hoje você veio como uma convidada muito especial. Jesus a chama para sentar-se à sua mesa.

Assim, ela levou Adelaide até uma cadeira forrada de branco, que ficava em uma sala com aroma de rosas e era iluminada com suavidade, e a moça adormeceu ali.

Quando acordou, assustou-se. Gilda e mais algumas pessoas estavam com as mãos elevadas sobre seu corpo. Ela teve a impressão de que dormira por horas. Estava leve e a vontade que sentia era a de não sair mais daquele local. Sentiu-se protegida, amparada e amada.

– Quanto tempo fiquei assim? – perguntou a moça.

– Alguns minutos, minha filha – respondeu Gilda com bondade.

Uma das pessoas que acompanhava Gilda lhe ofereceu um copo com água e completou:

– Beba esta água, ela está fluidificada pelos mentores e vai lhe fazer bem.

Ao deixar a sala, ela percebeu que tinha muita gente sendo atendida.

No carro, Gerson lhe perguntou:

– E então? Como se sentiu? Conte para mim se gostou.

– Ainda estou sem entender o que aconteceu. Você sabe que eu dormi? Parece que passei horas lá dentro. Sinto-me leve e é como se estivesse perdida e de repente alguém me mostrou o caminho de casa. Muito obrigada pelo dia de hoje, Gerson. Em um só dia encontrei motivos para viver toda a minha vida...

– Espero que dona Tetê não a receba com quatro pedras nas mãos. Qualquer coisa, você sabe onde me encontrar – disse o rapaz.

Ao entrar em casa, um segurança a avisou:

– Prepare-se para enfrentar a ira de dona Tetê! Garota, você é maluca! Ficar na rua até essa hora? Está querendo ser mandada para o olho da rua? Pensa que vai encontrar moleza por aí, menina? Estava fazendo programa por conta própria?

Ela se livrou do braço dele e entrou na sala onde o movimento já era grande. Quando dona Tetê a avistou, foi até ela e disse:

– Suba agora mesmo! Troque essa roupa suja e volte para trabalhar. Tem um cliente esperando por você. Vou lhe dar quinze minutos para estar de volta e bem-disposta, depois você vai me contar onde esteve e com quem ficou, mais tarde, quando terminar as funções de hoje. Ande logo! Nem um minuto a mais.

Adelaide se afastou e sua vontade era sair dali correndo, mas algo também a empurrava para atender dona Tetê. Logo estava de volta e foi observada pela dona da casa.

O dia já estava clareando quando o último cliente deixou a casa.

Gerusa sentou-se em uma poltrona perto dela e comentou:

— Sua sorte é que o cliente que mais gastou hoje foi o seu acompanhante, senão você estaria frita. Onde esteve, Adelaide? Não chegou com nenhuma sacola de compra, não fez nada no cabelo, que mistério é esse? Está procurando casa nova para trabalhar? É bom que saiba que nenhuma casa paga melhor que esta, fora as mordomias que temos: comida boa, cama, roupa lavada! Você está ficando louca jogando sua sorte fora!

Nesse momento chegou Tetê.

— Gerusa, dê-me licença que eu quero conversar com essa aí! — Disse isso olhando para Adelaide com as duas mãos na cintura, e continuou: — Vá desembuchando o que tem a falar! Não invente mentiras, pois vou mandar levantar os seus passos e descobrir o que você andou aprontando por aí; por esse motivo, é melhor poupar o meu tempo e o seu! Hoje, apesar do seu atraso, o rendimento foi excelente! O meu cliente saiu satisfeito com a casa e com você, mas isso não lhe poupa de me falar a verdade.

— Se eu falar a verdade a senhora talvez não acredite em mim! — falou Adelaide.

— Se você me contar o que fez por aí, vou acreditar e lhe dar uma chance. Fale de uma vez!

— Eu saí com a intenção de cortar o cabelo, comprar algumas coisas de uso pessoal, como maquiagem e peças íntimas, mas, passando em frente à igreja, entrei e me sentei no canto de um banco quase escondido. Dormi. Quando acordei, vi que as portas da igreja estavam fechadas. Fiquei desesperada e com muito medo; nunca imaginei que uma igreja pudesse me causar tanto medo. Por sorte, apareceu alguém para guardar alguma coisa e, quando entrou lá para dentro, corri porta afora.

– Adelaide, essa história está muito mal contada! Você foi se encontrar com os santos?

– Eu sei que a senhora não está acreditando, mas é a verdade. Fui a um lugar santo e adormeci.

– Tudo bem, Adelaide! É uma história um tanto louca, mas, se você jura que é verdade, vou acreditar. Se isso for verdade, deu-lhe sorte e, claro, para mim também! Aqui está sua comissão, já com os descontos. Vá se deitar e trate de dormir. Quando for chamada para ajudar na limpeza deve se levantar disposta.

– Boa noite, dona Tetê – disse a moça, retirando-se.

Tetê ficou parada, olhando-a. Logo Gerusa estava ao seu lado.

– E então, que explicação ela lhe deu?

– Nem lhe conto! Fingi que acreditei, mas na próxima escapada vou mandar alguém segui-la. Desconfio de que ela foi encontrar-se com alguém. Você sabe como essas garotas são desmioladas. Se um cliente novo e bonito oferecer um passeio de barco ou coisa assim, elas caem como patos na lagoa. Deixemos que ela pense que acreditei, pois quero pegá-la no pulo. Assim ela vai me pagar um preço alto, vai ficar um mês trabalhando sem receber a comissão. E, se quiser ir embora, não vai me fazer falta! Você viu quantas meninas lindas estão batendo à nossa porta em busca de trabalho? Estou pensando seriamente em dispensar as mais velhas e renovar a casa com gente nova.

– A senhora vai me mandar embora? – perguntou Gerusa, fazendo-se de aflita, embora soubesse que Tetê não faria aquilo. Além de trabalhar na administração da casa, Tetê nutria por ela afeição verdadeira.

– Como mandá-la embora, Gerusa? Ficou louca? Quem vai cuidar da casa para mim? Quem vai preparar o chá que tomo todos os dias antes de dormir? Você é como se fosse minha irmã.

– E, falando em família, a senhora já resolveu o que vai dizer a sua irmã a respeito de Socorro? – perguntou Gerusa, preocupada.

– Meu Deus! O tempo passou tão depressa! Ainda não articulei o que vou passar para a coitada da minha irmã. O que vou falar? Que ela fugiu, com quem e para onde? Tem horas que fico pensando no destino dessa infeliz. Como pode ter sumido como agulha no palheiro? Aquele nosso amigo que é da polícia me garantiu que se ela estiver no Rio de Janeiro está bem escondida. Eu já desisti de pensar nela, não tenho a menor ideia do que fez nem onde se meteu. Não conhecia ninguém, nem com outro homem ela tinha ficado, foi mulher só do engenheiro! E olha que tive de inventar mil e uma para enganá-lo porque queria vê-la. Eu disse que a havia mandado para casa da mãe por uns tempos até as coisas esfriarem. Ele ficou meio desconfiado. Graças a Deus, casou-se e nunca mais voltou.

– É mesmo, dona Tetê. O tempo está passando e nada de notícias dessa menina. Será que está viva?

– Acredito que sim; já pensei até que ela esteja em algum convento de freiras. Preciso pensar como vou falar para a minha irmã que ela não está mais comigo. Quer saber de uma coisa, Gerusa? Vá preparar o nosso chá e vamos dormir! O que fizemos por essa menina foi ajudá-la. O maior erro do mundo é as pessoas crescerem acreditando em castelos, príncipes e que o amor é eterno e dura até que a vida separe o casal. Se ela tivesse juízo e me compreendido seria a minha substituta nos negócios. Como não soube aproveitar a oportunidade que a vida lhe deu, deve estar quebrando a cabeça por aí. O engenheiro, um homem lindo, educado, cobiçado por todas as meninas, foi especialmente selecionado para ela. E ele a tratava como uma princesa. Ela não era tratada como as outras nem servia a casa como as outras, mas se fazia de vítima do destino.

– Deixe para lá, dona Tetê, não se aborreça! Quem tem consciência sabe que a senhora é uma verdadeira mãe para quem passa por aqui. Vou fazer o nosso chá, quer do quê?

– Ah! Faça um chazinho de erva-doce, coloque bem pouco açúcar, gosto dele mais natural.

O telefone tocou e dona Tetê correu para atender. Quem seria àquela hora? Olhou para o relógio da parede, eram seis da manhã.

– Alô? Quem está falando? Fale mais alto que não estou ouvindo! Como tem gente desocupada nesta vida! – disse ela em voz alta, colocando o telefone no gancho.

Gerusa chegou com os chás.

– Quem ligou? Todo mundo sabe que quando a maioria está se levantando a gente ainda está de pé por conta da noitada que enfrentamos!

– Deve ter sido engano, ou quem estava do outro lado da linha não quis falar.

– Será a Socorro? Deus me livre que tenha acontecido alguma coisa com ela!

– Vamos dormir. Por favor, feche a porta, pois se o telefone tocar não vamos ouvir.

– Sim, senhora. Seja quem quer que ligou em hora imprópria, vai ficar sem resposta – respondeu a moça, apagando a luz e fechando a porta.

Deitada, esperando relaxar e dormir, Tetê lembrou-se de como lutou para conseguir aquele telefone. Naquela época, somente com influência, conhecimento e boas indicações para se ter uma linha de telefone. Nas casas de "maus costumes", como se falavam de casas como a dela, tudo era brecado. A sorte dela era que tinha amizade com muitos políticos, muitas autoridades e gente com dinheiro e conhecimento.

Depois das eleições em que elas puderam votar, as coisas ficaram ainda mais fáceis. As meninas estavam sendo atendidas em boas clínicas e ela continuava aplicando sua "ciência". Sabia e tinha plena consciência de que, se um dia elas mudassem de vida, seria difícil engravidarem, dependendo do tempo que haviam se servido de sua garrafada. Ela se orgulhava de ter recebido essa ciência de sua bisavó, uma índia que fora laçada na corda, no meio do mato, e que passara um ano amarrada dentro de um quarto e depois vigiada o resto de sua vida. Muitas pessoas tentavam obter o seu conhecimento, ofereciam-lhe dinheiro, porém ela só preparava para as meninas de sua casa, em segredo e em silêncio. Aquele segredo não podia sair de jeito nenhum de lá. De tanto que controlava, a doida da sobrinha tivera medo de contar que a garrafa havia se quebrado. Ela estava passando um aperto com um velho doutor estrangeiro que queria obter a receita, mas fizera um juramento para a bisavó e levaria para o túmulo a ciência indígena transmitida a ela quando era tão jovem e nem imaginava que um dia iria precisar.

Enquanto Tetê tentava preencher os pensamentos com boas lembranças, do outro lado da cidade uma linda jovem sofria agarrada a um pedaço de papel. Sentia enjoos e estava muito mal. O marido tinha viajado havia três dias. Ele estava estranho e não era mais carinhoso e atencioso como nos primeiros meses de casado.

Ela examinava o papel com as anotações e o número daquele telefone. O marido ligou cinco horas da manhã pedindo que ela pegasse um documento que estava dentro de sua escrivaninha. Ela nunca tinha mexido naquela gaveta. Após ter passado as informações que ele queria, como toda mulher curiosa, sentiu-se tentada para abrir as outras gavetas. Encontrou uma caixa fechada com alguns papéis que a deixou intrigada. Uma lista de anotações com datas seguidas dia a dia. Eram despesas altas de diárias, hotel não era, pois ela conhecia e sabia dos pagamentos mensais. O que seria aquilo?

A única referência era aquele telefone. Ligou sem pensar que era tão cedo e percebeu na voz da mulher cansaço ou aborrecimento. Talvez ela a acordou com o telefone. Não teve nem coragem de desculpar-se e, aborrecida, desligou.

"Engraçado", pensou a moça. "As despesas cessaram após o nosso casamento." Que dívida seria aquela? Eles não tinham segredos financeiros e ela sabia tudo o que ele comprara enquanto estavam noivos. O mais preocupante é o que ele escondera na caixa.

O que fazer? Ligaria mais tarde? Abriria o jogo com ele? Contaria a verdade, que ficara curiosa e remexera em seus pertences?

Enquanto Tetê dormia, a jovem esposa do engenheiro andava de um lado para o outro. Não tinha encontrado uma solução. Corria ao banheiro com ânsia de vômito e sua menstruação estava atrasada, fazia dois meses que não aparecia.

A empregada observava a patroa e pensava: "essa aí está grávida e tem alguma coisa que a está perturbando... O que será que está acontecendo? O marido está há três dias fora de casa, deve ser por isso, coitada... Ela tem de aprender a viver com isso e muito mais!"

A moça se aproximou da empregada e lhe fez a seguinte pergunta:

— Ana, se você encontrasse um número estranho de telefone e algumas outras coisas suspeitas escondidas nos pertences do seu marido, coisa antiga, de antes do casamento, o que faria?

– Se fosse hoje ligaria no número dizendo que foi ele que mandou ligar, inventava qualquer coisa para descobrir o local e a pessoa e rezava para que ele estivesse tendo um caso de amor. Com as provas nas mãos, eu seria a pessoa mais feliz do mundo! Tudo o que eu desejo nesta vida é me livrar dele. Só Deus e eu sabemos o que eu tenho passado ao lado desse homem. Já no seu caso, não valeria a pena, só iria lhe causar desgostos e aborrecimentos. A senhora não vai querer se separar do seu esposo, não é mesmo? Ainda mais agora que eu acredito que esteja grávida! Sou apenas sua empregada, mas tenho uma filha de sua idade e como mãe vou lhe dar um conselho: não cutuque o que está enterrado, finja que não sabe de nada! Se fosse coisa recente, aí sim tinha de tomar cuidado, mas, sendo coisa do passado dele, acho que só iria causar prejuízos no seu casamento. Tire isso da cabeça, pensamentos ruins atraem coisas ruins. Pense agora no seu bebê.

– Obrigada, Ana. Sempre sonhei com um casamento perfeito e achava que meu marido não era igual aos outros, mas acho que essa descoberta simplesmente quebrou uma fantasia criada em minha cabeça. A realidade é bem diferente. Você acha que estou grávida? Faz dois meses que minha menstruação não vem e estou me segurando para não vomitar perto do meu marido.

A empregada respondeu:

– Pela minha experiência como mulher, acredito que é uma gravidez. A senhora não pode esconder, pelo contrário, precisa deixar o seu marido a par, pois todo homem fica feliz quando sabe que será pai.

A patroa sentou-se e as lágrimas rolavam pelas suas faces coradas.

VIDAS ROUBADAS • 87

– Sabe, Ana, liguei naquele número e uma mulher atendeu. A voz era de uma senhora, pode ser a mãe de alguém, não é?

– Mãe de quem? Do que a senhora está falando?

– Meu marido tinha uma amante, tenho certeza. Ele gastou altas quantias com ela!

– Se ele teve uma amante antes do casamento, a senhora não pode acusá-lo de traidor, ele ainda não tinha lhe jurado fidelidade. Tome cuidado, senhora, não estrague sua vida por causa de ciúme. Mais uma vez eu a lembro: pense no seu bebê.

– Você tem toda razão, ainda mais agora... Vou ao médico hoje mesmo para saber se estou grávida ou não. Se vou ter um filho, preciso me controlar, é nele que tenho de pensar.

– É assim que se fala! Não se abale por coisas passadas. Tomara que o resultado seja positivo e quando o seu marido chegar a senhora esteja bem bonita e alegre para lhe dar a notícia.

Apesar dos conselhos da experiente Ana, o telefone lhe atormentava as ideias. Será que ele ainda mantinha contatos com a amante?

A gravidez da esposa do engenheiro foi confirmada e os dois se encheram de alegria. O homem já projetava o quarto para o filho e enchia a mulher de atenção. De vez em quando, ela o olhava em silêncio e o imaginava nos braços de outra mulher. Imediatamente, lembrava-se de que ia ter um filho dele e não podia colocar o destino do filho em jogo por causa de ciúmes.

O engenheiro olhava para a esposa e lembrava-se de Socorro. Se ela tivesse tido o seu filho, o bebê já estaria bem espertinho... Infelizmente, a vida não era como se desejava... Ele gostava de Socorro e, às vezes, pegava-se pensando nela.

O sangue dos inocentes

Conforme o progresso invadia as grandes cidades do Brasil, estrangeiros se estabeleciam e enriqueciam à custa de pequenos trabalhadores, especialmente vindos do Nordeste brasileiro. As casas de diversão aumentavam gradativamente e mulheres de outros países vinham arriscar a sorte nas terras brasileiras. Traziam novidades na forma de se vestir, pentear-se, maquiar-se, e a cultura de suas terras, de suas danças; seduziam os homens.

As clínicas clandestinas também proliferaram pelas cidades grandes. Diariamente, sacos e sacos de restos mortais enchiam as salas dessas infelizes colônias da morte. O sangue dos inocentes podia ser visto e sentido nos centros das grandes metrópoles.

Médiuns, sensitivos e videntes se sentiam mal com o cheiro do sangue espalhado no ar. Muitos afirmavam ouvir choro de bebê pelas ruas das cidades grandes. O Rio de Janeiro era a cidade brasileira que entre 1945 e 1957 foi alvo da luxúria e da vaidade.

Com o fim da Segunda Guerra Mundial, teve início outra guerra sangrenta, que matou tantos inocentes quanto a própria guerra.

A clínica em que Socorro estivera continuava praticando crueldades contra as leis do Criador. Homens influentes pagavam altas quantias para aquela que um dia fizera um juramento de salvar vidas e esquecera-se de que acima dos seus conhecimentos havia um Pai Maior. Ela matava sem dó nem piedade seres que já davam sinais de alegria por viver através de pulsações vigorosas.

Aquele irmão retirado bruscamente do ventre de sua mãe, na manhã em que Socorro estivera ali, continuava lá e não estava sozinho. Outros irmãos que sofreram o mesmo drama uniram-se a ele. Os socorristas tentaram convencê-los a deixarem o local, mas foi em vão. Eles se valiam da lei do livre-arbítrio e não deixariam o local enquanto não acabassem com a vida das duas mulheres que lhes tiraram a chance de viver.

O irmão, que se intitulava o chefe e era respeitado por todos, ouviu a conversa das duas mulheres. Elas falavam dos gêmeos com amor e carinho. Ele, olhando com ódio para as duas mulheres, comentou com os amigos:

– Vejam só que ordinária! Diariamente arranca pedaços, mutila sem dó nem piedade muitas crianças, e agora fica cheia de carinho com os netos! Vocês vão assistir o que vou fazer com esses netinhos dela! Essa assassina não perde por esperar.

Um deles perguntou:

– Por que não podemos deixar este local e circular por aí? Poderíamos sair e voltar, seria muito bom para todos.

– Não se atreva a colocar os pés para fora do portão! Você será pego imediatamente! E não vai ser levado para nenhuma colônia do divino amor de mãe, vai ser capturado e se tornará refém ou escravo de organizações poderosas. Estando aqui, estamos sobre a proteção desses socorristas que fazem plantão diariamente. Na entrada desta casa tem vários guardiões que não permitem a invasão dessas organizações. Se não fosse isso, você acha que estaríamos seguros? Acompanhar essas duas ordinárias é correr riscos! Você acha que elas andam acompanhadas por anjos e santos? Se colocarmos o pé fora desta casa, mesmo estando colados a elas, podemos ser alcançados em segundos. Mas um dia a sorte vai estar do nosso lado. Tenho paciência, espero a hora certa.

Alguns dias depois, a médica recebeu a visita da filha e dos netos. A moça entrou com as duas crianças e alegremente disse:

– Mamãe, olhe a surpresa que lhe trouxe!

Os dois meninos correram para os braços da avó.

– Ah! Que surpresa maravilhosa! Meus amores, que alegria vocês me deram!

Um dos seres que ela mutilou ainda no ventre da mãe aproximou-se e falou:

– A alegria é muito mais minha do que sua! Eu sabia que um dia a sorte viria ao meu encontro! Esse dia chegou!

– O que o senhor vai fazer, chefe? – perguntou um dos irmãos sofredores.

– Fiquem olhando para aprenderem.

Aproximando-se dos dois meninos, ele soprou em todo o corpo dos garotos um tipo de fumaça negra. Um dos meninos começou a coçar o bracinho, que ficou irritado, e disse:

– Mamãe, meu braço está coçando!

– Nossa! O que aconteceu? Será que foi algum bichinho que mordeu? Deixe-me ver – pediu a avó. – Vou desinfetar e passar um creme, logo vai melhorar.

O irmão, na sede de vingança, não deu ouvidos aos rogos dos mentores que pediam para que ele parasse de jogar seus malefícios nos garotos.

Após alguns minutos, os garotos pareciam inquietos. Eles se agarraram à saia da mãe e um deles pediu:

– Vamos embora daqui! Não gosto deste lugar! Tem coisas estranhas aqui dentro.

A mãe dos garotos se desculpou dizendo que eles estavam cansados, que haviam andado o dia todo. Contudo, ela também estava inquieta e deu graças a Deus quando saiu da clínica.

– Mamãe, minha cabeça está doendo – reclamou o outro garoto com os olhos lacrimejando.

– Que estranho, meu filho! Você estava tão bem antes de virmos, parece que está febril! Deixe-me colocar a mão em sua testa. Meu Deus! Você está ardendo em febre!

Em casa, a mãe deu um banho no menino e o medicou. Ligou para a mãe e lhe relatou o que estava acontecendo. O garoto adormeceu e a mãe o ficou observando. Ele se debatia e falava algumas coisas, parecia muito assustado.

No outro dia, o garoto amanheceu sem febre, mas não aceitou nenhum alimento.

A mãe, preocupada, levou o pequeno ao pediatra, que o examinou e lhe disse ser um resfriado e uma pequena inflamação na garganta. Passou remédios e disse que ela poderia retornar caso precisasse.

Três dias depois, o outro menino estava brincando quando tropeçou no tapete e fraturou o pé. A verdade é que daquele dia em diante as duas crianças não tinham mais saúde e a mãe não tinha paz. Dia e noite era só correndo com eles para os hospitais.

A avó, preocupada e muito deprimida, comentou a situação dos meninos com sua assistente. Os irmãos, que viviam na escuridão daquele recinto, vibraram de alegria com o sofrimento dela.

O chefe, como era chamado, aproximou-se dela e disse:

– Você vai pagar caro o que fez. Da mesma forma que eu não pude viver, seus netinhos também não vão ter saúde nem alegria, vão ter a mesma vida que nós!

Um dos mentores que dava plantão no local, tocando em seu braço, falou:

– Meu irmão, pelas chagas de Jesus, retire essa corrente que você amarrou naqueles inocentes! Pare de enviar suas vibrações de ódio àqueles meninos! O que lhe fizeram foi horrível, mas não justifica que aja dessa forma. Ainda é tempo de voltar para casa e aguardar com serenidade uma nova oportunidade.

– Você diz isso porque não foi com você, caro irmão! Olhe só o seu corpo todo perfeito e iluminado! Dê uma olhada em mim! Tenho belos traços? Olhe minhas vestes! É sangue puro! Deixe-me em paz, não quero os seus conselhos, guarde-os para você.

Numa tarde chuvosa, a enfermeira abria o portão novamente para a mesma moça que havia deixado a clínica na manhã em que Socorro saíra porta afora para salvar seu filho.

– Entre, Valéria! – pediu a assistente da doutora. – Menina! Você precisa tomar cuidado para não ficar engravidando. Sabe que fazer muitos abortos, um próximo do outro acaba com a saúde da mulher. Sem contar que, quando quiser ter um filho, isso pode não acontecer. Faz um ano que você esteve aqui?

– Um ano e pouco – respondeu a moça, secando o suor. Muito nervosa, falou: – Desta vez a coisa é mais séria. Adoro criança, em outra situação pode ter certeza de que teria esse bebê, mas infelizmente não posso.

– É do mesmo rapaz? – perguntou a indiscreta enfermeira.

– Não! Eu terminei meu relacionamento com meu namorado de cinco anos. Ele não queria aquele filho para não se prejudicar na carreira e no fim nem foi aprovado como queria. Estava tentando entrar para a polícia e não podia ser casado nem ter filhos.

– Essa eu não sabia!

– Pois é, acabei fazendo o aborto e começamos a brigar muito. Desgostei dele e arrumei outra pessoa. Mas meu atual namorado é casado; na verdade, é meu patrão. Não posso ter esse filho de jeito nenhum!

– E você veio sozinha? – perguntou a mulher.

– Não, meu acompanhante não quis entrar. Foi a uma reunião de negócios e logo estará de volta para me apanhar. Estou tão nervosa, da outra vez não me senti assim; sinto calafrios, é algo tão estranho...

Aquele que fora sacrificado por Valéria, entrando na sala, acompanhado por seus seguidores, reconheceu a mulher que poderia ter sido sua mãe. Ficou por alguns instantes parado, olhando-a. Por um lapso de tempo, ele a olhou com amor. Em seguida, chamou os companheiros, apontou na direção da moça e disse:

— Estão vendo essa assassina? Ela seria a minha mãe. Essa vagabunda foi até a colônia e negociou a minha vinda, mas assim que me recebeu no ventre não teve caráter nem dignidade de levar a gravidez adiante. E vejam só, ela não vale nada mesmo, está aqui para cometer outro crime. Preciso da ajuda de vocês. Hoje vou matar dois coelhos de uma só vez!

— Como assim? — quis saber um dos companheiros.

— Fique perto de mim e preste atenção no que vou fazer. Aí você vai entender o que eu estou lhe dizendo.

A enfermeira conduziu a moça para a sala de sacrifício. Atrás dela, um grupo de irmãos tentavam fazê-la desistir do crime. Uma linda menina, que lembrava um anjo, agarrou-se aos seus pés e pediu:

— Mamãe, mamãe! Ouça-me! Eu lhe prometo que vou ajudá-la em tudo. Juntas, vamos sobreviver e reconstruir nossa vida. Por favor, não desperdice essa chance tão importante para nós duas.

Os mentores aplicavam um bálsamo no emocional da mãe. Se ela pudesse sentir a essência do amor espiritual, com certeza iria desistir daquele ato de crueldade.

Aquele que seria o seu filho soprou no ouvido dela baixinho:

— Não desista! Você já fez uma vez e deu certo. Pode fazer mil vezes a mesma coisa! Se não fizer esse aborto vai perder o emprego e possivelmente vai morrer, pois esse senhor não vai querer que o nome dele role por aí. É tão fácil mandar matá-la! Um acidente de carro, um atropelamento, coisa assim...

Daqui a pouco ele estará de volta e vai querer saber se está tudo resolvido.

A enfermeira estendeu um avental e disse:

– Retire toda a roupa e vista isto aqui. Vou preparar tudo e chamar a doutora. Tudo bem?

A menina, agarrada às suas mãos, pedia:

– Pelo amor de Deus! Não me abandone, eu só preciso do seu amor...

Um dos mentores, pegando as mãos da menina, falou:

– Vamos, minha filha. Venha conosco, vamos levá-la de volta. Acalme-se, Deus a ama, você há de ter outra oportunidade.

A menina, chorando, foi soltando as mãos de Valéria, e soluçando perguntava ao mentor:

– Por que ela desistiu de mim? Eu a amo tanto! Sonhei viver ao lado dela.

Aquele que poderia ter sido seu irmão carnal aproximou-se dela e disse:

– Sua tola! Em vez de acompanhá-los, fique conosco! Será ótimo ter uma irmãzinha tão linda ao meu lado!

Os mentores afastaram os invasores que perturbavam a menina. Ela não via nem ouvia nada. Os socorristas acomodaram-na em uma maca espiritual e fizeram o transporte rapidamente.

A mãe deitou-se e a médica puxou o fio vital que daria vida a um novo ser.

– Pronto, está tudo bem, pode terminar – disse a médica para a enfermeira. Retirando as luvas, pediu que a moça ficasse deitada e mantivesse repouso, além de tomar a medicação e esperar o tempo necessário para deixar a clínica.

A enfermeira ajudou a moça a engolir a medicação e cobriu-a com um lençol dizendo:

– Procure ficar bem relaxada, pode até tirar um cochilo, eu a acordo na hora de ir embora.

Ela fechou os olhos e não sabia se estava dormindo ou acordada. Viu várias pessoas ensanguentadas e deformadas em volta dela. Um ser debochava dela e falava:

– Mamãe querida, você veio me buscar?

Logo em seguida, ele colocou em seu ventre um corpo estranho. Ela sentiu dores e não conseguiu pedir por socorro. Uma pressão imensa no coração a deixou sem ar. Duas mãos apertaram-lhe o pescoço e ela não conseguia mais respirar. Começou a se debater.

A enfermeira tentou segurá-la. A médica lhe aplicou um sedativo. Minutos depois, ela se acalmou. Abriu os olhos e perguntou:

– Estou bem? Tive um pesadelo horrível.

A médica respondeu:

– Está tudo bem! Você precisa ficar calma e relaxar. Logo vai se sentir bem e voltar para sua casa.

– Por favor, doutora. Não me deixe aqui sozinha. Tenho certeza de que tem alguma coisa estranha neste quarto. Eu não estava dormindo, ouvi os sons da rua e vi coisas horríveis em minha volta.

– Tudo bem. A enfermeira vai lhe fazer companhia. Procure descansar, não pense tolices; assim que seu acompanhante chegar, você vai para casa. Quero que esteja bem.

Os infelizes irmãos cercavam a paciente. Aquele que poderia estar ao seu lado encarnado olhava para ela com muito ódio. Lembrava-se do quanto havia sonhado e planejado uma vida ao lado daquela mulher, e acabara naquele canto horrível, que cheirava a sangue. O eco dos gritos dos inocentes martelava em seus ouvidos. Ele, enlouquecido pelas lembranças, aproximou-se dela e com uma mão socava o seu ventre, com a outra apertava sua garganta.

O sangue começou a jorrar e a moça se debatia, não conseguia respirar. Estava perdendo as forças vitais. A médica, ajudada pela enfermeira, lutava para reanimá-la.

A equipe de socorro espiritual que dava plantão naquela casa tentava fazer o irmão parar, porém ele ficava cada vez mais revoltado e apertava ainda mais a garganta da moça, que perdeu os sentidos.

Nesse momento, uma luz imensa penetrou na escuridão das trevas que prendia aquele infeliz irmão. Uma mulher coberta em um manto de luz, colocando as duas mãos sobre os seus ombros, gritou:

– André! Olhe para mim! Estou aqui, isso não lhe diz nada? Tire suas mãos agora mesmo do corpo dessa mulher. Olhe para mim! Vim buscá-lo, você vai me acompanhar. Chega de tanto sofrimento derramado dentro deste recinto!

André, como se estivesse hipnotizado, olhou para ela e afrouxou as mãos, soltando-a. Ele se sentou no chão, estava exausto e começou a chorar, beijando os pés daquela entidade luminosa, que o amparava com ternura.

Tomando-o pelas mãos, ela fez com que ele se levantasse e, em seguida, disse:

– Chega de sofrer e fazer com que outros irmãos sofram ao seu lado. Você, que conhece a disciplina do mundo espiritual e está totalmente lúcido do seu estado espiritual, procedendo dessa maneira, está tão errado quanto ela, André! Você não é um assassino! Vamos ajudar essa pobre e infeliz mulher a recuperar as forças vitais e não desencarnar pelas suas mãos. Devolva as energias que sugou do seu corpo carnal.

Ele atendeu ao pedido da linda entidade. Colocou as mãos sobre o corpo desfalecido da mulher e devolveu-lhe as energias carnais que ele havia sugado. A moça respirou fundo e suas faces recobraram a cor. A hemorragia cessou e a médica, pálida e muito nervosa, deu graças a Deus pelo milagre.

Toda a equipe de socorro cercou os irmãos infelizes. Eles pareciam tristes e cansados. Alguns deles derramavam lágrimas em silêncio.

A luminosa entidade, abrindo os braços, convidou-os para segui-la.

– Venham todos os que estiverem cansados de suas dores; vamos descansar na casa do Pai. Não temam – disse ela –, o Pai que nos acolhe sabe quem são cada um de vocês.

André ajoelhou-se diante dela e pediu perdão.

A moça, olhando para ele com muita bondade e doçura, respondeu:

– Meu querido, jamais o abandonei; eu agradeço ao Pai Celestial por ter me permitido vir buscá-lo. Não sabia que você estava nessas condições. Juntos vamos superar essa perda.

Um dos socorristas, emocionado, perguntou ao mentor responsável pela equipe:

– Quem é essa senhora de tanta luz?

– É a menina que há poucas horas saiu daqui! Ela recobrou sua forma espiritual e voltou ao seu corpo de luz. Veio para resgatar o amado esposo.

– Enquanto esteve aqui ela não se lembrou dele? – perguntou outro irmão.

– Não, quando esteve aqui horas atrás, ela estava na fase de mudança transitória, não o reconheceu. Ao regressar a seu ponto de equilíbrio, recobrou a memória espiritual e pediu permissão para vir ajudá-lo. O amor é a única chave que abre qualquer porta. Ela conseguiu abrir o coração dele e tocar em sua essência.

⚬⚬⚬

Na entrada da casa havia um veículo que lembrava uma nave e alguns guardiões a cercavam de luz. Eles ajudaram a acomodar todos os irmãos que estavam adormecidos. Depois de aceitarem seguir com a entidade de luz, ela lhes deu um passe e eles adormeceram como anjos. Enquanto isso, o corpo espiritual foi limpo e tratado.

Antes de partir, ela agradeceu a equipe de plantão e pediu:

– Por favor, auxiliem essas mulheres. Hoje é um dia muito especial para todos nós. Graças ao sacrifício de vocês será implantada nesta casa uma escola espiritual que ensinará sobre a Doutrina Espírita. Precisamos apagar as lembranças dolorosas de todos os envolvidos, tanto os encarnados quanto os desencarnados. Hoje houve o último aborto praticado aqui.

Os socorristas limparam o ambiente e sugeriram na mente da enfermeira que ela abrisse as janelas. Assustada, mas sensível, ela captou a mensagem. Rapidamente, ela obedeceu. O ar entrava e saía livremente, levando muitas partículas que se dissolviam.

A campainha tocou, mas a médica pediu para a enfermeira que despachasse o casal, pois não iria atender mais ninguém naquele dia.

O casal protestou, pois tinham hora marcada! Deixaram muitas coisas para trás e não podiam esperar pela disposição da médica.

A enfermeira explicou que a doutora estava indisposta e que não tinha como atendê-los naquele momento.

O rapaz, rindo, perguntou:

– A médica está doente? E médico fica doente?

– Claro que sim, meu senhor! Médico é gente, o senhor não acha? – questionou a enfermeira aborrecida.

– Vou procurar outra clínica! – esbravejou ele. – Isso aqui é só fachada! Vamos embora desta porcaria. Vou espalhar para todos que isto aqui não funciona.

⚜

Duas horas se passaram, a moça estava fraca e reclamava de dores no ventre.

– O que vamos fazer? Levá-la ao hospital? – perguntou a enfermeira.

– Não posso transportá-la para o hospital. O que vou dizer? Tenho de tratá-la aqui mesmo na clínica. Onde está o acompanhante? Não era para estar aqui? Já faz mais de quatro horas que ela chegou!

A enfermeira respondeu:

– Ela me disse que ele é o patrão dela e que iria participar de uma reunião. Depois, voltaria para apanhá-la.

A médica serviu um caldo para a moça, coisa improvisada pela enfermeira, e a paciente pareceu melhor. Já começava a escurecer e nada de o homem aparecer. A jovem já estava bem, disse que não estava sentindo nenhuma dor. Realmente, examinando-a, a médica se surpreendeu com a melhora.

– Você não tem como telefonar para ele? – quis saber a médica.

VIDAS ROUBADAS • 101

– Não, senhora. Não sei onde ele está. Disse-me que iria a uma reunião. Ele fabrica e vende materiais destinados à construção dos viadutos e das pontes do Rio de Janeiro.

Às dezenove horas a moça estava pronta para ir embora. A médica se dispôs a pagar um carro para levá-la até sua casa. Quando ia fazer a ligação pedindo o táxi, o homem tocou a campainha da clínica e entrou, pedindo desculpas pelo atraso. A reunião, que estava programada para durar duas horas, durara quase cinco.

Pegou a carteira e perguntou quanto devia.

– Pode cobrar o tempo que vocês ficaram me esperando.

A médica relatou que houve um problema sério e que ela precisava de cuidados especiais. Deu-lhe uma receita para providenciar os remédios e lhe passou o custo, que foi três vezes mais do que o combinado.

Ele pagou sem contestar e, olhando para a moça, ficou preocupado. Ela estava pálida e trêmula.

– A senhora tem certeza de que ela pode deixar a clínica? Está tremendo e suando – comentou o homem assustado.

– O senhor, por favor, leve-a para casa. Ela deve tomar os devidos cuidados, logo vai se recuperar. Precisa repousar, alimentar-se e tomar os remédios. E não apareça mais por aqui trazendo-a para fazer outros abortos!

Olhando para a moça, ela completou:

– Faça uso da tabela. Há também outras formas de se evitar filhos indesejáveis! É só tomar cuidados e ninguém precisa passar por esses transtornos. Você tem o meu telefone, qualquer inconveniente me ligue. E siga minhas recomendações.

O casal se despediu e a médica ficou parada olhando à sua volta. Lembrou-se do seu juramento: "salvar vidas...".

E, naquela clínica, ela fazia exatamente o contrário: tirava a chance de pequenas sementes brotarem e povoarem a terra. Será que muitas daquelas vidas que ela ceifara não poderiam ser pessoas tão dignas e valiosas quanto ela?

A enfermeira lhe serviu um chá e logo após ela se despediu, lamentando o dia difícil. Iria para sua casa tomar um banho e relaxar. Telefonaria para saber dos netos, que não estavam bem. As crianças, que eram tão saudáveis, haviam perdido a saúde sem explicação.

A enfermeira respondeu-lhe:

— A senhora pode ir tranquila, vou dar uma arrumada aqui e depois também vou descansar. Realmente, nosso dia hoje foi pesado demais!

A médica deixou a clínica. A enfermeira, acostumada a ficar sozinha, de repente começou a sentir medo. Com a impressão de que alguém entrara em um cômodo da casa, não teve coragem de ir até lá.

Enquanto pegava os sacos de lixo ensanguentados, sentiu que alguém lhe tocara o ombro. "Meu Deus! O cansaço faz a gente sentir coisas do outro mundo. Vou retirar isto aqui, fechar a clínica e ir embora também."

Ao retirar os lençóis manchados de sangue, pareceu-lhe que alguém lhe disse ao ouvido:

— Esse sangue vai correr pelos rios, mares e também pela sua consciência. Isso aí é o sangue de um inocente que você ajudou a matar! Não teme a Deus? O que pensa da morte? E da vida? Não crê em Deus?

Rapidamente, ela deixou a clínica. Levou o saco de lixo até a esquina. Ali ficava o ponto onde iria tomar sua condução. O carro condutor de lixo não passava naquele dia em frente à clínica,

VIDAS ROUBADAS • 103

mas iria passar ali e ela sempre fazia isso, nunca deixava o material na clínica de um dia para o outro, pois esse cheirava mal.

Enquanto aguardava o coletivo, desabou uma chuva. Com o guarda-chuva aberto, ela observava a água que corria rente à calçada e que estava manchada de sangue. Ela olhou em direção ao saco que havia deixado na esquina e sentiu um aperto no coração: o sangue dos inocentes corria para o rio e o rio iria desaguar no mar. Sentiu tonturas e quase caiu, não fosse a bondade de uma senhora que a amparou, perguntando se poderia ajudá-la.

Pálida e se sustentando no braço da mulher, ela respondeu:

– Tive um dia terrível e não me alimentei direito, além do cansaço.

– Meu coletivo está vindo, mas, se a senhora quiser, eu fico um pouco mais até colocá-la em segurança no seu transporte.

– Esse também é o meu coletivo, podemos seguir juntas.

Ao entrarem, um jovem se levantou dando o lugar para a senhora, que, imediatamente agradecendo, disse:

– Meu filho, sou bem mais velha que esta moça, porém, quem vai se sentar é ela, pois não está se sentindo bem.

Lina observou que ela suava. Sentiu um arrepio. "Meu Deus! Esta moça está muito carregada, precisa se cuidar ou vai padecer muito...", pensou.

Antes de descer, Lina perguntou:

– Tem certeza de que pode prosseguir? Se quiser, posso acompanhá-la até sua casa.

– Muito obrigada, dona Lina – disse a enfermeira –, não vou esquecer o que fez por mim.

– Bobagem, minha filha. É nossa obrigação ajudarmos uns aos outros. – Abaixando-se próximo do ouvido dela, continuou:

– Procure uma benzedeira... Você está muito carregada. Sinto essas coisas e posso lhe garantir que você não está doente, está tomada por outro mal.

Assim que a mulher desceu, a enfermeira, secando o suor da testa, pensou: "Era só o que me faltava hoje! Além de tudo, ainda ouvir alguém me recomendando ir a uma benzedeira, só rindo!".

$$\sim\!\!\lozenge\!\!\sim$$

No outro dia, ao acordar, a médica chamou pela empregada. Suas mãos estavam inchadas e cheias de bolhas! Santo Deus! O que seria aquilo? Como médica ela não sabia explicar o que acontecera com as suas mãos enquanto dormia.

Ligou para a enfermeira dizendo que não iria à clínica e pediu que ela suspendesse tudo o que estivesse agendado. Só Deus poderia dizer em quanto tempo ela iria voltar ao trabalho.

Após o desjejum, a filha, preocupada, a levou ao médico. O colega que a atendeu lhe receitou tratamento e repouso. As bolhas soltavam água e queimavam como fogo. A pomada não estava resolvendo. Os netos melhoravam dia a dia e, graças a Deus, estavam bem.

Depois de três meses ela ainda não conseguia trabalhar, suas mãos continuavam minando água e ardiam como se estivessem em brasa. Já haviam feito todo tipo de tratamento, mas não tinham obtido nenhuma melhora. Muitos cochichavam que ela estava com uma doença ruim.

A clínica estava fechada. A enfermeira, descendo a rua em um dia chuvoso, escorregou e quebrou o pé. As duas mulheres começaram a ter pesadelos idênticos.

Certa noite, a enfermeira acordou desesperada; sonhava que estava comendo braços e pernas de crianças abortadas, a médica estava com ela e as duas eram torturadas.

No dia seguinte, ela ligou para a médica e lhe contou o pesadelo.

∼༄༅༄∼

A empregada da enfermeira, mulher simples, mas de muita sensibilidade, ficava arrepiada quando chegava perto da patroa. Um dia, criando coragem, disse:

– Dona Lucia, não leve a mal o que vou lhe dizer, sei que não é de minha conta, nem tenho autoridade de me meter em sua vida, mas, se não lhe falar, vou carregar esse remorso comigo. Se a senhora quiser me mandar embora depois que me ouvir, tudo bem, mas vou cumprir minha obrigação, que é avisá-la de coisas que são verdadeiras.

– Do que você está falando, Maria? Que história maluca é essa? – perguntou a enfermeira.

– Dona Lucia, a senhora precisa procurar ajuda espiritual. Está cercada de muitas energias negativas, forças de sofrimento, entende? Eu vejo e sinto isso, e sei que a senhora não tem essa malícia. Pelo amor de Deus, procure ajuda para sarar e dormir em paz. A senhora nunca me disse, mas eu tenho certeza de que suas noites são repletas de pesadelos.

A enfermeira empalideceu, ela realmente nunca havia comentado nada com a empregada. Como ela poderia saber de seus horríveis pesadelos?

– Tudo bem, Maria. Digamos que eu aceite o seu conselho. O que você me recomenda, procurar uma benzedeira? Você conhece alguma que possa vir até aqui?

– Eu conheço muitas benzedeiras, que até poderiam vir aqui, mas o seu problema não é para ser resolvido com benzedeiras, e sim em um Centro Espírita, pois a senhora está envolvida por espíritos sofredores e cercada deles. Esta semana entrei no seu quarto para guardar algumas peças de roupa e ouvi choro de bebê em sua cama. Fiquei muita assustada. A senhora já fez aborto?

A enfermeira tossiu, engolindo a saliva.

– Como assim, se eu já fiz um aborto? Que pergunta sem pé nem cabeça é essa? Eu nunca engravidei, se é isso que quer saber. Como poderia ter feito um aborto?

– Quando praticamos ou ajudamos alguém a fazer um aborto, muitas vezes os bebês ficam muito tempo chorando em nossa consciência e podem ser ouvidos por outras pessoas. Eu perguntei se a senhora já ajudou alguém a fazer abortos! Eu sei que é enfermeira, mas não sei qual é o seu trabalho. Como espírita, sinto que tem alguma coisa que a prende em abortos.

– Sente-se aqui – pediu a enfermeira –, explique-me tudo o que você conhece sobre o Espiritismo. Quero ouvir sobre o assunto e pensar a respeito.

No dia seguinte, ela se dirigia ao Centro Espírita acompanhada pela empregada, que fazia parte da casa, quando a médica parou seu carro diante da casa dela.

Lucia, então, comentou com a médica o que tinha ouvido da empregada e disse estar indo até lá. Os pesadelos não a deixavam ter uma noite de sono tranquila e, se não lhe fizesse bem, também não iria lhe fazer mal.

Vidas roubadas • 107

A médica respondeu:

– Não acredito nessas baboseiras de espíritos, mas você não tem nada a perder. Apenas tome cuidado com esses impostores, pois eles têm muitas artimanhas; são especialistas em fazer as pessoas caírem no jogo deles. Antes de dormir, vou ligar para saber como foi sua sessão com os espíritos.

Chegando ao Centro Espírita, ela estranhou o tratamento recebido. Vários irmãos trabalhadores da casa correram e a acomodaram em uma cadeira de rodas. Colocaram-na em uma confortável poltrona, numa sala em que havia uma mesa grande com muitas cadeiras em volta, além de garrafas de água sobre a toalha de linho branco. O ambiente era perfumado e muito agradável. As pessoas se abraçavam e eram muito amáveis umas com as outras.

A enfermeira percebeu que algumas possuíam posses e sentavam-se lado a lado com domésticas. Esse foi o caso de um senhor de posição nobre que se sentou ao lado de Maria, sua empregada.

Entre as pessoas da assistência estava Adelaide, que a reconheceu. Como será que ela chegara até ali? Percebeu que ela estava com problema de saúde e viu seu pé engessado. Fechou os olhos e orou por ela. Devia ir até lá e cumprimentá-la? Permaneceu em seu lugar, orando de olhos fechados, e resolveu não ir.

Os trabalhos tiveram início e a sessão foi aberta com uma mensagem. Depois o dirigente explanou o conteúdo, que servia para ela.

Os mentores, incorporados em muitos médiuns, atendiam aos visitantes. Uma mulher de aparência simples estava em uma sala acompanhada de outras pessoas. A enfermeira foi levada até lá.

Enquanto o mentor da médium trabalhava, a enfermeira passou mal, vomitou, sentiu dores no abdômen, falta de ar e um cheiro de sangue subiu pelas suas narinas.

"Santo Deus!", pensou desesperada. Não conseguia mover-se nem falar, parecia amarrada e amordaçada. Não soube precisar por quanto tempo ficou na sala, mas lhe pareceu uma eternidade. Quando a médium afastou as mãos, ela sentiu um alívio muito grande, parece que ele tinha retirado um peso de suas costas e pernas.

Antes de sair, ele lhe disse:

– Hoje você vai dormir bem, mas não se esqueça de agradecer ao Mestre Jesus pelas bênçãos recebidas neste dia. O mérito é d'Ele. Na próxima semana retorne para dar continuidade ao tratamento, que vai levar algum tempo, mas a bondade do Pai é superior. A senhora só precisa ter fé, paciência e buscar conhecer os caminhos do amor de Deus.

Quando os trabalhos terminaram, todos se cumprimentaram e Maria correu até a mãe de Gerson dizendo:

– Tenho de voltar com a minha patroa. O carro está nos esperando; vou deixá-la em casa e volto.

Maria beijou rapidamente Adelaide e correu para o carro, onde a patroa já estava se acomodando.

– Maria trabalha com aquela mulher? – perguntou Adelaide para a mãe de Gerson.

– É a patroa dela, é uma enfermeira. Está de licença do trabalho porque quebrou o pé. Maria disse que a casa dela lembra o umbral, tem sofredores andando por todos os lados. Quem sabe, com ajuda de Deus e a nossa, ajudamos esses pobres e infelizes irmãos a se libertarem.

– Eu conheço essa enfermeira, o Gerson também. Ela trabalha na clínica de aborto em que a Socorro quase cometeu um desatino.

– Santo Deus! Você está brincando comigo? O que uma criatura dessas veio fazer aqui no meio de nós? Só pode ser coisa do Pai, que sabe de tudo! Vamos aguardar o que Ele quer de nós... Por favor, Adelaide, não comente com ninguém essa descoberta. Se a Socorro ficar sabendo pode ficar contrariada e não devemos falar para ninguém, nem mesmo para Maria.

– Pode ficar sossegada, não comentarei com ninguém; mas isso não é uma coincidência, é o dedo de Deus!

⟳⟲

Durante o trajeto, a enfermeira não falou nada. Maria, um pouco acanhada, perguntou:

– A senhora gostou dos trabalhos?

– Sim, foi muito estranho, porém, interessante. Você comentou alguma coisa da minha vida para aquelas pessoas?

– Pelo amor de Deus, dona Lucia! Assim a senhora me ofende! Quanto tempo eu trabalho na sua casa? A senhora tem alguma queixa de mim relacionada a falatórios de sua vida? Deus me livre! Desse pecado não padeço.

– Desculpe, Maria, é que algumas coisas foram tão explícitas que só explicariam se alguém conhecesse meus passos.

– E a senhora acha que os espíritos não sabem quem somos? Não precisa de nenhum vivente para contar, eles sabem, e só nos revelam certas coisas para nos ajudar.

⟳⟲

Sozinha em sua casa, a enfermeira examinava o pé. Milagrosamente o inchaço estava bem menor e não doía mais! Ela apertou várias vezes o local onde não suportava nenhum toque, nem mesmo o calçado. Santo Deus! O que era aquilo? Sentou--se e colocou o pé na posição recomendada pelo mentor e relembrou o acontecido. Ela teve a impressão de que dormira por várias horas. Ao acordar, estava tranquila e não sentia dores nem no pé nem na cabeça.

O telefone tocou. Era a médica querendo saber como havia sido a sessão com os espíritos. A enfermeira relatou tudo o que lhe acontecera. A médica ficou arrepiada e sentiu um tremor no corpo. Por fim, disse:

– Então vamos aguardar como você vai se sentir; se vai dormir mesmo e se esse pé desincha. Se isso acontecer, acho que vou acompanhá-la nesse lugar. Hoje minhas mãos arderam tanto que precisei colocar gelo na água e deixá-las mergulhadas.

⁓ ❀ ⁓

Adelaide chegou à casa de Tetê, que já a esperava com grande mau humor.

– Onde a senhora andou? Isso são horas de chegar? Já havíamos conversado sobre essas suas saídas. Um dia ficou presa na igreja, outro na enchente, outro no enterro... estou engolindo tudo isso, mas sei que é mentira. As funções já começaram e você me chega a essa hora? Já parou para pensar quantas meninas gostariam de ocupar o seu lugar nesta casa? Ultimamente só vem me trazendo aborrecimentos e prejuízos. Vá ao seu quarto, troque essa roupa de donzela e esteja aqui em dez minutos. Depois vamos conversar sobre sua escapada.

A moça saiu em silêncio. Gerusa se aproximou e perguntou:

– Aonde ela foi?

– Não sei, não me disse nada! É uma falsa! – respondeu Tetê.

– Genivaldo me disse que ela desceu de um carro um tanto suspeito! Ele nunca viu aquele senhor na casa. Mas parece que os dois se conhecem, ele não é um desconhecido.

– Eu tinha falado que ia mandar um segurança segui-la, mas ainda não deu certo. Toda vez que ela sai, eles não estão! Estou disposta a mandar essa falsa embora daqui.

– Acho que ela está apaixonada. Sai às escondidas, mas não percebe que esses sujeitos só querem tirar proveito delas, que são sonhadoras. Eu fico com pena, pois quando perderem o amparo da senhora ficarão pelas ruas perambulando até adoecerem e se acabarem embaixo de algum viaduto, ou vão acabar morrendo por aí – disse Gerusa. E logo em seguida completou: – Posso falar com ela, dona Tetê? Prometo que, se desta vez ela não se endireitar, vou dar toda a razão para a senhora expulsá-la do nosso meio.

– Tudo bem! Faça isso. Eu não ia conversar com ela, estava disposta a mandá-la embora, sem dó nem piedade; estou cansada das mentiras dela.

~ೞಃ೭~

Naquela noite a casa estava lotada. O engenheiro apareceu e foi uma surpresa para Tetê, que o tratou com todo o cuidado que ele merecia. Ele quis saber de Socorro e ela disse que a sobrinha havia desaparecido. Ninguém tinha notícia da ingrata, porém, a casa estava cheia de meninas lindas e bem preparadas para a função.

Gerusa cochichou no ouvido de Adelaide:

– Amanhã quero falar com você. Quero lhe dar uma oportunidade de ser sincera, abrir seu coração e me contar a verdade; seja o que for, vou tentar ajudá-la. A menos que você tenha para onde ir e do que viver, saia sem dizer nada e guarde seus segredos. Você bem sabe que quem deixa esta casa não pode mais voltar; então, pense bem no que vai me dizer e principalmente no que vai me prometer, vou tentar amenizar a ira de dona Tetê.

⌘

O engenheiro contou para Tetê que a mulher tivera um parto prematuro e muito difícil, e, após a cirurgia que trouxe ao mundo a filha do casal, ela estava distanciada de tudo; não se arrumava mais, não era a mesma moça de antes, e a filha era cuidada pela avó materna. Confidenciou que o casamento estava em crise antes da gravidez e que a esposa encontrou algumas anotações de despesas extras, que ele teve de inventar mil desculpas e que não conseguiu convencê-la. Ela o infernizava querendo saber a verdade sobre aqueles gastos. Ele nunca iria confessar que comprara uma virgem e que a mantinha para si até próximo ao dia do casamento. Quando a esposa engravidou tornou-se obsessiva, queria saber de todos os seus gastos, e às escondidas revirava os seus bolsos e sua pasta de trabalho.

Fazendo uma pausa ele acrescentou que ela estava passando por um tratamento rigoroso. Os médicos lhe disseram que em alguns casos isso era conhecido no meio clínico como causa do parto, e que com o tempo a mulher iria se recuperar. Ele estava muito triste e perdido, amava a esposa e sentia muito sua falta, por esse motivo estava ali em busca de algo que lhe fizesse

VIDAS ROUBADAS • 113

esquecer um pouco a tristeza que tomara conta de suas noites. E confessou para Tetê não ter esquecido a sobrinha dela. Se houvesse uma chance de trazê-la de volta, ele arcava com todas as despesas.

– Meu querido amigo, sinceramente, não tenho a menor ideia de onde essa doida se meteu! A ingrata desapareceu e até hoje não tive coragem de falar a verdade para a mãe dela, que acredita que a filha está comigo. Entendeu a minha situação, engenheiro? E olhe, posso estar enganada, mas acredito que os telefonemas que recebi durante muito tempo foram de sua esposa. Foi difícil convencer aquela mulher a não ligar mais, pois ela insistia para saber o que fazíamos e se conhecíamos o senhor. Com muita astúcia, respondi que ela deveria perguntar ao marido e não a mim, e que havíamos contratado certo engenheiro para aprovar uma obra, mas, se era o marido dela ou não, isso não importava. Afirmei que nem o conhecíamos, pois ele só assinou a documentação e nunca apareceu. Estou sempre pedindo a vocês que não levem para casa nenhum vestígio da nossa casa, mas vocês facilitam muito! Veja só no que deu! Por causa de um descuido, todo esse problema. O senhor não precisava ter passado por todo esse desconforto. Vamos torcer para que tudo corra bem e que logo sua esposa esteja bem de saúde e vocês retornem à vida normal e saudável. Enquanto espera, conte com a minha amizade. Escolha entre as meninas aquela que pode lhe sossegar um pouco o coração. E não deixe de vir aqui, uma visita em minha casa melhora qualquer casamento!

Adelaide servia as mesas com as outras meninas que estavam "naqueles dias". Era um código que os clientes já conheciam. Ela estava disposta a contar a verdade para Gerusa e pedir um tempo para arrumar um canto para morar. As pensões e casas de família exigiam muitas referências... seria difícil encontrar um lugar decente para viver.

Enquanto corria com as bandejas, pensava: "E se fosse embora para o Nordeste?". Era uma alternativa para pessoas que queriam mudar de vida e ficar longe de tudo. Ela tinha algumas economias e o dinheiro do aluguel de sua casa, que davam para se manter até encontrar um trabalho honesto. Contudo, o que faria sem o apoio espiritual dos amigos? Passou a noite toda pensando no que iria falar para Gerusa.

⁂

Na casa da enfermeira a situação era outra – ela adormeceu rapidamente e sonhou que estava em um jardim cheio de crianças, que brincavam e pareciam felizes. Também havia muitas mulheres. Sorrindo, ela se aproximou do jardim e as crianças se agarraram às mulheres, gritando aterrorizadas:

– Ela roubou nossa alma! Tire-a daqui! É uma ladra de alma!

Uma das mulheres se aproximou dela e abraçando-a disse:

– Tenha calma, não se aborreça. Eles ainda estão ressentidos com você, mas está em suas mãos trazê-los de volta para os braços de suas mães. Continue na estrada de luz que conheceu hoje.

Ela acordou sobressaltada, com a impressão de que alguém se elevava no ar. "Meu Deus! Que sonho estranho! Nunca sonhei com crianças! Elas fugiam de mim, chamando-me de ladra de alma!" Por um momento, ela ficou pensando... "Elas têm razão, roubei-lhes a alma e ajudei as mães a cometerem o aborto." Olhou para o pé e viu que já estava desinchado e não doía mais. Levantou-se, calçou os chinelos e se dirigiu à cozinha. Não sentiu nenhum incômodo. Olhou para o relógio e viu que faltavam quinze minutos para às cinco horas da manhã.

– Não acredito! Dormi todo esse tempo? Vou me sentar em frente à janela do meu quarto para apreciar os pássaros cantando, e vou ler o livro que a Maria me emprestou, *O Evangelho Segundo o Espiritismo*...

A enfermeira só parou de ler quando a empregada, batendo à porta, avisou-a de que o café estava à mesa. Já passava das nove horas da manhã.

– A senhora está bem?

– Muitíssimo bem! Dormi como um anjo e fui acordada com o canto dos pássaros. Estava lendo o livro que você me emprestou e quero lhe propor um acordo, vamos até a sala.

Acompanhando a moça até a sala de jantar, ela comentou:

– Há anos não dormia como dormi esta noite... Acordei antes das cinco e estava lendo este livro. Sente-se aqui, vamos tomar o café – pediu a enfermeira.

A empregada ficou um tanto sem jeito, mas, olhando para a patroa, percebeu o quanto ela estava sendo sincera e aceitou o convite.

– Maria, deixe o almoço e o serviço de casa de lado. Preciso de sua ajuda, quero que me fale um pouco mais da Doutrina Espírita e do magnífico trabalho que é desenvolvido naquela humilde casa. Quando sentirmos fome, vamos sair e almoçar fora, até porque quero ter certeza de que meu pé aguenta uma caminhada.

As duas ficaram durante horas conversando. A enfermeira fazia perguntas e Maria humildemente não respondia sem antes pedir auxílio da espiritualidade. Entre ambas nascia uma grande e sincera amizade.

Na casa de Tetê, *O Evangelho Segundo o Espiritismo* mudava o destino de Adelaide.

Passava das duas da tarde quando a novata arrumadeira chegou à sala em que Gerusa estava. Pálida e tremendo, ela não conseguia falar, deixando a outra assustada.

– O que foi, mulher? – perguntou Gerusa, oferecendo-lhe um copo com água.

Fazendo o sinal da cruz, ela respondeu:

– Fui arrumar o quarto da Adelaide e ela estava sentada na cama lendo. Quando me viu, pulou da cama dizendo que estava atrasada e deixou o livro em cima da cama. Quando ia sair, dei uma olhada e vi que o livro é de feitiço, fala de espírito! Fiquei tremendo de medo só por tê-lo pegado em minhas mãos!

– Livro de feitiço? – indagou Gerusa temerosa. – Vamos lá agora! – disse a moça se dirigindo ao quarto de Adelaide. Chegando lá, entrou sem bater e viu o livro em cima da cama. Com uma toalha protegendo a mão, ela puxou o livro e leu a capa: *O Evangelho Segundo o Espiritismo*...

Sentiu um tremor no corpo e, apavorada, perguntou:

– O que é isso, Adelaide? Está trazendo feitiçaria para dentro da casa de dona Tetê? Isso tem a ver com os seus segredos? Está fazendo pacto com o demônio?

– Esse livro tem a ver com os meus segredos, mas não é um pacto com demônio nenhum, é com Deus! Estou frequentando uma Casa Espírita e tenho encontrado respostas para a minha vida, o que eu faço e o que ainda preciso fazer.

Gerusa jogou o livro de volta na cama e pediu para a arrumadeira chamar Tetê que o assunto era grave e ela não podia decidir sozinha.

Tetê entrou no quarto e Gerusa, apontando para o livro, disse:

– A senhora é quem deve decidir, Adelaide confessou que está se envolvendo com Espiritismo. Aquele livro que ela está lendo fala sobre o assunto.

– Santo Deus! – disse Tetê pálida.

Por um momento, Gerusa pensou que ela fosse cair. Refazendo-se e olhando para Adelaide, ela falou:

– Pegue suas coisas agora! Não quero vê-la nunca mais dentro de minha casa. Nós, indo à missa, rezando e buscando proteção dos santos já sofremos muito, imagine lendo livros de demônios e tendo uma traidora de Deus aqui em nosso meio! Vamos ficar juntas – pediu Tetê às duas mulheres. Virando-se para Adelaide, continuou: – Pegue suas coisas demoníacas e suma daqui!

A moça pegou seus poucos pertences e saiu com Tetê lhe apontando uma cruz e gritando para que todos os demônios a acompanhassem e que deixassem o local. Atrás dela, as duas mulheres jogaram sal.

Tetê também mandou jogar sal em todo o quarto e disse que o cômodo teria de ficar fechado por uma semana. Depois, teriam de trocar tudo, pintar e deixar alguns dias aberto, até os vestígios de Adelaide desaparecerem. Tudo isso foi o suficiente para assustar as demais meninas, que por qualquer coisa gritavam apavoradas.

Naquela tarde, Adelaide ficou parada em uma rua distante da casa de Tetê. Pensava no que ia fazer da vida. Para onde iria. Lembrou-se da mãe de Gerson, mas temeu que ela não a recebesse.

Assustou-se. Um carro parou à sua frente e um homem a chamou pelo nome.

– Para onde vai, Adelaide? Posso ajudá-la? – Era Plínio, o dirigente dos trabalhos da Casa Espírita.

Ela não respondeu. Ele se aproximou e percebeu que ela não tinha destino. Pegando suas sacolas, colocou-as no carro e convidou:

— Vamos entrar?

— Não tenho para onde ir, sr. Plínio! — desabou em prantos.

— Fique calma, sei para onde vou levá-la. Não fale nada, conversaremos quando chegarmos lá.

Ambos pararam na porta da Casa Espírita. Ele desceu, pegou a mão dela e a convidou para entrar.

Sentados no mesmo local onde se sentavam todos os necessitados, ele disse:

— Estávamos procurando uma pessoa para morar e cuidar da casa. Se você aceitar poderá morar aqui e cuidar do nosso lar. O salário não é muito, mas vai ajudá-la bastante.

— O senhor está me dizendo que eu posso ficar aqui, cuidando deste lugar sagrado? Posso fazer isso? O senhor sabe de onde eu venho?

— Não, não sei de onde vem, mas, se depender de mim, quero ter certeza do lugar para onde vai quando terminar seus afazeres aqui na Terra — respondeu.

Ele a levou para as dependências aonde ela iria se instalar e lhe disse que no outro dia, com certeza, os irmãos da casa estariam presentes e decidiriam a favor dela.

Naquela noite, Adelaide se sentiu digna. Dormiu em lugar sagrado e faria de tudo para não decepcionar Plínio e, principalmente, os mentores que a acolheram. Depois de tantos anos, ela se sentiu amparada como quando era criança na casa dos pais. Uma saudade imensa tomou conta do seu coração... Ela precisava reencontrar-se consigo mesma para poder voltar para a família. Pensava em como podia ter vivido tanto tempo longe deles.

Os amigos ficaram felizes por ela. Gerson e Socorro choraram de emoção. Ela teria a chance de viver com dignidade e construir uma família.

Adelaide zelava pela casa e fazia doces e salgados para vender aos assistentes e trabalhadores que iam direto do trabalho para os trabalhos espirituais. Ela conquistou a todos pelo carinho e respeito com que tratava as pessoas. E, quando lhe perguntavam se não tinha medo de ficar ali sozinha, ela respondia com convicção:

– Nunca estive tão bem acompanhada e amparada em minha vida.

Adelaide tratava a enfermeira com respeito e carinho. Nunca tocou no assunto que a conhecera naquela casa de horrores. E Lucia também não se lembrava dela, pois nunca mencionara nada a respeito.

Certo dia, Plínio pediu que Adelaide colocasse outra cadeira próxima à mesa de trabalho, pois eles iriam receber uma irmãzinha que precisava muito deles.

A moça ficou trêmula ao deparar com a médica que ajudava as mães desesperadas a se livrarem dos filhos. "Era ela a pessoa tão importante citada por Plínio?" Coitado, ele não sabia de quem se tratava... E se ela contasse para ele? Talvez fosse mais honesto da parte dela falar a verdade, pois ele não merecia ser enganado, pensou.

De olhos fechados e orando, ela pedia ajuda dos mentores para iluminar seu coração na decisão a ser tomada de contar ou ocultar a verdade a respeito daquela mulher. Alguém tocou em seu ombro. Era o dirigente e ela olhou assustada para ele.

– Sossegue seu coração, lembra-se do que nos ensinam os mentores da grande e divina luz: "A ovelha que estiver caída e machucada deve ser levada à mesa do Mestre para receber o tratamento adequado". Vamos lá! Não demonstre tristeza nem revolta pela senhora que está muito mal e precisando de todos nós. Ela é a médica dos homens lá no seu consultório, nesta simples casa é a paciente do Pai Criador, e nós trabalhamos para Ele, não é verdade? Anime-se, vamos cuidar de nossas tarefas.

A moça secou os olhos e agradeceu aos amigos espirituais. Quanta sabedoria nos lábios daquele médium amparado pela luz divina. Quanto ela devia àquele ser de luz que sempre tinha uma palavra de ânimo para cada pessoa que estivesse necessitada.

A noite foi marcante para os que estavam presentes, em especial para Adelaide. Lucia, a enfermeira, estava com o pé totalmente curado e disse aos presentes que voltara a dormir, a ter paz e que estava disposta a abraçar com determinação o que aprendera lendo e praticando os ensinamentos de Allan Kardec. Emocionada, ela chorou e disse que antes de conhecer a Doutrina Espírita cometera muitas atrocidades, mas que Deus a havia chamado para a luz, mostrando-lhe os ensinamentos de Allan Kardec e que agora tinha consciência dos seus erros e estava disposta a pagá-los com amor, disposição e alegria.

Adelaide derramava lágrimas em silêncio e comentava consigo mesma: "Julguei tanto essa infeliz! Agora entendo que em sua ignorância simplesmente julgava ganhar seu pão de cada dia com honestidade. E, eu? Ganhava o pão nosso de cada dia com honestidade? Eu também não me sentia culpada até o dia em que descobri os verdadeiros valores da vida".

Os trabalhos transcorreram com tranquilidade e todas as pessoas foram atendidas. O mentor passou uma mensagem aos presentes e todos se emocionaram.

A médica não entendia como os recursos utilizados por pessoas simples eram tão eficientes! Em apenas três sessões ela viu as feridas de suas mãos praticamente fecharem. Não sentia mais o fogo penetrando em sua carne. Os pesadelos desapareceram e ela estava dormindo tranquilamente.

Os netos, que também estavam sendo tratados, estavam engordando e não precisaram mais ficar internados no hospital. Ela e a enfermeira estavam mais unidas do que nunca. Liam, discutiam sobre tudo o que aprendiam e agora salvavam vidas. Trabalhavam em um hospital público. A clínica particular estava fechada e a médica não queria mais atender lá.

Adelaide, que estava sempre visitando a família de Gerson, não comentou nada sobre as duas mulheres que faziam parte do grupo espírita onde ela e a mãe de Gerson serviam. Por outro lado, perguntava-se: "As duas não se lembram mesmo de mim?" Tanto uma quanto a outra a tratavam com carinho e respeito, estavam sempre ajudando em tudo que se fizesse necessário na casa, até limpeza faziam. Não escolhiam serviço, e Adelaide passou a ter muita afeição por elas.

Enfim, cada um ali estava aprendendo lições divinas e maravilhosas, levadas por mestres empenhados em ajudar aos necessitados.

Plínio olhava Adelaide e a tratava com muito carinho. Os irmãos mais antigos perceberam que ele estava amando aquela moça e acharam que seria maravilhoso se ela viesse a gostar dele também. Já fazia anos que ele enviuvara. Não haviam tido filhos e ele ficara completamente sozinho. A família eram os irmãos de fé. Ele era bem mais velho que Adelaide. Na verdade, tinha idade para ser seu pai, mas isso não era impedimento para quem amava.

A mãe de Gerson orava e pedia a Deus e aos mentores que se fosse para a felicidade de ambos que eles iluminassem os olhos e a mente de Adelaide, que nutria grande respeito pelo amigo. Era notório que ela não tinha nenhuma outra intenção, pois o considerava como um pai.

– Só o tempo poderá dizer se a vontade de Deus é uni-los – comentou Lina com uma das irmãs da casa, que respondeu:

– Seria tão bom se eles se casassem!

O encontro das irmãs

Em uma tarde, Gerson chegou em casa alegre e sorrindo. Deu uma boa notícia à mãe e à Adelaide. Socorro esperava mais um filho, e as coisas boas nunca vinham sozinhas, ele tinha juntado umas economias e estava se tornando sócio de uma empresa: uma oficina mecânica e de funilaria. Tudo indicava que o negócio daria certo. A oficina ficava em São Paulo e ele já havia arrumado uma casa. Em breve estariam se mudando para São Paulo e a tia iria morar com eles. Contou que estava fechando um negócio com o vizinho que queria vender uma chácara. A tia o informou de que sua missão caritativa poderia ser cumprida em qualquer lugar do mundo. Quanto às pessoas queridas, prêmios em sua vida, não existiam em outro lugar do mundo, mas ali com ela. Filó e Frederico eram inseparáveis. Nunca vira dois seres humanos se amarem daquela forma. Era de fato coisa de vidas passadas... ele só não sabia o que era exatamente! Um não ficava longe do outro e, às vezes, até Socorro ficava enciumada, pois Frederico não negava a preferência por Filó.

⚬⚬⚬

Socorro abraçou o filho e com lágrimas nos olhos disse:

— Eu agradeço a Deus pela felicidade de ser sua mãe e pelo filho que você é. Fico sossegada que Filó esteja sempre do seu lado, pois ela fará por você a mesma coisa que eu faria.

Socorro resolveu que assim que se mudasse para São Paulo iria se comunicar com a mãe. Ambos mandariam uma carta e pediriam que respondesse naquele endereço de São Paulo. Avisariam também que iriam mandar o dinheiro para ela e os filhos passearem em São Paulo.

E, como o plano superior colabora com a vida dos habitantes do nosso planeta, tudo saiu exatamente como Gerson e Socorro planejaram. A mudança foi tranquila e eles foram morar em um bairro muito bem estruturado. A oficina era bem localizada e tudo era abençoado por Deus.

A mãe de Socorro recebeu a carta com a foto e estranhou. Tinha recebido dias antes a quantia que estava acostumada a receber todos os meses. De repente, a filha lhe enviava uma foto e uma carta de São Paulo, com um endereço novo, e pedia encarecidamente que não respondesse mais naquele endereço do Rio de Janeiro?

Socorro mandou o número de seu telefone e pediu que ela ligasse, pois queria conversar. A mãe, com o coração aflito, disse para si mesma: "Tem alguma coisa errada, meu coração de mãe não se engana". Só de pensar em ouvir a voz da filha, as lágrimas caíam de seus olhos.

No dia seguinte a mãe foi até a cabine telefônica. Andou mais de uma hora e meia para chegar lá. Com ajuda de uma funcionária, ela telefonou. Ao ouvir o alô da filha, pensou que ia desmaiar de emoção. Nos primeiros minutos de conversa, ambas não conseguiram parar de chorar.

Socorro pediu novamente para que a mãe não escrevesse mais para o Rio de Janeiro. Seu novo endereço era São Paulo. Caso chegasse algum dinheiro do Rio, era para ela receber, mas não responder mais nenhuma carta. Disse que estava morando em São Paulo, mas que tinha feito um acordo com a tia, e que por esse motivo ela mandava mensalmente a pequena quantia em dinheiro.

– Eu quero que a senhora venha passar uns dias comigo e traga meus irmãos, meu marido vai enviar o dinheiro das passagens, não tem nenhum perigo. Quando vocês chegarem, nós estaremos na rodoviária esperando-os.

Socorro convenceu a mãe e falou que estava muito feliz. Queria dividir com ela sua felicidade.

E, como coração de mãe não se engana, imaginou: "Minha filha está grávida...". E seus olhos se encheram de lágrimas. "Amor de mãe é sempre maior do que qualquer medo", pensou, prometendo que iria se preparar para a viagem e que ela podia mandar o dinheiro que em quinze dias eles embarcariam para São Paulo.

Gerson abraçou a esposa quando ela desligou o telefone e perguntou:

– Está tudo bem? Sua família vem mesmo?

– Sim, minha família virá nos visitar. Eles chegarão dentro de quinze dias. Mal posso acreditar que vou poder abraçar minha mãe outra vez. Confesso que há dois anos não acreditava nessa possibilidade, e pensei que jamais voltaria a vê-la.

– Estou feliz por você. Não lhe propus de irmos até lá porque temo pela saúde de Frederico, que ainda é muito pequeno para uma viagem longa. Além do mais, é bom sua mãe e seus irmãos saírem um pouco; acho que vão gostar. E, por falar em família, faça uma lista do que vamos precisar para atendê-los bem; não quero que falte nada. Graças a Deus temos condições de oferecer para sua família um pouco de conforto. Não podemos reclamar da nossa sorte, não é mesmo? Como eu iria comprar uma casa como esta, num lugar deste, pelo preço que paguei? A casinha dos fundos vai acomodar sua família com tranquilidade, não é mesmo?

– E a nossa horta, então? – comentou a esposa orgulhosa. – Tudo de que preciso para temperar meus pratos, pego fresquinho no quintal. E dona Filó! Com aquelas mãos santas, se enfiar qualquer folha na terra, brota. Nunca vi nada igual! Você viu que os pés de fruta já estão carregados? Vamos colher goiabas, jabuticabas e mexericas, e não será pouco não!

– Sabe, Socorro, no futuro pretendo fazer uma piscina e uma quadra de esporte para os nossos filhos. Acho que eles vão aproveitar bem e nós também, por que não?

– Dá pena, vamos ter de cortar algumas árvores – respondeu Socorro.

– Quem falou que vou cortar as árvores? Pelo contrário, já encomendei algumas mudas de limão, coqueiro, acerola e outras. Ainda temos muito espaço que permite o plantio de mais algumas árvores.

– Mas como e onde você pretende fazer a quadra e a piscina? – perguntou a esposa.

VIDAS ROUBADAS • 127

– Estou de olho e me preparando para comprar o terreno vizinho. Informei-me e parece que o dono quer vender. Não pretende construir. Imagine o que poderemos fazer para os nossos meninos!

O casal, sentado na varanda externa da casa, fazia planos para o futuro enquanto observava Frederico ajudando Filó, sua avó, como a chamava, a colher tomates.

– Olhe como ele gosta de mexer na terra – observou Gerson. – Tenho até medo desse amor que existe entre os dois; minha tia não respira mais sem ele, acho que são espíritos afins.

Socorro pegou um caderno e pediu para Gerson anotar o que eles precisavam comprar: toalhas de banho, lençóis e algumas camisetas, shorts e calças compridas para Frederico. Ele crescia cada vez mais.

– Só isso? Tem certeza? – insistiu Gerson.

– É só isso – respondeu Socorro.

– Acho que você deveria comprar algumas roupas novas para você; vestidos de grávida e algumas peças para o enxoval de nossa filha, o que acha da minha ideia?

– Gostei; principalmente a parte que pede para eu comprar algo para a nossa filha. Como pode ter tanta certeza de que será pai de uma menina?

– Bem, antes de você engravidar, sonhei com essa menina que você vai me enriquecer a vida. Se quiser fazer uma aposta comigo, prepare-se para perder, porque tenho certeza de que é uma menina. Vou comprar um vestido para ela; será seu primeiro vestido na Terra. Seu nome será Noêmia.

– Noêmia? Que nome estranho! De onde tirou?

– Dos meus sonhos. Esse nome é muito forte e na Bíblia já se fala dele. Em meu sonho alguém a chamava de Noêmia, então esse será seu nome.

O grande dia, a grande espera, chegou para a família de Socorro. Sentados nas poltronas, eles olhavam pelas janelas, ansiosos para chegarem ao destino.

Ao descerem do ônibus, Socorro reconheceu a mãe. Parecia muito acabada e magra, porém ainda mantinha a postura de guerreira. Do outro lado da grade, ela acenou para a mãe. Os olhos aflitos e ansiosos de sua mãe também a reconheceram. Os garotos estavam crescidos e bem diferentes de como ela os havia deixado. Todos foram timidamente ao seu encontro.

Minutos depois, com ajuda de Gerson, que desembaraçou as bagagens, mãe e filha se abraçaram entre risos e lágrimas.

– Meu Deus! Como você está diferente! – disse a mãe. – Muito mais bonita e bem tratada.

– Mamãe, este é Gerson, meu marido – disse, apontando para o rapaz, que já arrumava as bagagens para seguirem até o carro.

– Muito prazer, meu filho, que Deus o abençoe por fazer a minha filha feliz.

Os irmãos, intimidados, admiravam as ruas da cidade. Apesar do cansaço, eles estavam radiantes diante da irmã. Guardavam dela tão poucas lembranças...

– Mamãe, preciso lhe contar uma coisa antes de chegarmos à nossa casa. A senhora vai encontrar um menino de cabelos ruivos e encaracolados, olhos esverdeados, como eram os olhos de papai. Seu nome é Frederico e ele é seu neto.

A mãe ficou alguns segundos sem saber o que dizer. Não conseguia entender as palavras da filha; ela tinha um neto de que idade? Ela se casara havia pouco tempo. Como já tinha um filho? Santo Deus, o que será que acontecera com sua menina? Ou será que o rapaz era viúvo e já tinha um filho? Ele tinha cabelos encaracolados... Devia ser isso, Socorro criava o filho do marido. A filha nunca contou que esteve grávida! Não podia ser filho dela.

– A senhora entendeu, mamãe, o que eu lhe disse? – perguntou.

– Que vou encontrar um menino, meu neto. Foi isso o que você disse, não foi? – falou a mãe ainda sem acreditar nas palavras que tinha acabado de ouvir.

– Ele vai completar três anos. É muito esperto. Nós contamos para ele que estávamos indo buscar outra avó e dois tios bem crescidos. Ele está na maior ansiedade pela chegada de vocês. É muito tagarela, vai grudar em vocês e falar até dizer chega.

Durante o trajeto, falaram das novidades do lugar onde Socorro nascera, das pessoas que morreram, das que se casaram e das que foram embora.

Já na casa, os irmãos ficaram admirados com seu tamanho. Na área estava Frederico acompanhado por Filó. Ele sorria para os pais e olhava para os visitantes com curiosidade.

Socorro apresentou a mãe para Filó:

– Esta aqui foi e continua sendo a minha santa mãe. Hoje é o dia mais feliz da minha vida, estou ao lado das minhas duas mães.

Após as apresentações, Socorro pediu para Gerson, que estava com Frederico no colo, para trazê-lo até sua mãe.

– Este é seu neto, mamãe – disse com a voz embargada pelas lembranças. Se não fossem Gerson e Adelaide, ele não estaria ali sendo abraçado por sua mãe, lembrava Socorro.

– Meu filho, abrace sua avó – Socorro pediu chorando de emoção.

O menino abraçou-se a avó e aos tios como se já os conhecesse.

– Venham conhecer a minha casa, os meus brinquedos, o meu cachorrinho... – falou o menino cheio de alegria.

Logo, eles acomodaram os familiares na casa de hóspedes. Socorro pediu que todos tomassem banho e fossem almoçar. Frederico teve de ser enganado por Filó, pois queria acompanhar as visitas.

Sentados à mesa, Gerson pediu:

– Vamos levantar o copo, você também, Frederico, levante seu copinho. Brindemos à chegada de dona Tereza e dos filhos, e de mais uma herdeira em família. Socorro está grávida, dona Tereza, e eu tenho certeza de que será uma menina, pois já a conheço.

– Filha, você está grávida? De quanto tempo? – perguntou a mãe ansiosa.

– Vou completar três meses. Já dá para ver a minha barriguinha. Frederico vai ter companhia e a senhora vai ser avó pela segunda vez.

Tereza não tinha coragem de perguntar o que ia em seu coração com relação a Frederico.

O almoço transcorreu dentro de um clima de alegria. A família estava reunida. A senhora olhava para a filha e para o genro, depois para o neto. Sentia que havia algo desconhecido. O que seria? Fez as contas do tempo desde que a filha havia saído de casa. Frederico não era filho dela, não tinha sentido, o menino ia completar três anos e não tinha nem cinco anos que ela deixara sua casa. Além disso, nas cartas da irmã ela sempre dizia que a filha não lhe dava a menor preocupação, que era uma menina de ouro. Ou Frederico era filho de Gerson com outra mulher ou eles haviam adotado aquele menininho lindo! Após o almoço, Socorro sugeriu que todos fossem descansar. Teriam muito tempo para conversar.

Sozinha com Filó, Socorro pediu uma sugestão de como contar para a mãe toda a verdade. Seria um choque, mas ela tinha de contar sobre a casa da tia. Sabia que a mãe venerava a irmã e tinha medo da reação dela e de como iria suportar a situação.

– Tenha calma. Você deve contar tudo para ela, mas conte aos poucos, sem derramar a dor de uma só vez. Comece mostrando a ela o lado bom de sua vida, seu marido, sua casa, a família de Gerson, Adelaide, nossos irmãos de fé, e assim por diante. Quer saber de uma coisa? Ore e peça aos nossos mentores que eles vão direcioná-la pelos caminhos certos. Percebi que sua mãe é muita discreta e educada, não vai lhe fazer perguntas fora de hora. Tenho certeza de que ela já sabe que tem história mal contada nas cartas da irmã sobre você. Coração de mãe, minha filha, nunca erra o caminho. Você sabe disso. Fique tranquila e aguarde o momento certo.

Uma semana depois que Tereza chegara a São Paulo, pela primeira vez colocou os pés em uma Casa Espírita. Sentiu como se já fizesse parte daquele lugar há muito tempo.

Filó se transformou, observou Tereza. Como negar uma ciência divina como aquela, que estava ali na sua presença? O mentor que cuidou dela lhe pediu muita paciência, amor e compreensão em todos os caminhos que trilhasse. Explicou que cada um de nós, consciente ou inconsciente, é instrumento a serviço de Deus, e que ninguém pode julgar irmãos pelos erros cometidos, pois muitas vezes são estes erros que os levam aos caminhos certos.

De volta à casa da filha, ela tentava compreender os conselhos do mentor. Será que ele falava a respeito de Socorro? Iria orar muito, como ele recomendara. Com certeza, seria iluminada para seguir o caminho certo.

Gerson levou as crianças ao parque e Filó foi visitar uma irmã de fé. Socorro ficou apenas com a mãe. As duas estavam sentadas na varanda observando os canteiros floridos que se abriam com a chegada da primavera.

— Mamãe, preciso lhe falar algumas coisas, mas primeiro quero saber se a senhora gostou do meu marido, da minha casa, enfim, se está feliz entre nós.

— Minha filha, estou muito feliz e agradecida a Deus pela felicidade que encontrei em sua vida. Uma família formada, um homem abençoado por Deus, um anjo vindo do céu, uma tia que, como você mesma disse, é uma santa mãe. O que mais posso fazer a não ser agradecer a Deus?

— Então quero lhe contar uma coisa muito importante: Frederico é meu filho legítimo, eu dei à luz e deixei a casa da tia Tetê com um mês e pouco de gravidez. Nunca mais nos vimos, apenas tive notícias dela por meio de Adelaide, e isso já faz mais de dois anos.

A mãe ficou em silêncio por alguns minutos e em seguida perguntou:

— Você brigou com sua tia?

— Não senhora. Na verdade, não houve brigas. Preciso lhe contar coisas sobre a tia Tetê, fatos que a senhora desconhece.

— Pode falar, Socorro. Estou pronta para ouvir e até fui preparada pelo mentor que está cuidando da minha saúde. Ele me pediu que recebesse tudo com compreensão e amor. O que aconteceu entre você e minha irmã?

– A tia Tetê... ela tem uma casa de diversão que funciona à noite. Os ricaços vão lá para se divertir, beber, comer e ter a companhia de mulheres jovens e bonitas.

A mãe ficou pálida, começou a secar o suor frio que escorria da testa.

– Meu Deus! Não acredito que a minha irmã levou você para trabalhar em um lugar como esse! Você era uma menina inocente, sem malícia nenhuma de vida, não era o lugar apropriado para você trabalhar. O que você fazia lá? Pelo amor de Deus, conte-me tudo. Preciso saber, tenho esse direito.

Socorro relatou os acontecimentos que envolveram a sua vida enquanto esteve na companhia de Tetê. Disse que, apesar de tudo, fora graças a ela que encontrara o caminho da felicidade e que não nutria pela tia mágoa nem ódio, pelo contrário, pedia muito a Deus que olhasse por ela.

Quando Socorro terminou de falar, a mãe estava calada e de cabeça baixa. As lágrimas molhavam suas vestes.

Socorro a abraçou pedindo que ela tivesse calma e falou que Deus fora bondoso com todos.

– Peço que a senhora trabalhe dentro do seu coração para perdoar sua irmã. A mais infeliz de todos nós é ela, mamãe. Não tem paz, não tem ninguém, e vive cercada de pessoas perdidas e sofredoras.

– Ela podia ser tudo o que quisesse nesta vida, mas não tinha o direito de roubar minha própria vida! Eu sempre fui pobre, lutei com honestidade para criar vocês três; fiquei viúva cedo, mas nunca mais me envolvi com homem nenhum. Queria ver vocês vencendo na vida, você casada como seu pai sempre sonhou. E se tivesse de errar que fossem erros cometidos por você e não empurrada ao mais pérfido dos sacrifícios humanos. Ela me enganou, traiu-me, tirou parte de mim. Todos os dias eu rezava a Deus agradecendo pelas bênçãos que ela lhe concedeu.

Depois de uma pausa, a mãe perguntou:

– Por que você não mandou me chamar, minha filha? Eu teria vindo atrás de você! Chegaria de qualquer jeito! Por que aceitou esse sofrimento em silêncio? Por quê? – perguntou Tereza revoltada.

– Mamãe, por favor, acalme-se! O que ia mudar para mim? Seria mais sofrimento para todos. Graças a Deus está tudo bem; estou feliz, tenho meu filho, meu marido e um lar onde posso recebê-la em paz e harmonia. Isso é que é importante; o que passou, acabou! Vamos nos esquecer do passado. Não é esse o ensinamento que recebemos dos mentores da espiritualidade? Todas as orações dirigidas para a sua irmã e para mim foram ouvidas por Deus e eu fui abençoada.

A mãe soluçava, ficou fora si. Nunca imaginara que a irmã fosse capaz de tamanha maldade. Sentia-se culpada por ter colocado Socorro em suas mãos. O marido morreu pedindo que ela cuidasse bem da filhinha. O que ele não estaria sentindo no mundo dos espíritos?

Socorro tentou acalmá-la, mostrando-lhe os benefícios que alcançara graças àquele sofrimento. Lembrou-lhe que os mentores diziam que o sofrimento era uma bênção que só seria entendida lá na frente. E foi exatamente assim que acontecera a ela.

Naquela noite, Tereza andou de um lado para o outro. Não conseguiu fechar os olhos relembrando a infância ao lado da irmã mais velha, Teodora. Ela era tão decidida e destemida, franzina e pequena para sua idade, mas vivia sonhando em deixar aquele lugar de pobreza e sofrimento. Seu sonho era se casar e partir para uma cidade grande. Lembrava-se da tristeza dos pais quando Teodora foi embora com um caminhoneiro. Ela simplesmente deixou uma carta pedindo perdão e desculpas, e disse que estava seguindo para viver sua vida, que seu destino não era ali. Passaram-se alguns anos quando tiveram a primeira notícia dela, que mandou presente para toda a família. A partir desse contato, ela sempre mandava dinheiro para os pais. Foi a salvação deles. Um dia ela apareceu em um carro alugado. Ficou apenas três dias e avisou que não podia ficar mais, pois seu trabalho exigia muito dela. Contou para a família que tinha aberto uma pensão, que ganhava bem, porém trabalhava todos os dias, não podia se ausentar por muito tempo. Os familiares tinham orgulho de falar sobre o seu trabalho. Todos acreditavam que ela dirigia uma pensão. Tereza, acreditando que Maria do Socorro iria trabalhar na pensão, permitiu sua partida, mas nunca lhe passou pela cabeça que Teodora tivesse se perdido na vida.

Ela estava disposta a ir ao encontro de Teodora, queria olhar dentro dos olhos daquela ingrata e perguntar o porquê de ter feito aquilo com sua filha.

Na manhã seguinte, na mesa do café, Gerson comentou com Socorro que precisava ir ao Rio de Janeiro para assinar uma documentação que ficara pendente. Ele disse que ia de ônibus, pois aproveitaria para visitar a mãe e pernoitaria por lá; voltaria no dia seguinte.

A mãe de Socorro pensou: "Deus está abrindo as portas para mim. Vou com Gerson até o Rio de Janeiro, vou encontrar com Teodora!".

Assim que o genro se levantou, ela o seguiu.

No jardim, fingindo que mostrava os canteiros para Gerson, Tereza pediu:

– Gerson, meu filho, o ouvi dizendo que vai até ao Rio... gostaria de ir com você. Estou sabendo do que aconteceu com a minha filha, ela me contou tudo.

Gerson tentou fazer com que ela mudasse de ideia, lembrou-a de que não valeria a pena ir até lá e se magoar, se aborrecer, vendo a vida errada que a irmã levava.

– Quero ir sim, meu filho. É muito importante; quero olhar dentro dos olhos da minha irmã e tentar entender por que fez isso comigo. Sou irmã dela, crescemos juntas, somos filhas dos mesmos pais.

Por fim, ele concordou.

– Acho que a senhora tem razão, se fosse comigo eu também faria o mesmo. Vou acompanhá-la; não é fácil, mas a senhora vai me prometer que não fará nenhuma besteira com a sua irmã. O malefício maior ela fez para si mesma.

⚜

Dois dias depois, ambos seguiram para o Rio. Socorro fez a mãe jurar que não iria fazer nada com Tetê. Ela jurou, mas disse que precisava se encontrar com Teodora.

Já passava das dezessete horas quando um carro encostou diante da bem frequentada casa de Tetê. Um segurança abordou Tereza:

– A senhora veio para a entrevista de trabalho? A vaga de faxineira já foi preenchida. Tem vaga para a cozinha. Se a senhora souber cozinhar, a vaga ainda está em aberto.

VIDAS ROUBADAS • 137

– Não senhor! Não vim procurar trabalho, quero falar com a dona da casa. Faça-me o favor, avisa para ela que Tereza, mãe de Maria do Socorro, está aqui e quer lhe falar.

O segurança, olhando com mais atenção, percebeu naquela mulher semelhanças físicas com Tetê. Devia ser parente mesmo. Pediu que ela aguardasse, iria comunicar à dona da casa que tinha uma visita para ela.

O rapaz encontrou com Gerusa arrumando uns vasos com flores e lhe falou baixinho:

– Tem uma mulher aí fora de nome Tereza que é a cara de dona Tetê. Disse que é mãe de Maria do Socorro e pediu para falar com Teodora. Avise-a. Ficarei esperando aqui, mas volte logo que a mulher me pareceu aflita.

Tetê estava se vestindo com requinte e elegância. Ao ver Gerusa entrar no quarto, perguntou:

– O que você acha deste vestido azul, ficou bem em mim?

Como Gerusa não respondeu, ela virou-se, reparando que a moça estava pálida.

– O que foi, Gerusa? Aconteceu alguma coisa grave? Você está branca!

– Dona Tetê, tem uma mulher aí fora chamada Tereza que diz que é mãe de Maria do Socorro. Ela quer falar com a senhora. O que faremos? O segurança está de plantão, vamos mandá-la embora ou a senhora vai atendê-la?

– Santo Deus! Tereza é minha irmã! Será que ela está mesmo aqui? Vou ter de falar com ela! Deus me ajude. Mande que as meninas saiam rápido e depois a conduza até o salão. Vou calçar os sapatos e já desço.

Gerusa se afastou e Tetê estremeceu pensando no que iria falar para a irmã. De qualquer forma teria de enfrentá-la.

Tereza foi convidada a entrar e logo percebeu o estilo da casa. Uma pesada cortina separava o salão. Ali devia ser o tal palco das apresentações. No canto, um bar cheio de requinte e muitos instrumentos musicais; a decoração era ousada, reparou.

Gerusa, parada perto do balcão, e o segurança, do outro lado da porta, estavam de prontidão para defender a patroa.

Tetê abriu a cortina e apareceu bem-vestida e maquiada. Seu perfume exalava no ar.

Tereza, olhando-a de cima a baixo, pediu:

— Teodora, peça aos seus empregados para nos deixarem sozinhas.

Tetê, virando-se para os dois, pediu:

— Vocês podem nos deixar sozinhas? Preciso conversar com a minha irmã.

Assim que os dois deixaram o enorme salão enfeitado por pesados lustres de cristais, presente de um gringo em agradecimento à semana de felicidade em terras brasileiras, como dizia ele, Tereza se aproximou da irmã e lhe deu várias bofetadas.

Tetê se defendeu, colocando as mãos sobre o rosto, mas não reagiu contra a irmã.

Tereza, tremendo de nervoso, segurou-a pelo braço e perguntou:

— O que lhe fiz, miserável? Você desgraçou a minha casa, iludiu minha filha e enganou-me todo esse tempo! Graças a Deus que os nossos pais não estão vivos para não sofrerem como eu. Você se perdeu pelos caminhos da vida por livre e espontânea vontade. Não teve pena de mim, sua infeliz! Viu a minha pobreza e a minha luta para manter as únicas riquezas que tenho em minha vida, os meus filhos, coisa que você não tem, por ser maldosa e não respeitar a Deus ou quem quer que seja! Tenho pena de você, Teodora, nojo; vivo em minha casa modesta, mas limpa. Este seu antro tem o cheiro das histórias que papai nos contava, cheiro da besta-fera! Este é o seu reino? Não satisfeita em ter vendido sua alma ao maligno, quer roubar almas inocentes para agradá-lo? Pois saiba, sua ordinária, que Deus salvou minha filha das suas garras. Ela está casada, e muito bem casada. É feliz com o marido e com o filho, e ai de você se ousar um dia se aproximar de mim, dos meus filhos, dos meus netos... eu a mando para o inferno, que é o seu lugar! Não vou mais sujar as minhas mãos na sua cara imunda, vou sair daqui e nunca mais quero ouvir falar de você. Não acredito que tema a Deus, mas sei que Ele fará justiça. Desejo sinceramente que você apodreça e seja consumida aos poucos, até morrer. E que não encontre nenhuma luz na sua passagem.

Tetê aproximou-se da irmã e falou:

– Tereza, pelo amor de Deus, perdoe-me, reconheço meus erros, mas ouça-me, por Deus, deixe lhe explicar algumas coisas.

Empurrando as mãos da irmã, Tereza respondeu:

– Não me toque! Suas mãos estão podres e envenenadas! Vou embora e nunca mais, nunca mais mesmo, ouse nos procurar.

Tereza deu as costas e saiu rapidamente, deixando Tetê parada no mesmo lugar.

Gerusa entrou correndo e, assustada, perguntou:

– O que aconteceu? Quer um copo com água? Santo Deus! A senhora está sangrando no canto da boca, o que essa louca lhe fez? Por que não chamou por nós?

Engolindo a água, Tetê sentou-se em uma poltrona chorando de verdade. Desta vez, suas lágrimas eram de saudade da infância, do amor dos pais e dos irmãos. O que ela fizera de sua vida? Os anos se passaram e ela nada fizera de bom; vivera à custa da infelicidade de outras pessoas.

Gerusa, amparando-a, pediu:

– Vamos para o seu quarto; não quero que esses mexeriqueiros fiquem olhando-a neste estado.

Deixando Tetê deitada em sua cama, Gerusa retornou ao salão. Os seguranças e as meninas cochichavam pelos cantos. Usando sua autoridade, ela gritou:

– Vamos cuidar de pôr tudo em ordem! Se pegar um de vocês com conversinha pelos cantos, coloco no olho da rua!

Logo após, retornou ao quarto. Tetê ainda chorava.

– Por favor, acalme-se; vamos conversar. O que aconteceu? Aquela senhora é mesmo sua irmã?

– É sim. Aquela senhora é mãe de Socorro, e veio até aqui para me dizer a verdade. Eu realmente não tinha o direito de fazer o que fiz com a filha dela, mas agora é tarde demais. Eu errei pensando em estar fazendo o melhor por ela. Queria deixar tudo o que tenho para Socorro.

– Fique calma, dona Tetê. O que a senhora fez não foi por maldade. Deus não vai castigá-la. Além disso, a senhora não vai de casa em casa procurando meninas para o pecado, pelo contrário, abre as portas para recebê-las quando estão perdidas por aí.

– Mas com a minha sobrinha foi diferente, Gerusa. Eu a enganei. Ela era uma menina inocente e eu premeditei um futuro que não existia. Usei-a como mercadoria, reformei a casa, comprei móveis novos, tudo isso com a ajuda do engenheiro. Em troca, paguei com a vida de Socorro. Tereza me disse que ela está casada e tem um filho. Acho que voltou para a casa da mãe e encontrou alguém que a desposou.

– Então, dona Tetê, agradeça a Deus que está tudo bem. Agora, vamos cuidar da nossa vida! Temos de terminar de organizar o salão, pois não é todo dia que uma autoridade tão importante nos visita, não é mesmo? A mesa já está pronta, venha verificar se está do seu gosto.

Tetê se levantou e, limpando o rosto, respondeu:

– Vou jogar uma água na cara e refazer a maquiagem. Daqui a pouco eu desço. Não inventei os pecados do mundo, por essa razão não posso pagar pela sua existência! Sou apenas uma pecadora dentre milhões e milhões, não é mesmo, Gerusa?

– É assim que se fala, dona Tetê. A senhora pode não ser um anjo com um lugar reservado no céu, mas, com certeza, não é um demônio enviado do inferno. Devo minha vida à senhora, e sou testemunha de tantas outras vidas que ajudou a salvar. Fique com a sua consciência tranquila. Se a senhora for julgada, seus erros serão menores que os acertos... Isso eu testemunho no céu e no inferno! E a creche que a senhora ajuda, se não fosse isso aquelas crianças já teriam morrido de fome e de frio. Não acredito que Deus só olhe as coisas erradas e não leve em consideração as coisas boas que praticamos.

– Ainda bem que tenho você e as meninas que preenchem a minha vida! Você acha, Gerusa, que eu escolhi esse destino? Sonhei ter uma casa, filhos, marido, e viver feliz. Infelizmente, esses sonhos morreram quando deparei com a realidade, e foi pensando no futuro de minha sobrinha que agi daquela forma. Tomara Deus que o destino dela tenha sido diferente do meu e do da mãe dela, que se casou com um homem pobre e ficou viúva e com os filhos pequenos para criar! Isso é felicidade?

– Bem, vamos esquecer esse episódio! – pediu Gerusa, ajudando-a a passar o *blush*. – Está linda! É assim que gosto de vê-la. Vou descer e esperá-la no salão!

Gerusa saiu e Tetê ficou se olhando no espelho; prestava atenção em sua própria imagem e pensava: "Estou ficando velha e vivendo de ilusão... Ninguém olha para mim com boas energias; não tenho família, amigos, ninguém... Quem tem dinheiro não quer saber de mim, e os malandros tentam se aproximar com segundas intenções. Se ficar doente em cima de uma cama, quem poderei chamar? Aqui nesta casa a única pessoa que eu sei que tem afeição verdadeira por mim é Gerusa. Preciso mudar os planos de minha vida, tenho de pensar no amanhã. Os anos estão passando, as rugas se espalhando por todo o meu corpo e eu sonhando em resolver a minha própria sina e encontrar um príncipe encantado que vai me levar aos castelos dos meus sonhos".

Naquela noite, a casa de Tetê recebeu muitas personalidades, pessoas influentes que foram até lá para se divertir e comer bem. A fama da boa comida e dos shows da casa atraía muitos homens.

O engenheiro estava entre eles. Discutia novos projetos e valores altos. Ele era dono de uma grande empresa de construção civil e por suas mãos passava muito dinheiro. Pela conversa que Tetê ouviu, ele estava abrindo negócios em São Paulo.

Tetê, depois de saber disso, comentou com Gerusa:

VIDAS ROUBADAS • 143

– Você entende o porquê de eu ter colocado Socorro nas mãos dele? Se ela fosse esperta teria tudo nesta vida. Ele gostava dela e, se ela tivesse tido paciência, ele estaria de volta aos pés dela, cobrindo-a de luxo. Mas agora é bom esquecermos o que passou, é tarde demais para se lamentar. Vamos tocar nossa vida. Olhando para os nobres clientes, ela ordenou:

– Sirva bem a todos, pois são peixes grandes e não podemos perdê-los para outras casas.

– Sim senhora. Fique sossegada, vou cuidar bem da nossa mina ouro – Gerusa respondeu baixinho, no ouvido de Tetê. – Olhe de soslaio quem eu mandei fazer companhia aos nobres cavalheiros...

– Ah! Fez bem, essas meninas são as melhores. Em uma noite elas dão um lucro que as outras não conseguem nem em um mês! Temos de cativá-las. Olhe lá um mau exemplo! Aquelas três estão ali no canto como se não precisassem trabalhar. Vá até lá e disperse-as. Há muitos fregueses na casa e elas estão fingindo que não tem ninguém. Logo vou ter de mandá-las procurar outra freguesia – completou a mulher aborrecida.

Gerusa se afastou, passando pelas mesas de forma muito simpática. Cumprimentou os velhos conhecidos e discretamente chegou perto das moças. Sorrindo, falou em voz baixa:

– Vocês estão fazendo greve contra quem? Se não desejam mais trabalhar aqui, comuniquem dona Tetê, mas se ainda desejarem continuar é bom se mexerem. Deem uma olhada ao redor e percebam quantas mesas com clientes sozinhos.

– Desculpe, dona Gerusa! Ficamos batendo papo e não prestamos atenção nas mesas. Vamos lá, meninas! – disse uma delas levando as outras.

Gerusa pensou: "Essas meninas não pensam, são distraídas que só! A sorte é que dona Tetê fala, fala, mas não tem coragem de fazer mal a ninguém. Não sei se teria a paciência que ela tem".

⁓◦◦⁓

Enquanto todos bebiam, comiam e se divertiam, Tetê, sentada diante da caixa registradora, lembrou-se do encontro com a irmã. Por um lado foi bom, pois tirou o peso de sua consciência. Agora sabia que a sobrinha estava casada e tinha um filho! Desejava que Deus a protegesse, pois tinha dó da irmã. Era consciente de que o dinheiro que lhe mandava todos os meses era muito útil, mas agora que ela não queria mais, paciência, iria ajudar as crianças do morro.

Tetê nunca imaginara que o sonho da sobrinha era se casar e ter filhos! Sentia-se triste pela ingratidão da irmã, mas não procuraria ninguém. Caso um dia a irmã precisasse, ela iria ajudá-la sem questionar, como sempre fizera com todos da família! Achava que a vida fora ingrata com ela. Quando foi abandonada pelo canalha que lhe empurrou para aquela vida, nenhum dos seus familiares a acolheu. Ninguém perguntou se ela estava precisando de alguma coisa. Se pelo menos o filho tivesse sobrevivido... Sua maior tristeza é que lhe deram a notícia de que ele nascera morto e não a deixaram vê-lo. Mas do que adiantava agora se lamentar?

"Será que o canalha estava feliz?", pensou, lembrando-se do ex-companheiro, que nunca soube que a havia deixado com um filho na barriga... "Teria sido diferente? Ele não me amava, gostava mesmo das estradas."

VIDAS ROUBADAS • 145

Naquela mesma noite, em outro lugar, Tereza recebia algumas instruções espirituais. Desabafando, contou ao mentor espiritual o que fizera e a mágoa que ainda estava machucando seu coração. Ele a aconselhou e deixou-a mais aliviada, calma e equilibrada.

Ao chegar perto de Gerson, sem entender nada, apenas ouviu a conversa entre ele, a mãe e Adelaide. As duas comentavam com o rapaz que todas as casas da rua haviam sido desapropriadas. Ali passaria uma grande avenida, mas a providência divina já tinha preparado um novo local para dar prosseguimento aos trabalhos da doutrina.

Gerson perguntou:

– E para onde vocês vão se mudar?

Adelaide respondeu:

– Por obra do destino, vamos mudar para a casa onde funcionava a clínica de abortos! A proprietária é a médica que hoje faz parte dos trabalhos da casa. Ela cedeu o imóvel e vamos trabalhar lá.

– Isso só pode ser mesmo a mão de Deus! Agora aquele lugar de sofrimento vai ser iluminado pelos mentores da grande luz!

– Por favor, não comente com ninguém. Um dia todos ficarão sabendo, mas não precisa ser agora. Eu tenho de lhe confessar algo, meu amigo – disse Adelaide –, as duas não se lembram de mim, e, por incrível que pareça, aprendi a amá-las como se fossem minhas irmãs. Tanto elas quanto eu pecamos mais por ignorância do que por maldade, mas compreendi que não importa qual o grau de nossos erros, sempre temos uma nova chance. Tenho lutado muito para apagar de dentro de mim as más lembranças e, principalmente, as ações ruins que cometi contra meus semelhantes.

— Esclareça-me algo, a tal médica não atende mais no local?

— Não. Nem ela, nem a enfermeira praticam mais aquelas atrocidades. As duas têm ajudado muitas crianças a virem ao mundo. As duas não conheciam a doutrina nem frequentavam nenhuma religião. E sabemos que quem segue um caminho religioso fica mais próximo de Deus. Foi o que aconteceu com elas, comigo e com muitas outras pessoas.

Tereza e o genro pernoitaram na casa da mãe do rapaz. Depois do jantar, Tereza abriu o coração com eles e lhes contou tudo o que aconteceu na casa da irmã. Comentou também sentir que a filha ainda escondia alguma coisa dela, mas que tinha certeza de que Deus iria abençoar a todos. Pediu ao genro que a levasse para sua casa, pois já estava com o coração aliviado por saber que a filha estava amparada por um homem de verdade.

A única coisa que ainda martelava o seu pensamento era sobre a paternidade do seu neto. Também falou para Gerson que sabia que ele não era o pai biológico do neto.

O genro, pegando em suas mãos, disse:

— Dona Tereza, Frederico é meu filho. Acompanhei toda a gravidez de Socorro, vi-o nascer, recebi-o em meus braços e em meu coração. Por favor, não toque nesse assunto com sua filha e prometa que jamais vai questionar a paternidade de Frederico.

— Eu prometo, meu filho.

Bons filhos à casa retornam

Na Casa Espírita, os dirigentes discutiam as novas mudanças. A proprietária do imóvel estava emocionada com os projetos da nova instalação e afirmava que deveriam correr contra o tempo.

Todos aprovaram as reformas e a médica deu seu aval ao presidente, que prometeu colocar tudo em prática no dia seguinte.

A médica já havia doado, em cartório, sem que ninguém soubesse, a casa onde seria a sede da instituição.

Naquela hora, pensou: "Outrora os anjos choraram, mas certamente hoje estão rindo, pois a luz vai entrar naquela casa triunfante!".

Enquanto isso, Adelaide observava as duas mulheres, que estavam empolgadas e radiantes por poderem ajudar na obra dos trabalhadores.

"Estranho", pensou, "tenho certeza de que elas não se lembram de mim. Será que um dia vou ter coragem de falar a verdade sobre isso?"

O presidente da casa pediu licença e se levantou. Solicitando a atenção de todos, falou:

– Quero aproveitar este momento para comunicar-lhes uma informação: como é do conhecimento de todos, já faz algum tempo que eu e Adelaide descobrimos que temos muitas afinidades e que nos amamos; portanto, gostaria de pedir a bênção de todos e dizer que vamos nos casar. Combinamos que vocês seriam os primeiros a saber, pois certamente iriam vibrar com a novidade. Sei que tenho idade para ser pai de Adelaide, porém sabemos que o amor não pode ser calculado pelos nossos anos de vida aqui na Terra.

Todos se levantaram e os abraçaram, desejando-lhes felicidade e prometendo-lhes apoio. O amor entre os dois se fazia presente aos olhos dos mais sensíveis.

No plano espiritual, muitos trabalhadores se organizavam para ajudar os irmãos prejudicados a receberem novas oportunidades. O projeto da instituição já contava com um plano de amparo às mães solteiras e a todas as crianças de famílias carentes. Seriam distribuídos enxovais e alimentos para mães e filhos. O atendimento médico seria gratuito e todos frequentariam uma escola, além de muitos outros benefícios. Seria construída uma creche para cuidar das crianças enquanto as mães estivessem fora e também para abrigar mãe e filho até poderem se manter em outro local.

A médica disse-lhes que a doação da casa era de uma senhora que não queria aparecer. Que ela ajudava muitas creches, mas exigia que seu nome não aparecesse na mídia. Ela queria apenas o reconhecimento de Deus e dividia com outras pessoas o que Ele lhe concedera.

Respeitosamente, o presidente lembrou que as almas nobres agiam daquela forma: faziam o bem sem olhar a quem. Assim, todos deram as mãos e agradeceram aos mentores, fazendo uma oração por aquela senhora.

Em pouco tempo, a reforma foi concluída e as portas da nova morada espiritual foram abertas para receber diariamente dezenas de pessoas que buscavam auxílio e socorro da espiritualidade. O número de voluntários e o trabalho aumentaram.

✧✧✧

Adelaide e Plínio se casaram em cerimônia simples. Socorro foi a madrinha no civil. Logo após, todos se dirigiram a um restaurante simples, mas de muito bom gosto, escolhido por Gerson. As famílias estavam reunidas, e a noiva considerava Gerson e Socorro como membros da sua, apesar de todos os seus familiares biológicos estarem presentes.

À noite receberiam as bênçãos das alianças pelos mentores espirituais. Um bolo já os esperava. Socorro e Gerson tiveram de ir embora mais cedo, pois haviam deixado Noêmia sob os cuidados da tia-avó. A mãe, cuidadosa, havia deixado algumas mamadeiras com leite materno, mas estava ansiosa para entrar no avião e chegar logo em casa para poder amamentar a pequena filha.

O marido e Adelaide não tiveram coragem de contar para Socorro onde ficava a nova Casa Espírita nem quem seria a diretora.

⟡

Plínio cuidava dos trabalhos ligados à espiritualidade e ela cuidava da administração. Era honesta, competente, responsável, e lutava pelo crescimento da instituição. Aquela médica que um dia, naquele local, recebera uma boa quantia para livrar ricos senhores das complicações envolvendo gestações indesejadas, agora lutava para trazer crianças ao mundo físico.

No plano espiritual, um espírito se preparava para retornar em um corpo físico: era André. Ele conversava com os seus entes amados e pedia ajuda para ampará-lo enquanto fizesse a perigosa travessia. Iria encarnar como filho de Plínio e Adelaide e cresceria ao lado daquela que um dia lhe tirara a grande oportunidade de reparar seus erros passados. Ele e todos os outros irmãos iriam voltar para cumprir sua missão. Mas isso dependeria muito do esforço de cada um. As pessoas mais envolvidas no processo também lutavam para reparar atitudes erradas; sendo assim, eles não podiam culpá-las por ter-lhes negado ajuda; afinal, a bondade de Deus alcançara os caminhos daquelas criaturas.

Dois meses depois, Adelaide começou a sentir enjoos e Plínio, abraçando-a, perguntou:

— Posso falar com a nossa amiga para que ela a examine?

A moça parou por um instante e em seguida respondeu:

VIDAS ROUBADAS • 151

– Sinceramente, não gostaria de ser examinada por ela. Não que não confie na doutora, mas por enquanto não queria dividir essa dúvida com ninguém, a não ser com você. Acredito que estou grávida, porém quero ter certeza. Depois decidimos se vou fazer o pré-natal com ela ou não.

– Compreendo – respondeu o marido. – Vamos procurar um médico hoje mesmo. Acredito que estou sendo abençoado por Deus, pois sempre desejei ter um filho, porém não tinha mais esperança... fui casado, como você sabe, mas não tive filhos; agora mal posso acreditar, acho que estou mais ansioso que você.

Os dois se abraçaram e choraram em silêncio, emocionados com a possibilidade da chegada de um filho.

Adelaide então perguntou:

– Plínio, nunca lhe perguntei sobre sua família, apenas soube que era viúvo e que não tinha parentes. Você gostaria de falar sobre isso? Sempre respeitei o seu silêncio, pois percebi que você evitava falar a respeito, mas agora que talvez tenhamos um filho acho que podemos conversar mais abertamente.

Levando-a até o sofá, ele pediu:

– Sente-se aqui perto de mim. Vou lhe contar tudo a respeito de minha vida passada e da minha família. Na minha juventude cometi muitos erros; perdi meus pais ainda criança e fui criado pelos meus avós maternos, que também desencarnaram cedo. Fiquei sem família, mas eles me deixaram de herança uma casinha, que eu vendi para comprar um caminhão. Passei a viajar de norte a sul do país e, em uma dessas andanças, envolvi-me com uma garota e acabei tirando-a da casa dos seus pais e trazendo-a para o Rio de Janeiro. Ficamos juntos por algum tempo e naquela época eu não tinha fé em Deus. Acabei machucando-a muito, pois continuei com as minhas andanças como caminhoneiro. Acabei abandonando-a sem qualquer remorso. Muitos anos depois, quando tentei reencontrá-la, não consegui mais notícias. Acho que ela refez sua vida e eu encontrei o caminho de luz, que me fez parar de cometer tantos desatinos. Fui muito feliz em meu casamento. Minha esposa me ajudou a compreender que viemos a este mundo para honrarmos nossos compromissos com o Pai. Depois que ela se foi eu não acreditava mais na possibilidade de refazer a minha vida, até que você surgiu como uma nova luz. E o filho, que eu nunca tive, você me está dando agora. Essa é a minha história. O resto você já sabe, vivo do meu trabalho como carpinteiro e doo todas as minhas horas livres ao trabalho da espiritualidade. Já faço isso há muitos anos.

Abraçando o marido, a moça pediu:

– Vamos esquecer o passado. Não temos muitas coisas boas para lembrar. Vamos olhar para a frente e seguir adiante. Deus foi bondoso, só temos a lhe agradecer pelas oportunidades recebidas.

❧⚬❧⚬

Socorro e Gerson adquiriram um terreno e construíram a morada dos sonhos. Frederico crescia forte e esperto. Vivia construindo pontes e prédios de brinquedo. Os pais observavam apreensivos e se admiravam em como ele tinha na memória espiritual lembranças tão incríveis.

Noêmia era muito meiga. Dificilmente chorava ou fazia birra. Gostava de ouvir histórias e pedia para a tia-avó contar-lhe algumas. A família progredia e Gerson estava muito bem estabilizado nos negócios. Frederico frequentava uma escola particular muito boa.

Os amigos tinham uma relação de amizade. Adelaide sempre que podia ia passar uns dias com Socorro. Ela comentava que o filho sonhava com aquela liberdade que tinha na chácara dos tios. André era muito esperto. Na Casa Espírita, ele parecia conhecer todos os cantos, e comentava coisas que só quem conhecera o local antes da reforma sabia. Desde bebezinho, demonstrava grande aversão à doutora, que fazia de tudo para agradá-lo. Um dia, na frente dos pais, ela pediu:

– André, me dá um abraço?

– Você não vai me machucar? Eu tenho medo de você! E se você me cortar de novo?

Ela estremeceu... "Meu Deus! Seria aquele menino um dos anjos de quem ela tirara a oportunidade de viver?"

Abraçando o menino, ela respondeu:

– Por favor, não sinta medo de mim. Não uso mais aquelas ferramentas. O que utilizo agora não machuca ninguém.

– Verdade? – perguntou o menino, olhando-a nos olhos. – Então vou gostar de você!

~◦⊙◦~

A doutora e a enfermeira dedicavam horas de trabalho ajudando crianças e idosos que iam à casa em busca de ajuda.

Diariamente era servida uma sopa para os moradores de rua, que formavam uma fila para receber o sagrado alimento. Adelaide e outras pessoas se encarregavam do preparo.

~◦⊙◦~

Em uma das visitas à casa da sogra, Socorro, pela primeira vez, pediu para ir à Casa Espírita em que ela trabalhava. Sem saber o que fazer e o que dizer, ela pediu, em pensamento, que Deus agisse conforme Sua vontade.

Adelaide ficou muito nervosa ao saber que a amiga queria conhecer o Centro Espírita. Plínio, consultado, respondeu:

– Acima de nós está a sabedoria do Pai Criador, que seja feita Sua vontade. Se hoje foi o dia escolhido para que nossa irmã viesse aqui, vamos respeitar a sabedoria do Divino. Além disso, Socorro é uma pessoa espiritualmente evoluída, e por si mesma vai compreender os motivos que a afastaram da casa por tanto tempo.

No caminho, Socorro comentou:

– Que estranho! Tenho a impressão de que conheço esse caminho... – Entrando na casa, que estava totalmente diferente, ela observou que alguma coisa ali lhe era familiar. – Estou arrepiada – disse para a tia de Gerson, que também fazia parte do grupo de visitantes. – Tenho a nítida impressão de que já estive aqui.

– Muitas vezes não é apenas impressão. Você já sabe que saímos do corpo e visitamos muitos lugares... quem sabe você de fato já esteve aqui?

Socorro foi convidada pelo dirigente da casa para conhecer todas as repartições. Parando diante do consultório médico, Plínio disse:

– A doutora está atendendo uma criança, voltemos depois.

– Já deu para perceber a grandiosidade do trabalho que vocês desenvolvem nesta casa santa.

A enfermeira, sentada, cumprimentou o grupo. Socorro olhou-a e pensou: "Já vi essa mulher em algum lugar, mas onde?".

Naquela noite, o trabalho foi de extrema beleza. O ambiente cheirava a rosas.

Adelaide suspirava aliviada e agradecia aos mentores espirituais. Socorro não reconheceu as mulheres, apenas comentou com elas que tinha a impressão de já ter visto aquele local e algumas das pessoas presentes.

A enfermeira Lucia respondeu:

– Isso me acontece sempre! Às vezes, quando entro em um lugar, já sei o que vou encontrar! Antes não compreendia, hoje sei que deixo o corpo físico e ando por aí. Só Deus sabe o porquê – disse em tom de brincadeira.

Na saída, Gerson apertou a mão de Adelaide e disse baixinho:

– Graças a Deus, correu tudo bem, temia a reação de Socorro. Com todas essas mudanças no bairro, novas pontes e viadutos, ela não reconheceu o local nem as pessoas!

No dia da reunião mensal da Casa Espírita foi apresentado o balanço geral das despesas e das doações arrecadadas. A diretora apresentou os comprovantes de novas doações: da esposa de um empresário e de Clarissa e filha, que estavam sendo assistidas pelo grupo já havia algum tempo. O esposo ainda não conhecia a Casa Espírita, mas enviara um cheque pela esposa, dizendo que queria contribuir mensalmente.

– Foi uma imensa alegria, pois assim poderemos oferecer mais conforto à população carente – disse Plínio.

Passados alguns anos...

Depois de muito insistir, a mãe de Socorro cedeu aos seus pedidos e mudou-se para São Paulo com os dois filhos. Gerson havia adquirido uma casa simples, bem localizada, e os cunhados foram trabalhar com ele.

Frederico estava muito bem na escola, e o apego dele com a tia-avó não deixava dúvida da ligação espiritual entre ambos. Ele era muito amigo de Gerson e comentava com ele que gostaria de cursar engenharia civil. Gerson o apoiava e dizia que iria ampará-lo em qualquer coisa que estudasse.

Noêmia desde cedo mostrou aptidão pela música. Era ótima aluna e estudava em um colégio de freiras escolhido por ela mesma.

Tetê ganhou muito dinheiro. Suas meninas comentavam que ela nem precisava levar aquela vida, porém ela não tinha outra coisa a não ser o trabalho. Dormia de dia e trabalhava à noite.

Certo dia, Gerusa, sua fiel companheira, confidenciou:

– A senhora bem sabe o que passei e o que sofri para não deixar faltar nada para minha filha. Agora, formada e bem estruturada na vida, ela conta para os amigos que perdeu a mãe quando criança. Sente vergonha de mim! Entendo que não pode me apresentar aos amigos contando o que sou, mas dizer que morri é demais!

– Sua filha, assim como os meus parentes, é uma ingrata! Nosso dinheiro sempre foi bom para todos. Nunca quiseram saber como o ganhávamos. E olhe aqui, Gerusa, você não tem de se envergonhar de nada! O dinheiro que manteve sua filha e fez dela gente não foi roubado, você não matou ninguém em troca. Além disso, ninguém pode julgar nenhuma de nós pelo que fazemos. Se assim fosse, eu iria para o céu, você não acha? – falou Tetê.

– A senhora tem razão. Tem muitas pessoas ricas neste país que só pensam em gastar dinheiro consigo mesmo e desfrutam de tudo. A senhora só trabalha, e boa parte do seu dinheiro vai para as creches que nem sabem de sua existência. Se fosse julgar pelo que faz, a senhora iria para o céu.

– E, no entanto, Gerusa, sei que não vou para o céu, mas não quero pensar no que vai me acontecer depois da morte, não quero enlouquecer. Tomara que Deus analise meus erros, mas não se esqueça dos meus acertos.

– A senhora não teve mais nenhuma notícia de sua irmã e de sua sobrinha?

– Nunca mais... Às vezes, pego-me pensando nelas. Sinto um aperto no coração, tenho saudades, acredita? Fico pensando em como estarão vivendo... o tempo passou tão depressa! Pelas minhas contas já faz quinze anos desde a última vez que estive com Tereza aqui nesta casa. O filho de Socorro deve estar bem crescido.

– Elas devem estar bem! Não tem aquele ditado que diz que notícia ruim corre rápido? Se as coisas tivessem piorado para elas, com certeza a teriam procurado – respondeu Gerusa.

– Bem, vamos mudar de assunto! – pediu Tetê. – A semana que vem é aniversário do engenheiro. Você já pensou no que vai fazer para ele?

– Ah! Já pensei, sim! Vamos lhe fazer uma surpresa. Quando ele estiver na sala reservada esperando por Anita, sua preferida, todas as meninas entrarão cantando e dançando. Anita abrirá as cortinas e vamos cantar os parabéns para ele.

Depois, cortamos o bolo e oferecemos a todos os presentes. Praticamente ele é o último que chega.

– Pois é, homem bom esse engenheiro... Há quantos anos ele frequenta nossa casa? Eu já o considero como se fosse da família. Imagine se a Socorro tivesse ficado com ele naquela ocasião! Hoje ela seria sua esposa. Coitado, não desejo a ninguém a vida que ele leva. Ele me contou que a mulher está bem melhor depois que começou a frequentar uma Casa Espírita. A filha está progredindo dia a dia e dando mais atenção a ele. A esposa parece que adquiriu o equilíbrio, não tem mais aquelas crises.

– Está vendo, dona Tetê, cada um tem os seus problemas! A filha dele o acusava pela doença da mãe. E nós sabemos que ele suporta tudo por causa dela. A sorte dele é ter uma amiga como a senhora. Casas como esta existem dezenas por aí, mas a diferença é o que a senhora faz por nós. Eu, por mim, morro ao seu lado, pois a senhora é o sol da minha vida.

– Gerusa, você está ficando romântica! Já reparou que está melancólica? Eu não sou cega nem burra e tenho notado seus olhares para Irineu. E acho que você deveria se dar uma chance. Por que não leva seu caso com ele a sério? Você ainda é jovem e as coisas por aqui mudaram. Quantas meninas não deixaram esta casa para se casar com clientes? A única coisa que eu gostaria é que você não me virasse as costas. Vocês dois trabalham comigo há tanto tempo que não gostaria de perder a amizade de vocês.

– A senhora sabe do nosso caso? – perguntou Gerusa com as faces ruborizadas.

– Oh! Gerusa, não me faça rir! Tenho certeza de que a maioria das pessoas que trabalha e frequenta a casa sabe! Se vocês resolverem se casar, podem continuar morando aqui. Separo um apartamento privado para vocês.

Gerusa abraçou Tetê e respondeu:

– Ele nunca me propôs nada. Ele sabe que eu não me relaciono intimamente com homem nenhum, apenas trabalho na casa, assim como ele. Nunca pensei em casamento, mas, depois dessa sua ideia, acho que não perderei nada se sonhar em me casar!

O encontro inevitável

Sentados perto da piscina, Socorro e o marido, acompanhados por Adelaide e Plínio, observavam os filhos que se divertiam na piscina.

Gerson comentou:

— Olho para os meus filhos e não acredito que eles cresceram. Parece que foi ontem que peguei Frederico no colo. E Noêmia, então! Estão dois moços. Nem sei como vou me sentir longe de Frederico, que cismou cursar faculdade no Rio de Janeiro. Ainda bem que minha tia vai cuidar dele. Já aluguei um apartamento próximo à faculdade e os dois vão ficar bem. Socorro não para de chorar, já falei para ela que o nosso bebê cresceu e que não temos mais como prendê-lo ao nosso lado.

Ele é muito responsável, sabe o que quer da vida, nunca nos deu trabalho. A avó está feliz da vida, Frederico é o primeiro neto de minha mãe e ela sempre quis tê-lo por perto.

– Pois é, somos pessoas de sorte. Nossos filhos são saudáveis e maravilhosos. André também não nos dá nenhum trabalho. Nunca precisei chamar a atenção dele para fazer lição de casa. Não gosta de brincar na rua, o negócio dele é a natação, o futebol e o cinema. Nunca vi alguém gostar tanto de filmes como ele.

– E Noêmia, ainda fala que quer ser freira? – perguntou Adelaide.

– Agora que deixou o colégio de freiras esqueceu a ideia. Acho que era influência das irmãs. As meninas admiram o trabalho delas e querem ser iguais, mas depois crescem e esquecem. Ela está participando dos concursos no conservatório e já ganhou algumas medalhas, mas diz que não vai ter a música como profissão. Quer ser veterinária.

– E o André? Já sabe o que pretende fazer? – questionou Gerson.

– Ainda está em dúvida. Não queremos interferir nem forçá-lo a decidir.

~⊙:⊙~

O ano letivo começou e Frederico se mudou para o Rio de Janeiro, acompanhado pela tia-avó. Os dois não se separavam por nada. A tia começou a frequentar a Casa Espírita em que Plínio e Adelaide trabalhavam.

Num feriado, Frederico não tinha atividades na faculdade e resolveu acompanhar a tia na Casa Espírita. A princípio, ela ficou tensa, depois disse para si mesma: "É a casa de Deus! Todos têm o direito de ir e vir. O que tem de mais ele ir até lá? Ninguém se lembra dele nem ele de ninguém, apenas os mentores sabem que ele já conheceu esta casa em outra ocasião".

No Centro Espírita, Frederico foi bem recebido por todos. Do outro lado do salão, uma moça o observava e sentia um calafrio percorrer-lhe o corpo. "Meu Deus, que sensação estranha", pensou ela. "Algo me prende àquele rapaz, mas não é atração física, não sei como explicar."

Após as apresentações, Frederico deparou com o olhar da moça. Por alguns segundos, pensou já conhecê-la.

Adelaide a apresentou:

– Esta é Rebecca, nossa jovem colaboradora. Cuida da biblioteca da casa.

Os dois ficaram conversando e Rebecca perguntou:

– Pelo sotaque você não é do Rio. Estou certa?

– Está errada! Nasci no Rio de Janeiro e ainda bem pequeno fui para São Paulo. Agora estou de volta. Faço faculdade e meus pais moram em São Paulo. Mas e você? É carioca?

– Sim. Pretendo, no próximo ano, entrar na faculdade de Direito, estou me esforçando para isso. Conheço bem São Paulo, meu pai tem negócios lá. Temos um apartamento para passarmos alguns dias. Mas, sinceramente, adoro o Rio, não vivo sem o cheiro do mar.

Após o término dos trabalhos, os dois trocaram telefones. Frederico não era de se envolver em namoricos e a tia percebeu o interesse dele pela moça.

Chegando em casa, Filó preparou um lanche e, sentada em frente ao seu menino, como ela o tratava, perguntou:

– Fredinho, você nunca mentiu para mim, quero que me fale a verdade.

– Ih! Lá vem chumbo! – brincou ele com ar de riso.

– Você gostou da mocinha da biblioteca? Vi vocês trocando telefones.

– Está com ciúmes, minha gata? – perguntou o rapaz passando os braços em volta do pescoço dela.

– Estou! Quero saber se você está interessado nela. Preciso ver se é gente boa. Não vou deixá-lo se envolver com meninas fúteis.

– Oh, minha amada! A senhora acha que uma moça trabalhando em um lugar daquele seria ruim?

– Bem, pensando por esse lado, você tem razão. Uma menina desmiolada não estaria servindo uma casa tão séria.

– Então? O que me diz? – insistiu, apertando-a nos braços.

– Em primeiro lugar, os estudos! Você não está pronto para se envolver em compromisso sério com ninguém.

– Meu Deus! Eu só conversei com a menina e a senhora já pensa em compromisso sério? Em primeiro lugar está a senhora, depois os estudos e a família. Nunca pensei em me casar, aliás, ainda não namorei sério nenhuma garota, nem quero, por enquanto! Pode acreditar, Rebecca é só uma amiga que me inspirou confiança.

– Que bom, filho, termos intimidade para falar tudo um para o outro. Entre nós é para haver sempre confiança.

A mãe de Rebecca comentou:

– Rapaz simpático aquele! Quem é?

– Se não me engano é parente do sr. Plínio, mas por que a senhora quer saber?

– Notei que você passou o telefone para ele, e sei que você não é de dar o nosso telefone para qualquer pessoa.

– Exatamente! Pelo fato de ele ser parente do sr. Plínio e me parecer um rapaz de família, lhe passei o telefone.

– Fez bem, minha filha! Está na hora de você fazer amigos. Ainda precisamos mudar muitas coisas em nossa vida. Apesar de já termos dado alguns passos, ainda falta muita coisa.

Após uma breve pausa, a moça perguntou:

– Papai chega hoje ou amanhã?

– Amanhã, e vem para o jantar. Estou pensando em convidar nossos poucos amigos em comum para jantar em nossa casa. O que acha?

– Uma excelente ideia! Faz tempo que isso não acontece. Acredito que ele vai ficar contente e surpreso! Conte comigo para ajudá-la.

A mãe apertou a mão da filha e emocionada disse:

– Você é tão maravilhosa, minha filha! Tenho sorte por ser sua mãe. Perdi muito tempo de minha vida envolvida em pensamentos negativos; poderia ter encontrado este caminho antes, se não fosse o meu egoísmo. Culpei seu pai pelos meus erros, e não me dei conta de que o perdi.

– Não pense nem fale assim, mamãe. Você não o perdeu, ele continua ao nosso lado, pois tem amor por nós. Filho não prende ninguém; se ele não a amasse já a teria abandonado há muito tempo. Continua do nosso lado porque deseja ficar conosco.

VIDAS ROUBADAS • 165

– Mas, voltando ao moço – disse a mãe em tom de brincadeira –, é a primeira vez que percebi um brilho nos seus olhos.
Você gostou dele?

– Não posso negar que senti algo diferente dentro de mim.
Não sei explicar por quê. Gostei dele como pessoa! É isso.

– Posso lhe dar uma sugestão?

– Claro, por favor, fale.

– Convide-o para jantar conosco amanhã, assim você vai
ter oportunidade de ficar um pouco mais com ele, conhecê-lo
melhor, e vamos estar entre amigos.

– Mas será que não vai ficar um tanto deselegante, principalmente para com o meu pai, receber um estranho em nossa
casa?

– Não. Ele é sobrinho do sr. Plínio e pode vir representando
a Casa Espírita que nos recebe tão bem.

– Por que a senhora não convida a dra. Kátia para o jantar?

– Se eu convidasse a dra. Kátia teria de convidar todas as
outras pessoas que trabalham naquela casa. Acho que a ocasião não é apropriada; afinal, eles são nossos amigos e não do
seu pai. Já o moço é diferente, ele vem como seu amigo e o seu
pai vai ficar feliz em ver que você está se cercando de pessoas
jovens e decentes. Você vai ter uma pessoa de sua idade para
conversar. Nossos amigos são de geração diferente da sua e a
maioria dos filhos estuda fora do Brasil.

– Tudo bem! A senhora tem razão, não pegaria bem convidar uma pessoa e deixar outras. Vou convidar o Frederico, assim terei companhia e não vou ficar pagando mico entre vocês.

– Vou lhe confessar uma coisa: quando eu estava grávida de
você, seu pai tinha escolhido esse nome se fosse um menino.
Depois não engravidei mais, mas, com certeza, se tivesse tido

um filho, ele se chamaria Frederico. Seu pai gosta muito desse nome.

– Que interessante! Não sabia disso. Sei que você ficou muito doente quando eu nasci e por muitos anos ficou deprimida. Foi por esse motivo que não teve mais filhos?

– Sim. Os médicos acharam melhor fazer uma laqueadura, pois outra gravidez seria arriscada. Como você sabe, vivi a minha juventude tomando remédios e nunca imaginei que as causas das minhas doenças fossem provocadas por irmãos obsessores.

Apertando a mão da mãe, a filha respondeu:

– Perdoe-me, acho que não deveria ter feito essa pergunta. Não era minha intenção entristecê-la, perdoe-me.

– Não se preocupe, minha filha. Preciso me curar enfrentando e superando as minhas dificuldades. É isso que escuto sempre dos nossos amigos espirituais. Vou lhe confessar algo muito importante: ajudando as crianças eu encontro um pouco de mim mesma. Além disso, seu pai faz questão de ajudar a manter a creche, e tenho fé em Deus que um dia ele vai conhecer e compreender o nosso trabalho de fé e amor.

❧❧❧

Ao descerem do carro, a mãe comentou:

– Não deixe para amanhã o que pode fazer hoje! Ligue para o rapaz.

– Não está tarde para ligar para a casa dele?

– Que tarde, Rebecca! Com certeza ele já deve estar em casa, pois saíram mais cedo do que nós.

A moça pegou o número do telefone e, nervosa, discou o número. Suas mãos suavam e a mãe achou que a filha havia se apaixonado pelo moço.

No apartamento de Frederico, o telefone tocou, e ele correu para atender.

Do outro lado da linha, uma voz suave lhe falou. Ele estremeceu, parecia-lhe tão familiar a voz daquela garota!

Aceitando o convite, ele anotou o endereço e agradeceu a gentileza. Esfregando as mãos, olhou para a tia-avó, que estava arrepiada. Alguma coisa lhe dizia que algo envolvia os dois.

– O que foi, Frederico? Quem era? – indagou Filó.

– Recebi um convite para jantar na mansão do grande construtor que é meu ídolo! Caramba! Vou conhecer o homem que mais admiro na construção civil. Nunca imaginei que um dia pudesse estar frente a frente com ele. Imagine jantar em sua casa! Tenho de pensar como vou vestido, o que devo levar para as donas da casa e para o dono da casa! O que a senhora sugere?

– Sugiro que você pare, respire fundo e analise se o jantar é mesmo importante para você. Ainda dá tempo de ligar para a mocinha e dizer que se lembrou de que tem um trabalho em equipe com os colegas da faculdade e não vai dar para comparecer.

– Não, senhora! Eu quero ir! Olhe o meu tamanho, minha flor ciumenta! Não vou fazer nenhuma bobagem. Quero, inclusive, ver o projeto da casa dele, pois dizem que é uma coisa fenomenal. Não vou ter sempre uma oportunidade como essa, preciso aproveitar! A senhora me ajuda a preparar uma roupa conveniente para a ocasião e me dá alguma dica de presente para levar aos donos da casa?

– Ó Frederico, você acha que eu nasci, cresci e vivi no meio de pessoas ricas? Eu, quando ia visitar sua mãe, levava pão, bolo, doces etc. Para gente rica, meu filho, isso não fica bem. Eles nem comem essas coisas; as mulheres vivem de regime e eu não sei o que você pode levar! Quanto à roupa, você tem várias de grife e finas, nisso sua mãe tem bom gosto. Ligue para sua irmã, que vive no meio de artistas, e lhe peça sugestões.

– Boa ideia! – O rapaz lhe deu um beijo no rosto e a puxou para perto de si.

Depois ligou para a irmã, que lhe disse:

– Cuidado para não cometer nenhuma gafe à mesa. Espere todos começarem a se servir e discretamente preste atenção. Coma pouco! É preferível comer quando voltar para casa! Conheço o seu apetite. E perfume-se, mas cuidado para não exagerar, respeite o nariz dos outros! Escolha um vinho de boa qualidade para presentear o dono da casa. Quanto às mulheres, poderia levar flores para a dona da casa. E, para a mocinha, poderia levar uma caixa de bombons finos.

Frederico estava ansioso para chegar à noite. Um calafrio lhe percorreu o corpo quando pensou que iria à casa de um homem que ele admirava muito e era bastante citado em sala de aula.

Ele seguiu as orientações da irmã e se despediu da tia, que foi para a Casa Espírita. Filó entrou e se dirigiu à cúpula de orações. Fechando os olhos, implorou ajuda para seu menino. Culpava-se, achando que o que estava sentindo era ciúme.

༺◌༻

O carro parou diante da mansão e Frederico ficou extasiado, admirando a beleza do jardim e a arquitetura da construção. Estava absorto em seus pensamentos quando um segurança se aproximou e lhe perguntou se era convidado.

Ele foi conduzido à entrada da casa. A anfitriã estava recepcionando os convidados e o recebeu com muita cortesia, agradecendo e elogiando as belas orquídeas, sua planta favorita.

Rebecca foi ao seu encontro. Estava linda e ele lhe entregou o presente. Ela agradeceu rindo e falou baixinho:

– Como sabe que sou viciada em chocolates? Venha, quero apresentá-lo ao meu pai.

Aproximando-se do homem que aparentava seriedade e segurança, ela disse:

– Papai, este é Frederico, o rapaz do qual lhe falei.

Apertando a mão do rapaz, o homem por alguns segundos ficou olhando para ele sem dizer nada. Que sensação estranha, de onde conhecia aquele jovem?

– Então você é estudante de engenharia civil? Fico muito feliz em tê-lo em minha casa. Ainda temos um tempo antes de nos sentarmos à mesa para jantar. Quero lhe mostrar a casa e ouvir sua opinião. Gosto de ouvir os jovens, eles renovam nossas velhas ideias.

❧

Depois de meia hora de conversa, parecia que os dois já eram velhos conhecidos. Ambos tinham muita afinidade de pensamento.

A mulher foi chamá-los, dizendo que os esperava à mesa.

Ao encontrar Rebecca, a mãe, falando baixinho, com bastante discrição e brincando, disse:

– Seu pai quer conhecer o seu pretendente... Não largou o rapaz um minuto; o que será que tanto conversavam? Seu pai está com ciúmes; para ele não deve ser fácil dividir a filha com outro homem.

O jantar transcorreu em clima de alegria. Frederico foi o alvo das atenções, alguém comentou:

– Se vocês dois andassem por aí juntos e falassem que eram pai e filho, todo mundo acreditaria. Reparem como têm semelhanças físicas!

A mulher do engenheiro prestou mais atenção no jovem e concordou, realmente ele lembrava seu marido quando jovem.

Os donos da casa levaram os convidados até a porta, o engenheiro apertou a mão de Frederico e disse:

– Espero vê-lo outras vezes. Temos muitas coisas que precisamos discutir juntos: a engenharia é uma ciência que se renova todos os dias, gosto do que é novo; gostei de suas ideias, meu rapaz.

Assim que ficaram sozinhos, o pai se aproximou da filha e abrindo os braços pediu:

– Gostaria de receber um abraço, mereço?

Ela o abraçou. Com os olhos cheios de lágrimas e encostando a cabeça da filha no seu peito, ele puxou a esposa para perto de si e disse:

– O tempo passou tão depressa! Minha filha cresceu, é uma moça e eu já tenho cabelos grisalhos. Você, minha mulher, continua tão bela como antes.

Os três, emocionados, ficaram abraçados. Ele conduziu as duas mulheres até o sofá e sentado entre as duas suspirou fundo e falou:

– Vocês são tudo o que eu tenho de mais importante na vida; somos uma família. Posso não ter a mesma fé de vocês, mas sou agradecido e reconheço: fui beneficiado pelo trabalho desses anjos de luz de que vocês tanto falam. A felicidade deles entrou em minha vida e em minha casa por meio de vocês duas. Não me sinto preparado; como vocês mesmas dizem, ainda não recebi o chamado. Não tenho vontade de ir à

VIDAS ROUBADAS • 171

Casa Espírita, mas tenho vontade de ajudá-la. Amanhã vocês podem levar o cheque para entregar na instituição.

As duas apertaram as mãos dele em silêncio.

– Rebecca, esse rapaz que você trouxe para nossa casa me parece ser uma pessoa muito boa. É a primeira vez que você traz um rapaz para nos apresentar. Está gostando dele ou é mesmo só um amigo? Gostaria que você pudesse confiar em seu pai.

– Por enquanto, somos amigos mesmo. Acabei de conhecê--lo na Casa Espírita; ele é sobrinho do nosso dirigente espiritual, uma pessoa muito séria e bondosa. Ele veio jantar conosco como amigo. Se amanhã acontecer algo entre nós, prometo que vocês serão os primeiros a saber.

– Pode trazê-lo mais vezes para nossa casa, não é mesmo, mamãe? – falou o pai. – Gostei da educação e da formação do moço. Além de tudo, segue a minha carreira! Não me importaria de ter um genro que falasse a mesma língua profissional comigo.

༺꧁༻

Frederico chegou em casa eufórico. A tia o esperava com chá e biscoitos sobre a mesa.

– E então, Fredinho? Conte-me como foi o jantar! Mas antes vai lavar essas mãos e tire esse blazer.

Ele sentou-se à mesa e disse com alegria:

– A senhora nem imagina como fui bem recebido! Fiquei o tempo todo conversando com o homem! Sinceramente, adorei! Imaginava que eles fossem cheios de melindres, mas não são! São pessoas maravilhosas, senti-me à vontade. Fui convidado para retornar à casa pelo pai de Rebecca.

– Mas é claro! Ele é muito rico, exatamente porque não é tolo! Quem é que tendo uma filha não vai querer casá-la com você? – disse a tia cheia de orgulho.

– Menos, menos, minha amada. Para você, eu sei que sou o mais belo e o melhor de todos os rapazes deste planeta. Você me ama, é diferente. Existem milhões de bons rapazes como eu, muitos deles vencem de mim em beleza, porte físico e riqueza, mas eu também acho que sou um bom partido! A diferença é que não estou pensando em me casar nem em assumir compromissos sérios com moça nenhuma. Primeiro, quero estudar, me formar, construir minha própria vida, ter maturidade física e espiritual para dar esse passo tão sério que é construir uma família.

– Graças a Deus, meu filho, que você pensa assim. É tudo o que tenho pedido a Deus, que você semeie bem as sementes do seu caminho para colher bons frutos. Quero partir deste mundo deixando você firmado na vida.

Abraçando a mulher, ele falou com seriedade:

– Por favor, não fale que vai me deixar, não consigo imaginar a vida sem você. É sério, não sei o que poderia me acontecer se de repente a perdesse.

– Calma. Antes de partir deste mundo você vai ter outras mãos que vão guiá-lo pelos caminhos. Deus não abandona ninguém, meu filho.

– Vamos mudar de assunto – pediu ele. – Amanhã, quando eu retornar da faculdade, vamos olhar o carro que papai quer comprar. Eles vêm este fim de semana e me disseram que é para escolhermos o carro. Já vimos três, amanhã vamos olhar outro e decidir, certo?

– Tudo bem, vamos dormir. Amanhã você precisa se levantar cedo, mas não se preocupe com o relógio, vou acordá-lo assim que terminar de preparar o café.

Na casa do engenheiro, Rebecca ligou a TV que o pai tinha instalado em seu quarto. Pensava em Frederico. O pai gostara do rapaz, quem sabe de repente a amizade pudesse se transformar em amor.

No quarto do casal, o clima também era de paz. Eles estavam abraçados e conversando sobre a filha. Ela nunca tinha demonstrado interesse por nenhum rapaz, e na idade dela as moças já namoravam e até se casavam.

– Esse moço me parece vir de família decente, procure saber a origem dele, de onde é, coisas assim; não quero saber se ele é filho de famílias tradicionais, mas sim se podemos confiar nossa filha às mãos dele.

Na casa de Tetê, as funções estavam começando, tinha muita gente rica em busca de diversão. Gerusa se aproximou da dona da casa e perguntou baixinho:

– O engenheiro vem hoje?

– Não, ele chegou de viagem e está com a família. Pode dispensar a mesa dele para outros visitantes e avise a Anita que aproveite e descanse. É exigência do engenheiro, ele paga para isso.

Tetê observou uma mesa com alguns visitantes novos e pediu:

— Fale para o segurança ficar de olho naqueles jovens. É a primeira vez que os vejo aqui. Trate e sirva-os bem, mas fique de olho, descubra quem são.

— Pode deixar. Vou descobrir de onde vieram, pelo sotaque parece que são de fora.

Não demorou muito e Gerusa já tinha a ficha completa. Eram filhos de fazendeiros de alguns estados como Minas Gerais, São Paulo, Pernambuco, Mato Grosso e outros. Foram para o Rio de Janeiro para estudar. Alguns faziam Medicina, outros Engenharia, Direito, Administração etc. Jogavam bola na praia e haviam se tornado amigos.

◦⧉⧉◦

Dona Tetê ficou mais tranquila. Observava os jovens com suas euforias e se lembrava do seu ex-companheiro. Ela se apaixonara por ele; fora uma atração muito forte. Será que ele a amara? Desaparecera e nunca mais dera sinal de vida. Estaria vivo e feliz com alguém? Teria tido filhos? O tempo havia passado e ela estava ali, entre quatro paredes, como uma ponte que envelhecera simplesmente vendo outras pessoas passarem. Não tinha ninguém que esperasse por ela lá fora, estava se sentindo cansada. Tinha muitos investimentos, propriedades e aquela casa que valia uma fortuna. Também era dona de alguns apartamentos alugados e um mobiliado. De vez em quando, ia até lá para ficar apreciando o mar. Tinha recebido várias propostas para vender a sua casa. Muitos lhe propuseram sociedade, inclusive de pessoas do exterior...

Ao olhar para o lado, Tetê deparou com Gerusa e o companheiro trocando confidências atrás de um balcão e pensou: "Gostaria de vê-los assumindo o romance. Os filhos não iriam gostar de saber que ela era mulher da vida... Talvez fosse esse o motivo de ele não tomar uma decisão."

"Pobre Gerusa", pensou. "Tinha tanto orgulho de dizer que a filha estudava na melhor escola do estado, que ela não poupava esforços para cobrir a filha com tudo que há de bom e melhor. Agora, a filha se formou e não queria saber dela, falava para as pessoas que era uma órfã de pai e mãe. É penoso um filho rejeitar os pais." Ela se lembrava dos seus pais e irmãos e sentia uma saudade imensa lhe invadindo a alma. Tereza, sua irmãzinha mais nova, tão meiga e sonhadora, disse-lhe na última vez em que a viu que era muito feliz, tinha a maior riqueza que ela jamais teria: filhos... Ela estava certa, começava a compreendê-la. Como gostaria de saber deles, como estaria Maria do Socorro? O filho já devia ser um homem, com certeza, e ela possivelmente tinha outros filhos. A irmã Tereza certamente a havia apagado de suas lembranças.

~ ✿ ~

Em São Paulo, na casa de Gerson, era só euforia. Noêmia conquistara uma bolsa de estudos na Suíça e os pais precisavam correr com a papelada, pois ela tinha de embarcar o mais rápido possível. Ficaria em um colégio interno com toda a infraestrutura de uma escola de primeiro mundo. A mãe chorava pelos cantos. De repente, seus filhos batiam asas e iam embora. Como ficaria tanto tempo longe deles?

Apesar de saber que sentiria falta da filha, Gerson sabia que era o melhor para ela, que estava dividida. Vendo o sofrimento da mãe, temeu pela sua saúde e chegou a pensar em desistir da viagem.

Gerson sentou mãe e filha diante dele e expôs:

– Não pensem vocês que meu coração não está sangrando pela saudade que vou ter de você, minha filha, mas o meu maior compromisso neste mundo é fazê-la feliz. Você buscou por esta oportunidade, lutou, esforçou-se, e nós, nem eu, nem sua mãe, temos o direito de fazer com que você desista do seu sonho. Siga adiante que nós aguentaremos a saudade. Depois, temos a felicidade de termos um bom dinheiro reservado para as grandes necessidades. Quando apertar a saudade, pego sua mãe e vamos até onde você estiver. Daqui a seis meses você vem ficar uns dias conosco e assim vamos levando e nos acostumando. Vamos correr e aprontar tudo o que se exige para sua viagem.

– Ainda não contei para o Frederico – disse a moça –, não sei o que ele acha de tudo isso.

– Quando ele decidiu ir para o Rio de Janeiro, o que foi que você disse para ele? – perguntou o pai.

– Que ele seguisse o melhor caminho para a vida dele e que estaríamos sempre juntos, que a distância não separa ninguém.

– Essa é a resposta dele para você. Vamos viajar no próximo sábado antes de sua partida, assim você comunica a ele pessoalmente.

A mãe abraçou Noêmia e falou:

– Perdoe-me, filha, as mães às vezes são egoístas. Seu pai está certo, é sua felicidade que nos importa. E olhe, eu ficarei bem, estou perto da sua avó e dos seus tios. O que quero mais?

Uma semana depois, Noêmia viajou. O irmão ficou feliz e ao mesmo tempo saudoso da irmã. Ele a amava muito e consolou os pais durante o fim de semana que passaram em sua casa.

No Rio de Janeiro, Frederico começou a ir com mais frequência ao Centro Espírita. Em uma determinada noite ele estava sentado na biblioteca quando uma senhora de porte elegante, muito bem-vestida, aproximou-se pedindo sugestões de livros espíritas. Disse não conhecer nada da literatura espírita, mas ter recebido uma graça muito especial por meio dos mentores da casa. Frederico, olhando para Rebecca, solicitou o auxílio dela, que, imediatamente, recomendou-lhe a obra *O Evangelho Segundo o Espiritismo* e convidou-a para assistir a uma palestra, que estava prestes a começar. A elegante senhora aceitou o convite e se dirigiu ao auditório. A apresentação era proferida pela médica Kátia. A visitante empalideceu. "Santo Deus! Aquela mulher foi a médica que fez meus abortos. A moça ao seu lado era a enfermeira que já trabalhava com ela." Assim que chegou àquela casa teve a impressão de que já conhecia o local, agora tinha certeza. O que teria acontecido com aquelas duas mulheres? A casa não lembrava em nada a antiga clínica. Havia também os terrenos ao lado, onde estavam construídas a creche, a cozinha, a escola e a horta.

Ela ficou paralisada, não conseguia levantar os olhos para encarar as mulheres. Pensou em levantar-se e ir embora, mas não conseguiu. Parecia que uma força estranha a segurava na cadeira.

Valéria lembrou-se dos dois abortos que fizera com a ajuda das duas. Mas a principal criminosa ali era ela, que pagou para matar seus filhos. Kátia falou sobre perdão e como alcançá-lo.

A visitante estava trêmula; um nó lhe apertava a garganta e tinha imensa vontade de se levantar e perguntar: "Eu também posso ser perdoada?".

Nesse instante Adelaide, Plínio e o filho André entraram no recinto. Ele pediu que todos se levantassem para fazer uma oração. Explicou que naquele dia, naquele momento, uma estrela rompia a imensidão do céu e sua luz chegava até eles.

Os olhos de André cruzaram com os olhos da visitante, que só teve tempo de se sentar e ser amparada pelas pessoas que estavam à sua volta.

A moça foi levada até a sala de oração. A médica, Plínio, Adelaide e André, que tinha uma vidência admirável, acompanharam-na.

Enquanto a médica examinava sua pressão, André fechou os olhos e disse em voz alta que aquela mulher precisava de muita ajuda. Vivia emaranhada em suas amargas lembranças. Aqueles a quem ela ofendera se encontravam irradiados de luz, porém ela continuava presa às lembranças de seus pecados.

Ainda de olhos fechados, ele disse:

– Sai dela um fio de luz que me implora perdão. Desconheço-a, mas seja quem for está perdoada por mim. Não importa o que aconteceu em vidas passadas, perdoe-se como eu já te perdoei.

A moça abriu os olhos e pensou: "Meu Deus! Onde estou?".

– Kátia, lembra-se de mim? Sou Valéria, aquela ovelha perdida que esteve aqui por duas vezes pecando.

A médica estremeceu. Olhando para a moça, exclamou:

– Meu Deus, Valéria! É você mesma?

– Sim, sou eu mesma, doutora.

Plínio pediu para todos se retirarem e deixarem a moça sozinha com a médica.

– Acho que fiquei nervosa quando reconheci a senhora e sua enfermeira nesta casa. Não me lembrava mais de que sua clínica era aqui.

VIDAS ROUBADAS • 179

– Nada acontece por acaso, Valéria. Deus está reunindo todas as pessoas que ainda podem receber o perdão. Fale-me o que você faz hoje de sua vida. Teve filhos, casou-se?

– Casei-me com o meu patrão, lembra-se? Fiquei com ele cinco anos, como amante. Depois que ele ficou viúvo, nos casamos e passei a ser sua legítima esposa. Por mais tratamento que fiz nunca mais engravidei e nunca mais tive paz. Desde o último aborto, em que quase morri, sonho com crianças constantemente. Tenho muitos pesadelos e por conta disso tomo remédios controlados para dormir. Enviuvei faz oito meses e nunca imaginei que a solidão fosse algo tão doloroso. Uma amiga me deu esse endereço, dizendo que aqui era muito bom, e é mesmo. É a terceira vez que venho aqui e nunca mais tive pesadelos com crianças e tenho dormido melhor. Nas outras vezes em que estive aqui não tinha visto vocês; fiquei surpresa, com medo, envergonhada, foram vários sofrimentos que me atormentaram.

– Mas como está se sentindo agora? – perguntou a médica.

– Estou bem, apesar de estar com uma sensação de fraqueza dentro de mim.

– Vamos até o outro lado onde estão sendo aplicados os passes. Você vai se sentir melhor, Valéria. Como você vem até aqui? Não é aconselhável dirigir hoje. Qualquer coisa eu a levo no meu carro.

– Obrigada, dra. Kátia. Meu motorista está lá fora me esperando. Posso lhe deixar o meu cartão? E se não for abusar de sua bondade gostaria de conversar com a senhora sobre esta chamada de Deus em minha vida.

– Fique tranquila. Vou ligar para vocês. Vamos conversar muito a respeito, pois sei que Deus a enviou como um tijolinho para nossa obra. Os caminhos de Deus às vezes são tortuosos, mas indicam o rumo certo.

Naquele dia, André estava entre os colaboradores na sala de passe. Ao olhar a mulher e Kátia, seus olhos se encheram de lágrimas. Um mentor lhe disse ao ouvido que aquela mulher poderia ter sido sua mãe carnal e que Deus estava oferecendo àquela pobre e infeliz criatura a oportunidade de receber dele um pouco de amor e amparo espiritual.

Enquanto o passe era aplicado em Valéria, o rapaz, absorto, observava a mulher. Assim que ela se levantou, levaram-na para perto dele, que disse:

– Lembra-se, mulher, do que Jesus disse: "Os seus pecados estão perdoados, ide e não carregue mais o fardo dos teus pecados".

Ela beijou-lhe as mãos e disse:

– Deus o abençoe.

Quando os trabalhos foram encerrados, Kátia se aproximou de André e pediu:

– Posso abraçá-lo?

– Que os meus braços estejam sempre abertos para abraçá-la e a todos.

– Você é muito especial para nós. Sua luz, seu amor... você é um ser elevado que veio para a Terra nos ajudar a ter fé e ensinar o perdão.

❧⁂☙

Em casa, ambas comentaram o grande acontecimento do dia. E, de repente, a enfermeira se lembrou de um episódio de que com certeza Kátia também devia se lembrar.

– Acho que o último aborto feito por nós duas foi o de Valéria, lembra-se? Depois daquele dia não conseguimos mais trabalhar. A senhora ficou com as mãos inchadas e com bolhas e eu com o pé latejando.

– É verdade, você tem toda razão, Lucia.

– E sabe o que está me ocorrendo agora?

– O quê? – quis saber a outra mulher.

– Lembra-se daquela moça que na hora de entrar na sala saiu correndo porta afora? Depois a amiga dela voltou pedindo para esquecermos o fato e dizendo que ela decidira voltar para sua terra? E que, mesmo dizendo que não queríamos o dinheiro, ela deixou em cima da mesa? Será que aquela criança nasceu? Deve ser um adulto. Com certeza sobreviveu, ali teve a mão de Deus sobre nós.

⁓⊶⊷⁓

O engenheiro frequentava a casa de Tetê e não negava que aquilo já fazia parte de sua vida. Muitas vezes ia lá apenas tomar um drinque e dormir.

Tetê sentia muitas dores nas costas e nas pernas. Os médicos lhe receitaram muitos remédios e disseram que os anos de friagem pelas noites sem dormir contribuíram para comprometer seus ossos. Tinha dias em que ela não aguentava de dor. Se andava, doía; sentada, doía; deitada era pior. Os tratamentos naturais eram os que mais aliviavam suas dores. Gerusa e o companheiro se casaram e se tornaram seus fiéis ajudantes.

Certo dia, o engenheiro, sentado e bebericando sua cerveja, perguntou:

– Não teve mais notícias de sua sobrinha?

– Não, infelizmente não. Durante todos esses anos que se passaram não sei o que foi feito dela, meu amigo.

– Sabe de uma coisa, Tetê? Nunca me esqueci de sua sobrinha. Se o filho que ela esperava tivesse nascido estaria com quantos anos?

– Vamos fazer as contas. Faz vinte e cinco anos que ela foi embora, o filho de vocês teria mais de vinte e quatro anos! Mas, por outro lado, o senhor tem uma filha que é uma verdadeira princesa. Uma advogada, olhe que maravilha!

– Pois é, olhe esta foto aqui. Acho que não lhe mostrei. Eu, minha mulher, ela e um amigo, engenheiro recém-formado, que está trabalhando comigo. Os dois são amigos de verdade, parecem irmãos. Nunca namoraram. Ela namora um médico, neto de uma médica, que trabalha com elas na Casa Espírita. Gente muito boa. Mas sinceramente? Frederico, o amigo dela, meu funcionário, seria o genro que eu gostaria de ter. Ele é leal, competente, inteligentíssimo! Um jovem cheio de garra e talento.

– Por que nunca o trouxe aqui?

– Eles seguem uma filosofia de vida; entregam-se ao Espiritismo. Sei lá o que os faz agir de forma diferente, mas sinceramente dou graças a Deus, pois assim eles não se envolvem com bebidas, drogas e coisas erradas.

– Mas vir aqui assistir a um show e provar a melhor comida do Rio de Janeiro não é crime, ou é?

– Claro que não! Mas, cá entre nós, não posso chegar aqui e dizer: "Olhe, rapaz, frequento esta casa desde quando você nem sonhava vir ao mundo!" Não ficaria bem, não é?

– Esqueça minhas besteiras! Até parece que eles iriam acreditar que você vem até aqui só para me ver.

– Mas, Tetê, o que você resolveu: vai vender a casa para o meu amigo ou não? Ele está disposto a comprar. Está livre, solteiro e sem compromisso. Quer unir o útil ao agradável: ganhar dinheiro se divertindo.

– Por enquanto não! Cheguei a pensar nessa hipótese, mas, com o casamento de Gerusa, os dois assumiram a gerência da casa, e, cá entre nós, o lucro dobrou em três meses. Na verdade, hoje não me envolvo para correr atrás das coisas. Minhas pernas não permitem, mas ainda controlo o caixa.

– Falando em caixa, aqui está o seu pagamento. Onde está a minha índia?

– Deve estar lá no quarto esperando-o. Pode ir até lá. Guarde as fotos, você está esquecendo. Vai dormir aqui?

– Acho que sim. Estou cansado e precisando relaxar um pouco. Vou ligar para a minha mulher avisando-a para não me esperar, assim ela vai para a sessão dela sossegada e, quando voltar para casa, pode dormir sem preocupações.

– Se precisar de alguma coisa é só pedir.

As meninas começaram a receber a clientela. Um jovem moreno, bonito e muito alegre chegou perto de Tetê e perguntou se podia sentar-se ao seu lado.

– Poder pode, mas qual é o seu interesse, sr. Lucas? – perguntou ela carinhosamente, alisando os cabelos dele. – O que foi? Por que está assim? Aconteceu alguma coisa?

O rapaz, de cabeça baixa, deixou cair lágrimas pelas suas faces.

– Ó meu filho! Conte para mim como posso ajudá-lo.

– Sabe, dona Tetê, saí de casa jurando que não voltaria mais. Durante toda minha vida cresci ouvindo minha mãe jogar na cara do meu pai que ela não me queria, que ele não deveria ter me levado para casa. Estou formado, tenho meu trabalho, meu apartamento, mas não tenho paz. Hoje ela foi ao meu apartamento e me contou como apareci na vida dela. Segundo contou, minha avó paterna era enfermeira em um hospital público e levou um bebê para casa, que seria entregue a um casal de americanos que já haviam lhe pagado um preço alto. Por infelicidade do destino, o casal foi morto em um assalto e a minha avó não tinha como retornar com o bebê para o hospital. Ela deu o dinheiro para meu pai, que comprou a casa onde cresci e abriu sua loja de ferramentas. Minha mãe não queria o bebê, só o aceitou por causa do dinheiro. Enquanto minha avó era viva, ficou comigo, mas, depois de sua morte, passei a viver com eles. Ela dizia que eu era um presente que viera do inferno para consumi-la. Eu não conhecia minha história. Depois que ela me contou tudo, fui procurar meu pai, e este, chorando, confirmou-me. Estou me sentindo o pior dos seres vivos. Posso ter um pai, uma mãe e irmãos, e estou aqui chorando no seu colo sem saber o que fazer.

– Calma, meu filho. Vamos pensar juntos. Por que ela lhe contou tudo isso agora? Você não mora mais com ela, não entendo por que foi lhe contar essas coisas.

– Acho que foi com a intenção de se vingar do meu pai. Há muito tempo, eles vêm discutindo a possibilidade de uma separação. Parece que ela descobriu que ele tem outra pessoa e ela quer prejudicá-lo de todas as formas.

– Eu sei que é muito difícil depois de tantos anos seus pais biológicos serem localizados, mas não custa tentarmos. Vou pagar as investigações. Conheço um delegado que nas horas livres trabalha por conta própria. Vou lhe oferecer o seu caso e boa quantia de dinheiro caso levante a verdade. Vá se divertir um pouco. Dance, fique com uma garota, isso vai ajudá-lo a ficar melhor.

– Se a senhora me permitir eu pago a quantia cobrada pela casa, mas quero ir me deitar e ficar sozinho, pensando na vida. Concordando, ela fez um sinal e Gerusa se aproximou. Mandou preparar um chá de melissa e levar alguns biscoitos para o quarto 23.

– Sim senhora – disse Gerusa, olhando para o moço, que disfarçava as lágrimas. "Que coisa estranha, esse rapaz frequenta a casa há um bom tempo. Paga direitinho, mas não se envolve com as garotas. Hoje quer dormir aqui e tomar chá de melissa? E ainda vai ficar no quarto que era de Socorro? O que deu nela? Ela não permite que ninguém use aquele quarto!"

Quando ela retornou, Tetê falou:

– Fique no caixa que eu vou levar Lucas até o quarto, volto logo.

– A senhora não quer que eu mesma faça isso? – perguntou Gerusa, preocupada, sem saber o que estava acontecendo.

⚬⚬⚬

Lucas e Tetê se retiraram. Quando deixaram o salão, o marido de Gerusa foi até ela e perguntou:

– O que está acontecendo?

– Eu também não sei o quê. Ela me pediu que preparasse um chá de melissa e levasse alguns biscoitos para o quarto 23.

– O quarto 23? Ninguém usa esse quarto há anos. Ela o conserva arrumado e limpo, talvez esperando que Socorro volte! Acho bom você verificar se está tudo bem com ela. Não sabemos as intenções do rapaz – disse o marido preocupado.

– Tem razão, fique aqui de olhos bem abertos e cuidado com os rabos de saia soltos por aí.

– Pelo amor de Deus, Gerusa! Fico até embevecido pelo seu ciúme. Quem será que vai se apaixonar pela minha bela cabeleira?

– Meu filho, é dos carecas que elas gostam mais!

– Vai lá ver dona Tetê. Depois, conte-me quais foram os outros carecas de quem você gostou.

Ela saiu rindo e pensou: "Homens! São todos iguais. Acham que podem tudo, mas ai da mulher se errar até em uma colocação gramatical!".

Gerusa foi até a cozinha e pegou a bandeja com o chá e os biscoitos. Bateu de leve à porta e Tetê respondeu:

– Pode entrar!

– O que você faz aqui, Gerusa? Não precisava trazer, por que não mandou a cozinheira?

– Porque não!

– Fique aí, meu filho. Descanse. Quando meu amigo chegar vou trazê-lo até aqui para pegar alguns dados com você.

❧⁂❧

Saindo do quarto, ela contou para Gerusa:

– Temos de ajudar esse rapaz. Se fosse comigo varreria o mundo para encontrar meus entes queridos. Sabe, Gerusa, não me esqueço do filho que tive e que nasceu morto. Nem o vi... se soubesse que vivia reviraria o mundo para encontrá-lo. Vamos, vou lhe contar toda a história.

Assim que terminou, Gerusa pôs a mão na boca e disse:

– Coitado do rapaz! Vamos pedir a Deus que ele encontre seus pais verdadeiros. É muito tempo, mas para Deus não há impedimentos, não é mesmo?

Ela voltou a sentar-se no caixa. Gerusa andava com o marido pelo salão quando ele lhe falou baixinho:

– Preciso contar quantos concorrentes tenho aqui dentro da casa hoje. Nunca me liguei nesse detalhe, mas quando você confessou que gosta dos carecas...

– Ah! Deixe de bobagens, homem! Venha cá que eu preciso lhe contar algo muito triste e sério.

– O que foi? É sobre aquele moço?

– Sente-se aqui.

Quando terminou de falar, o marido comentou:

– Se pudermos dar uma força para esse rapaz, vamos dar! Não custa nada ajudá-lo.

Quando o delegado chegou, Tetê conversou com ele. Em seguida, levou-o ao quarto 23.

Uma das meninas cochichou com a outra:

– Acho que esse Lucas está em maus lençóis; o vi chorando com dona Tetê e agora ela está levando o delegado para o quarto dele. O que será que ele aprontou?

– Será que matou alguém? Ele é médico, sabia?

– Médico? Não sabia, não! Cadê a Andreia? É ela quem mais conversa e fica com ele.

– Ela está dando atenção ao jogador de futebol, que está esbanjando dinheiro na casa! Pedindo do bom e do melhor; olhe lá!

– Ah! Você não sabia que eles ganham muito dinheiro?

– Só correndo atrás de uma bola dá para ficar rico?

– Menina, não fale isso perto de ninguém! O futebol brasileiro é uma das maiores riquezas do Brasil.

– Não sabia que jogador de futebol ganhava tanto dinheiro assim!

– Pois ganha sim! E levam uma vida mais regrada que a nossa! Eles são monitorados e vigiados o tempo todo, os que têm juízo fazem o pé de meia enquanto podem correr em campo.

– É bom saber, da próxima vez que vir outros jogadores famosos vou ficar na cola deles.

– Não seja por isso! Veja só quem acaba de chegar! Corra lá e não deixe a bola escapar de suas mãos. Sabe quem é aquele jogador?

– Não tenho a menor ideia. Não entendo nada de futebol.

⚜

No quarto de Lucas, o delegado pegou seus dados e prometeu que faria o possível para descobrir a história do nascimento dele. No outro dia mesmo estava procurando o pai do moço, pegando as informações necessárias para fazer as primeiras buscas.

⚜

Em São Paulo, na casa de Gerson, era dia de muita alegria. A filha chegaria e já havia desenvolvido muitas pesquisas. Traria um troféu que havia ganhado com um de seus trabalhos. O pai estava muito orgulhoso e preparou uma festa-surpresa para recebê-la.

Frederico convidou a amiga e o namorado para a festa de sua irmã Noêmia. Eles estavam em São Paulo, tinham apartamento montado, e vinham fazer compras ou passear. Ambos confirmaram presença na festa de Noêmia. Socorro estava tensa, era alegria, orgulho e ansiedade por ter sua menina de volta.

Gerson não passou bem na noite anterior. Sentiu muitas dores no peito e Frederico o levou ao hospital. O médico o examinou e pediu vários exames. Gerson voltou para casa dizendo que a causa da pressão alta era a ansiedade. O médico lhe fez mil recomendações e pediu que os exames fossem realizados o mais rápido possível.

Frederico estava preocupado, o pai nunca havia se queixado de nada. Perguntou para a mãe se ela havia notado alguma mudança no comportamento dele e ela lhe disse que estava tudo bem, que ele não tinha demonstrado nenhum sintoma de doença.

Noêmia chegaria no dia seguinte pela manhã. Frederico convenceu os pais a ficarem esperando em casa. O voo podia atrasar, e, como o pai não tinha passado bem durante a noite, Frederico pediu que ele repousasse um pouco mais.

Por volta das dez horas da manhã, Frederico avistou Noêmia, que se aproximava do portão de desembarque internacional.

– Meu Deus! Como a minha irmã está uma linda mulher! – admirou-se.

Ela procurou pelos pais e Frederico então lhe disse que os convencera a esperarem em casa. Contou-lhe que o pai tivera uma indisposição na noite anterior e que ele o levara ao hospital e, por recomendações médicas, ele deveria fazer repouso.

– Santo Deus! O que ele tem, Fred? – perguntou preocupada.

– Ainda não sabemos. Graças a Deus você chegou. Assim eu fico mais sossegado. A partir da semana que vem ele vai se submeter a vários exames, e é bom que você esteja em casa, assim pode acompanhá-lo.

No caminho para casa, Frederico contou as novidades. Estava namorando Patrícia, amiga de Rebecca. Ela era filha de um casal de amigos do seu patrão. Ele a conhecera na casa de Rebecca.

Noêmia respondeu:

– Sinceramente? Acho que sempre tive ciúmes desta tal Rebecca! Você fala dela de uma forma que quem ouve pensa que você é apaixonado por ela ou sei lá o quê!

– Rebecca sempre foi e sempre será uma irmã querida. Não quero lhe causar ciúmes, mas não diferencio você dela. O que existe entre nós é algo inexplicável, é mais que amizade, é um amor de irmão, você entende?

– Não! Como vou entender que o meu único irmão tem outra irmã, que não é minha irmã? Quer saber? Não vamos brigar por causa dela, mas fique sabendo que vou ficar de olho nela. Não vai conseguir tirar meu irmão de mim!

– Você vai conhecê-la e tenho certeza de que também vai gostar dela – respondeu Frederico.

– Então me responda uma coisinha – pediu Noêmia –, olhe dentro dos meus olhos antes de responder: a vó Filó gosta dela?

Olhando-a nos olhos, Frederico respondeu:

– Ela não morre de amores por Rebecca, por causa do bendito ciúmes, mas sabe que nunca houve e nunca haverá nada entre nós dois, a não ser uma grande amizade de irmãos.

– Vó Filó é sábia; se aprova alguma coisa eu fecho os olhos e dou a minha mão à palmatória, mas, se não aprova, eu também não confio!

– Noêmia? – falou Frederico, abraçando-a. – Mal nos encontramos depois de tanto tempo e já estamos brigando como quando éramos adolescentes! Naquele tempo era eu quem a perturbava por causa do ciúmes que sentia de seus colegas; agora não tem mais sentido dois marmanjos brigarem por causa de ciúmes, não acha?

Ela começou a rir e respondeu:

– Você acha que eu estava levando a ferro e fogo sua paixão por essa tal Rebecca?

– Não estamos falando de uma tal Rebecca! – disse Frederico. – Estamos falando de uma moça maravilhosa. Ela me ajudou muito, em todos os sentidos. Até com relação ao meu emprego ela intercedeu! Não que a minha competência não estivesse à altura, mas no mercado de trabalho tem centenas de pessoas tão preparadas quanto eu concorrendo a uma vaga. Estou bem empregado, ganho bem e ainda tenho uma bolsa de estudos, faço pós-graduação e estudo inglês. Você sabe disso, não é?

Durante o trajeto, ambos falaram sobre vários assuntos. Os pais a aguardavam no portão de casa. Ao vê-la, a mãe correu para abraçá-la. Gerson chorou abraçado à filha. Apertando-a contra o peito, ele pensava: "Graças a Deus vi a minha pequena crescer e pude prepará-la para enfrentar a vida. Minha missão está cumprida; deixo meus filhos bem estruturados e minha mulher amparada. Tenho certeza de que minhas férias aqui na Terra estão chegando ao fim. A minha vida foi e é muito abençoada; sou o homem mais feliz deste mundo".

– O que foi, papai? Está chorando por quê? Não está feliz com a minha chegada? – brincou Noêmia.

– Estou chorando de alegria, minha amada criança. Essa casa nunca mais foi a mesma sem você e seu irmão. Tê-los hoje nos meus braços me faz lembrar o tempo em que vocês eram crianças.

Noêmia, abraçando a avó Filó, perguntou:

— Meu irmão tem se comportado bem? Sei que está namorando; está dando muito trabalho para a senhora?

— Não, minha filha, seu irmão e você são dois anjos que só nos trouxeram alegria nesta vida. O Fredinho está namorando uma menina muito boa, educada e simples. Você vai conhecê-la e tirar suas próprias conclusões.

— E a Rebecca? A senhora gosta dela?

— Gosto. Tenho ciúme dela, mas reconheço que é implicância. A moça é uma pessoa maravilhosa e de boa família. A mãe é uma senhora da mais elevada estima. E ela gosta de verdade do seu irmão. Preciso me policiar diariamente. Temos de aprender a gostar das pessoas que estão ao lado de quem amamos.

Frederico se interpôs entre as duas e falou:

— Ó minha querida vó, já perguntou para sua netinha se não deixou um gringo apaixonado?

— Ah! Fredinho tem razão. Você deixou algum namorado por lá, Noêmia?

— Para a senhora não posso mentir. Deixei um namorado, sim! É um francês chamado Hichard. Acho que estou gostando muito dele e acredito que ele também gosta de mim. Trouxe fotos, depois vou lhes mostrar. O Hichard quer vir passear no Brasil no próximo mês. Tinha programado a viagem há muito tempo. Agora que estou aqui, naturalmente quer vir logo. Ele tem uma tia que mora no Rio de Janeiro. Vocês não precisam nem ser adivinhos para entender o que

VIDAS ROUBADAS • 193

eu já estou pedindo aos dois: vocês me deixam ficar um fim de semana no apartamento com vocês?

Filó respondeu:

— O nome do rapaz é bonito, bem diferente. Tomara que, além de bonito, seja bom e que nunca a faça sofrer. Quanto a ficar no apartamento, creio que ele é tão seu quanto do seu irmão, acerte tudo com Fredinho.

— Por mim tudo bem, desde que namore na minha frente! Vamos aguardar o que nossos pais vão achar de Richard — respondeu o irmão.

— Não é Richard, é Hichard, com H, existe uma diferença na pronúncia — disse Noêmia, brincando com o irmão. E assim ficaram conversando e brincando entre eles enquanto esperavam o almoço.

Depois do almoço, Noêmia foi descansar. Assim que ela se recolheu, eles correram para terminar os últimos preparativos da festa-surpresa que aconteceria à noite.

Frederico ligou para os amigos. Eles já estavam em São Paulo. Rebecca e o namorado aproveitaram para fazer algumas compras, e Patrícia, hospedada no apartamento de Rebecca, lia um livro e aguardava os amigos retornarem.

Por volta das seis horas da tarde, Socorro entrou no quarto da filha e deixou cair alguma coisa de propósito com a intenção de acordá-la. Dois profissionais do salão de beleza já a esperavam no *closet*.

— Nossa, dormi muito, não? — disse se espreguiçando na cama.

— O suficiente para ficar mais bonita do que já é. Venha até a janela e dê uma olhada no jardim.

— Meu Deus, o que é isso? Que coisa linda! O que aconteceu?

Estava tudo iluminado e havia várias mesas ricamente decoradas e espalhadas pelo jardim.

– Tudo isso é para você! Vamos nos apressar que daqui a pouco os convidados vão chegar. Seria uma festa-surpresa, mas tive de lhe contar porque a quero bem bonita na sua festa. Foi tudo ideia do seu pai.

– Mamãe, não acredito que vocês fizeram isso! O Fred não me contou nada, que danado!

– Vamos tomar um banho, arrumar o cabelo, fazer uma maquiagem... E veja se esta roupa está do seu agrado, senão providenciaremos outra.

– Jesus! Que coisa linda! Acho que vou chorar! Cadê o papai? Sempre que penso em chorar sinto falta do colo dele. Lembra, mamãe, quando eu era pequena e pisava em alguma coisa no jardim, abria o berreiro e lá vinha papai correndo me pegar no colo e soprar os meus pés. Eu parava de chorar na hora! Senti tantas saudades de vocês! Que bom estar de volta – disse Noêmia abraçada à mãe.

– Vamos nos arrumar. Seu pai já está se preparando. Nossos amigos estão chegando. Tia Adelaide, tio Plínio, André, suas avós, seus tios e primos já estão à sua espera.

– Não acredito! Eles vieram?

– Sim, vamos nos apressar? Deixei-a dormir bastante para ficar bem-disposta, pois a noite foi feita para quem é jovem e sabe aproveitar a vida. Vamos estar em família, quero que os jovens se divirtam muito e aproveitem, enquanto nós, mais velhos, vamos colocar nossa conversa em dia.

Noêmia estava radiante e seu pai orgulhoso com os elogios que recebia sobre a filha, que conversava alegremente com familiares e amigos.

Frederico entrou de braços dados com uma moça linda, de olhos verdes e cabelos cacheados, que brilhavam parecendo ouro. Noêmia pensou: "Nossa! A namorada do meu irmão parece uma estrela de cinema! É linda e parece um pouco com ele!".

Aproximando-se dela, Frederico disse:

– Esta é minha outra irmã; espero que goste dela assim como gosta de mim.

Rebecca abriu os braços e pediu:

– Posso lhe dar um abraço? Acredite, você já faz parte da minha vida. Seu irmão fala muito em você.

Ambas trocaram um abraço e Rebecca, olhando para trás, chamou o namorado e Patrícia a fim de apresentà-los à irmã do amigo.

– Esta é Patrícia, minha namorada, e este é o dr. Luciano, namorado de Rebecca – disse Frederico.

A noite transcorreu agradável para todos. As três moças se entrosaram e Noêmia ficou muito impressionada com Rebecca, que era bonita, rica e de uma humildade fora do comum. Ao se despedir, Noêmia acrescentou:

– Irmã do meu irmão é minha irmã também; adorei conhecê-la!

– Conforme combinamos, quero que você vá passar um fim de semana comigo, e faço questão de que fique na minha casa.

A festa terminou e todos se recolheram. O casal também se dirigiu aos seus aposentos. Gerson, deitado, olhava para Socorro e pensava: "Que dia abençoado aquele que Deus a colocou em meu caminho... Que sorte ter encontrado esta mulher!".

– O que foi, Gerson? Você está bem, meu querido? No que estava pensando enquanto me olhava?

– Estava admirando-a e agradecendo a Deus a sorte de tê-la como minha mulher. Venha até aqui! Me dê um abraço. Quero que nunca se esqueça de que eu te amo. – Ficaram abraçados e por fim ele perguntou: – Você acha que Noêmia gostou mesmo do carro que compramos para ela?

– Lógico! Quantas moças têm a sorte de, nessa idade, ganhar um carro de presente do pai?

– Pois é, eu estou muito feliz. Comprei um carro para o meu filho e agora para a minha filha. Só tem uma coisa, ela só vai sair dirigindo quando acertar todos os documentos. Sem a carta de motorista, não quero vê-la dirigindo por aí.

– Fique sossegado. Ela sabe o que pode e o que não pode fazer. O que você achou da ideia de ela trazer o pretendente para conhecermos?

– Não quero me preocupar com isso ainda. Não posso prendê-la dentro de casa, mas quero conhecer o rapaz, sentir o que ele vai fazer por ela. Aí sim posso arriscar um conselho. Se for o destino dela se casar e morar longe de nós, o que podemos fazer? Não temos o direito de interferir na vontade de Deus.

– Ela ficou muito feliz com a festa-surpresa que preparamos para recebê-la; foi muito bom, principalmente porque tivemos a oportunidade de receber nossos amigos e os de nossos filhos.

– Eu adoro a amiga de Frederico, meu Deus! Pode ser pecado o que vou lhe dizer, mas como seria bom se os dois se gostassem de outra forma. Eles combinam em tudo! Já reparou que ela tem alguns traços do Frederico? Acho-os muitos parecidos, e Noêmia também achou. Mas não pense que não aprecio a Patrícia, acho-a equilibrada, sossegada, educada e muito meiga; é que gosto muito da Rebecca, pois ela tem algo que me lembra meu filho – disse Gerson.

– Não acho Rebecca parecida com Frederico! – respondeu Socorro. – Não posso negar que ela tem afinidades com nosso filho, como derramar café na mesa... reparou que os dois fazem isso sempre?

– Graças a Deus estão todos acomodados – disse Gerson suspirando. – Construir aquela outra casa foi a melhor coisa que fizemos. Assim, recebemos todo mundo e ainda ficamos com quartos vagos na casa.

– Gerson, você é um exagero em pessoa! No começo só queria comprar o terreno do lado para fazer a piscina e a quadra. Depois, comprou todo o quarteirão! Ter uma casa como a nossa é coisa de gente doida!

– Não é! É coisa de quem tem a cabeça no lugar. Reconheço que passamos apuros, mas agora, olhe aí, terrenos alugados para supermercados e estacionamentos. E nós vivendo tranquilamente, sem nos preocuparmos com o futuro dos nossos filhos. Você não acha que valeu a pena? Hoje temos lugar para acomodar nossos amigos e familiares confortavelmente. Se um dia, Deus nos livre, precisarmos de dinheiro para sobreviver, podemos transformar nossa casa em uma pensão. Peço a Deus que isso não aconteça, pois construí tudo isso pensando em nossos filhos. Vamos dizer que amanhã Frederico se case e queira ocupar aquela casa? Ela está pronta para recebê-lo. Com pequenas mudanças, nosso engenheiro terá uma casa para morar. Nossa filha Noêmia também, tanto faz um como o outro. E, se os dois quiserem construir outra casa, o terreno está aí, é deles.

Socorro abraçou o esposo e, comovida, respondeu:

– Você, meu querido, sempre pensando em nós; agradeço muito a Deus pelo pai que é para nossos filhos.

– Eu amo meus filhos mais que a minha própria vida, faço qualquer coisa por eles. Senti isso no dia em que peguei Frederico nos meus braços e quando nossa pequena Noêmia nasceu; descobri que existe um amor além desta nossa vida. E, como estamos falando de nossos filhos e em amor, eu gostaria de lhe fazer uma pergunta sobre um assunto em que anos atrás havia lhe pedido para nunca mais tocar. É sobre a paternidade biológica do nosso filho. Você acha que deveríamos lhe contar a verdade ou guardaremos o segredo para nós para todo o sempre? Quem conhece a verdade sobre o nascimento dele guarda no coração e para si o segredo. Não corremos risco de alguém soltar nenhuma palavra que possa causar suspeitas em nosso menino. Mas quero ouvi-la, pois estive pensando e gostaria de saber qual é o seu sentimento a respeito disso.

Socorro respondeu com suavidade na voz:

– Meu querido, não sei o porquê desse assunto agora, mas, seja lá qual for o motivo, deixe-me lhe dizer uma coisa: sinceramente não penso, não acredito e não reconheço nenhum outro pai na vida do meu filho que não seja você. Sou eu que lhe peço, nunca mais devemos tocar nesse assunto, nem entre nós, nem com nossos amigos e familiares que conhecem a verdade. Meu filho nasceu, cresceu e se tornou um homem, graças a Deus e a você. E vamos mudar de assunto. Tenho uma conversa séria para tratar com você: sua saúde! Na próxima segunda-feira, logo cedo, vamos começar a fazer seus exames, que são muitos. Você está proibido de trabalhar na próxima semana, deixe as lojas nas mãos de seus cunhados. Meus irmãos são confiáveis e conhecem bem o trabalho.

– Socorro, nós nos conhecemos há muitos anos, quantas vezes você me viu ficar em casa, longe dos meus afazeres? Exceto em nossas pequenas viagens e nas férias de nossos filhos, quando íamos à praia, nunca fiquei uma semana dentro de casa. Vou fazer os exames e depois voltarei ao trabalho. Qual a diferença entre ficar sentado na cadeira do escritório ou no sofá da nossa sala? Tenho certeza de que você vai me pedir para ficar repousando, mas eu não sei ficar parado, Socorro. Você me conhece, se ficar em casa vou subir no telhado ou me enfiar debaixo de um carro. As nossas oficinas estão bem, graças a Deus, e estou muitíssimo bem, graças a Deus!

– Vou fechar a janela, vamos dormir que o novo dia já começa a dar os primeiros sinais no céu. Voltamos a conversar sobre isso depois – decidiu Socorro, fechando a janela e apagando o abajur. – Boa noite, meu amor. Que os anjos guardiões e Jesus, nosso Mestre divino, cubra-nos com suas bênçãos.

Vidas roubadas

A cada dia que passava Tetê reclamava mais das dores nas pernas. Dizia aos amigos, Gerusa e Irineu, que eles eram as únicas pessoas com quem ela podia contar nas horas difíceis, pois quando a idade chegava não adiantava disfarçar as rugas com cremes, cobrir o corpo com panos... o tempo pegava mesmo! Rindo, afirmava:

– Dizem que a carne é fraca, e que o espírito é forte; deve ser mesmo, porque nem eu sei onde arrumo tanta coragem para passar as minhas noites ouvindo e vendo tantas bobagens.

Ela trocou os saltos altos por sapatos baixos e confortáveis. Dona de uma fortuna razoável, ela doava mensalmente uma boa quantia em dinheiro para a creche da Casa Espírita, onde

Plínio e Adelaide cuidavam com muito amor de cada criança que ali era entregue aos cuidados deles. Ela também ajudava uma creche da igreja católica, um orfanato e hospitais, jamais negou qualquer ajuda no que se referia a qualquer pessoa que de fato precisasse.

Naquela noite, a casa estava movimentada. Pessoas famosas e influentes eram servidas pelas meninas, que cada vez mais eram preparadas e educadas para isso. Muitas delas estudavam inglês para atender melhor a clientela da casa. Cursavam faculdade durante o dia e à noite trabalhavam na famosa casa de Tetê. Elas tinham planos para o futuro: casar, ter filhos e exercer outra profissão. Algumas alcançaram seus objetivos e adoravam a benfeitora. Tetê sempre as incentivava a estudar, e, agora, nenhuma das meninas fazia faxina ou trabalhos caseiros. Todas tinham tempo para estudar e se preparar para um futuro melhor, assim queria dona Tetê.

O delegado entrou e foi direto onde estava sua velha amiga.

– Trago novidades sobre o seu protegido! – disse ele se sentando ao lado dela.

– Fale, homem! O que descobriu sobre o pobre Lucas? Daqui a pouco ele deve estar chegando. Está num abatimento só. Com tantas meninas bonitas, ele, às vezes, vem até aqui, senta-se na cadeira e fica comigo madrugada adentro. Toma café comigo e segue para o hospital. Graças a Deus já está exercendo a linda profissão de médico e continua estudando, pois segundo ele nunca poderá parar de estudar. Aprendi a gostar desse menino como se fosse meu filho.

– Conforme você sabe, estou investigando o caso dele há meses. Surpreendi-me com alguns dados que eu não estava procurando. Tenho todas as provas em mãos sobre o nascimento dele. Já localizei seus pais biológicos. São separados e cada um construiu nova família. Lucas tem irmãos dos dois lados, por parte de pai e por parte de mãe.

O delegado fez uma pausa, acendeu um charuto, uma das meninas lhe trouxe um drinque e ele, olhando para Tetê, disse:

– Descobri que a mesma pessoa que roubou o menino roubou outras crianças há mais de quarenta anos. O diabo é que a mulher que roubou tantas almas morreu. Estou correndo atrás das pistas deixadas por ela. Ela roubava crianças recém-nascidas e as vendia. Descobria as mulheres solteiras que se internavam para dar à luz. Na verdade, era uma quadrilha, pois ela não agia sozinha.

– Santo Cristo! Então o Lucas não foi o único? – perguntou Tetê surpresa.

– Tomei gosto pela investigação do Lucas e quero ir além, acho que vou encontrar mães que já estão mortas e passaram uma vida toda imaginando que os filhos tinham nascido mortos.

– Olhe, delegado, por favor, ajude esse pobre rapaz a reencontrar os pais verdadeiros. Depois o senhor vai atrás de outras descobertas. Acho que vai ser muito difícil encontrar as famílias que tiveram seus filhos roubados há mais de quarenta anos.

– Pois é, minha amiga, muitas almas foram roubadas... E, se as encontrar, já será uma grande conquista na minha carreira. Será muito bom para acelerar minha promoção.

– Meu amigo, vou lhe confessar uma coisa: engravidei com vinte anos de idade e tive um filho, que disseram ter nascido morto. Fiquei péssima; o meu companheiro, o caminhoneiro que me tirou da casa dos meus pais, nunca soube que tivemos um filho. Largou-me na vida e desapareceu como agulha no palheiro. Eu nem sabia que estava grávida quando ele sumiu. Nem vi meu filho morto, e isso me doeu muito. Agora fico pensando em uma mãe que tem o seu filho ali vivinho e de repente o perde! Fica aquela dúvida, será que morreu mesmo?

– Nunca imaginei que tivesse passado por essa dor. Então você, minha amiga, foi abandonada por um vagabundo que não honra a profissão das estradas? E teve até um bebê?

– Perdi meu filho. Talvez, se eu tivesse ficado com ele, não teria dado o rumo que dei à minha vida. Foi difícil, meu amigo, fiquei sem ele e sem qualquer amparo. Descobri que os príncipes encantados só existem nos nossos sonhos; a realidade é nua e crua.

Os dois ficaram em silêncio. Gerusa observava Tetê de longe. O que teriam falado para deixá-la tão triste? Pobre Tetê, tão boa e generosa! Mas vivia sozinha. Será que seu destino seria igual ao dela? Será que Irineu iria envelhecer ao seu lado?

– Tetê, minha amiga, fale uma coisa, quando o seu filho nasceu, você o viu morto?

– Como já lhe disse, não! Fiz cesariana e fui anestesiada. Quando acordei, fui informada de que o hospital estava se encarregando de tudo. Vi a ficha dele, teve um problema respiratório e não resistiu.

– Você então nem ouviu o choro dele?

– Claro que não! O médico me disse que era assim mesmo, as crianças parecem fortes e de repente entram em óbito. E, por favor, vamos mudar de assunto, pois essa tristeza, além de me deixar muito mal, não me ajuda em nada.

– Tetê, por favor, só mais uma pergunta: se o seu filho estivesse vivo, teria quantos anos?

Pegando um bloco, ele anotou os dados do hospital onde o menino nasceu, hora, dia, mês e ano, nome do caminhoneiro, onde moravam etc.

– Não sei no que isso pode ajudá-lo, mas, se vai trazer felicidade para alguém, que Deus o ajude.

– Então o seu filho hoje teria a minha idade? Estou com cinquenta e um anos e já sou avô de dois netos; você, com certeza, já seria avó.

∽◦⊹◦∾

Depois das investigações, a vida de Lucas mudou. Ele reencontrou os pais biológicos. Abraçando Tetê, que estava emocionada, disse:

– A senhora foi um anjo que caiu do céu. Terá a minha gratidão eternamente. Voltarei sempre nesta casa, não pelas meninas, que também me ajudaram muito, mas especialmente pela senhora. Fique com o meu cartão, quero vê-la todos os meses, vamos melhorar seus joelhos. Já conversei e pedi a Gerusa e ao Irineu que a levem ao meu consultório. E olhe só, é aqui perto! Foi presente do meu pai. Não posso reclamar que passei necessidade como fome e frio, isso não! Mas fui privado do maior alimento do homem: o amor. Meus pais biológicos têm uma vida financeira muito melhor do que a minha. Eles tentam me ajudar de todas as formas. Tenho três irmãos: uma é médica, a outra é enfermeira e meu irmão se prepara para disputar uma vaga no vestibular para Odontologia. Será que é coincidência todos voltados para a área médica?

– São irmãos por parte de mãe ou de pai? – perguntou dona Tetê.

– Por parte de mãe, tenho uma irmã que é médica e, por parte de pai, uma irmã que é enfermeira.

❧

Toda semana, o delegado visitava a casa de Tetê, assim como os amigos frequentadores de muitos anos. Não iam lá só pelo prazer da diversão, mas sim porque tinham uma amiga que os ouvia. Comiam, bebiam, conversavam e iam embora satisfeitos.

Na Casa Espírita, mais pessoas se uniam ao grupo e desenvolviam trabalhos nobres em prol da população carente. Valéria agora fazia parte da casa, trabalhava com afinco e tinha verdadeira empatia por André. Os dois traçavam metas de trabalhos e falavam a mesma língua. Eles davam aulas de Evangelização para jovens e crianças.

Adelaide, como toda mãe, zelava pela felicidade de seu único filho. Certa vez, comentou com o marido:

– Tenho medo de que nosso filho esteja apaixonado pela Valéria. Ela é uma mulher linda, mas é bem mais velha...

– Esse é o motivo do seu temor?

– Plínio! Pelo amor de Deus, nosso filho ainda é tão jovem! Está no início da carreira... nem namorou outras moças. Não gostaria de vê-lo se unindo a uma mulher mais madura. Na verdade, ela tem idade para ser sua mãe! Acho que ela está se aproveitando do fato de ele ser amoroso. Ela está carente, enviuvou há pouco tempo, mas eu não gostaria que meu filho fosse seu novo pretendente.

– Adelaide, vou conversar com ele e como sempre orientá-
-lo, mas, dizer a ele quem deve amar, nem eu, nem você temos
esse direito! Ele é livre para amar as pessoas que estiverem
prometidas a ele por Deus. Gostaria que você não implicasse
com a Valéria por causa de ciúmes. Ela é uma moça com muitos predicados e tem nos ajudado muito. Sou grato ao plano
espiritual por tê-la entre nós.

⚜

Meses depois, André e Valéria estavam recebendo as bênçãos dos mentores espirituais que desejavam a eles um feliz
reencontro no grande amor que os unia.

Socorro compareceu ao casamento de André, que era tido
como seu filho. Quando deparou com Valéria parece que uma
cortina se abriu dentro dela. Arrastou Adelaide até a sala e
tremendo lhe disse:

– Essa moça é a mesma que saiu naquele dia daquela clínica, tenho certeza! É ela sim! Você não se lembra? Olhe bem!
Tente puxar pela memória!

– E se for? – perguntou Adelaide. – Ela é a mulher que meu
filho escolheu para se casar. Tem idade para ser mãe dele, mas
eu não posso falar nada, pois tenho idade para ser filha de Plínio, e nem por isso sou infeliz ao lado dele. Superamos nossos
erros passados, encontramos mãos firmes que nos suspende-
ram de volta... Pode ser ela, mas quem sou eu para julgá-la?

– Adelaide, nunca lhe ocorreu voltar àquele local? Nem passar em frente da casa da tia Tetê? De uns tempos para cá tenho
sentido essa vontade, por vezes quase abri a boca para pedir ao
Gerson para me levar até lá. Agora que meu filho mora no Rio,

fico pensando: será que ele não passa diante daquela maldita casa onde se rouba a alma de inocentes? E já pensou se um dia ele resolver ir com os amigos na casa da tia Tetê?

– Socorro, pelo amor de Deus! Você precisa orar mais e tirar esses pensamentos obsessores de sua cabeça! Onde já se viu pensar no filho e vibrar esses pensamentos tão negativos? Vou pedir para o Plínio lhe dar um passe. Olhe como fiquei arrepiada ouvindo suas palavras! Minha amiga, eu lhe imploro, em nome do nosso Pai Salvador, tire esses pensamentos de sua cabeça. Primeiro, seu filho não entrará na casa de dona Tetê, pois as amizades dele são outras, a formação dele é outra, e com certeza se ele passar em frente da tal casa que nós conhecemos, para ele, não haverá nenhum malefício. Promete que não vai falar essas bobagens com o Gerson? Ainda mais agora que ele está em tratamento! Você não pode preocupá-lo e entristecê-lo com essas ideias maldosas.

– Desculpe, Adelaide. Você tem razão. Acho que a doença do Gerson está me deixando aflita. Tenho medo de ficar sozinha, não suporto imaginar perdê-lo. O tratamento parece que não tem dado muito certo. Os médicos falam em fazer uma cirurgia no coração. Noêmia quer levá-lo para fora do país. Frederico acha que ela está certa, mas eu não sei o que fazer!

Socorro começou a chorar e Adelaide lhe ofereceu um copo com água. Plínio percebeu que alguma coisa estava acontecendo e foi socorrer Socorro e os sofredores que estavam com ela.

Logo após, os três retornaram à sala onde estavam reunidos o casal e seus familiares. Socorro percebeu que Valéria não tinha ninguém de sua família. Não aguentou e perguntou:

– Você era sozinha, Valéria? Sempre morou no Rio?

A moça lhe respondeu:

– A única pessoa da minha vida era o meu marido. Meus pais morreram cedo e fui criada pela minha avó. Quando ela desencarnou, fiquei sem ninguém. Sempre morei no Rio de Janeiro, apesar de ter viajado muito com o meu marido para outros países.

– Nunca teve filhos?

– Não cheguei a tê-los; infelizmente, abortei dois filhos. Hoje, se estivessem entre nós, seriam moços.

– É uma pena – respondeu Socorro. – Tenho dois filhos e não me imagino sem eles. Penso em você, que recebeu a chance de ter dois filhos e está sem nenhum deles.

Adelaide percebeu o embaraço de Valéria diante das perguntas da amiga e intercedeu:

– Hoje é um dia muito especial nesta casa. Meu filho se casou e gostaria que vocês duas viessem comigo; quero dizer algumas palavras para o casal.

⁓ᴑჳᴑ⁓

Gerson não estava bem, vivia pálido e não conseguia mais ir às lojas. Os cunhados tomavam conta de tudo. Noêmia tratava da documentação para a viagem dos pais, o namorado Hichard auxiliava-a com a tramitação dos documentos. Gerson iria fazer a cirurgia de coração fora do país.

Frederico estava muito preocupado com a saúde do pai. O patrão, que havia se tornado um amigo, ofereceu-lhe ajuda e colocou-se à sua disposição para tudo o que fosse necessário. Aconselhou e liberou o rapaz para acompanhar o pai. Rebecca lhe dava todo o apoio e o animava com palavras de conforto.

A família voltou para São Paulo e Frederico retornou para seu apartamento, acompanhado por Patrícia e sua amada e inseparável avó. Sozinho com Patrícia, ele comentou:

– Estou em um dilema. Preciso acompanhar meu pai, mas como vou ficar sem você e sem a minha avó? Não sei quanto tempo vou ter de permanecer por lá! O que você me aconselha? Com quem vou deixá-la? Não quero que ela fique sozinha, minha mãe e minha irmã logicamente também vão acompanhar meu pai.

Patrícia, abraçando-o, respondeu:

– Se você não se importar e confiar em mim, eu fico no seu apartamento fazendo companhia para a vó Filó. Meus pais vão compreender; afinal, já somos considerados uma família.

Frederico, apertando a moça nos braços, respondeu:

– Os anjos existem! Não posso e não quero sacrificá-la, sei que não será fácil você deixar sua casa para vir morar aqui.

– Para mim não é sacrifício nenhum! Adoro ficar nessa varanda olhando para o mar. Já lhe disse várias vezes que, se você um dia desejar se casar comigo, eu gostaria de morar neste apartamento, que é lindo!

Duas semanas depois, Gerson, acompanhado pela família, embarcava para fora do país, na esperança de restabelecer a saúde. Cabisbaixo, ele pensava: "Estou simplesmente fazendo a vontade dos meus filhos e da minha esposa. Vou, mas voltarei para morrer em meu país. Sei que meu tempo está chegando ao fim".

Rebecca e Patrícia os acompanharam, enquanto Filó ficou na Casa Espírita com Adelaide e as outras senhoras da comunidade, que oravam e pediam ajuda para Gerson, um homem que tinha o coração de ouro.

Patrícia assumiu o compromisso de tomar conta de Filó. Rebecca prometeu que diariamente falaria com ela.

O pai de Rebecca, patrão de Frederico, naquela noite comentou a partida dele na casa de Tetê. Tomando seu costumeiro drinque, ele disse para a velha amiga:

– Meu melhor funcionário viajou hoje acompanhando o pai, que vai se submeter a uma arriscada cirurgia. Já lhe falei dele outras vezes, é o Frederico. Lamento que a minha filha não o tenha escolhido para marido. Ele é competente, sério, um filho que eu gostaria de ter tido. Não que meu futuro genro não seja uma pessoa de bem, mas é questão de afinidade mesmo. Gosto daquele rapaz de verdade.

– Vamos pedir a Deus que o pai dele tenha sorte! Por aqui ainda está difícil, mas ouço falar muito dos avanços dessas cirurgias no exterior – acrescentou Tetê.

***

Dois meses depois, a família retornou. Gerson estava saudoso de tudo, não via a hora de chegar à sua casa. Queria ver o jardim, abraçar os amigos, rever Filó e sua querida mãe.

Apesar de todo o acompanhamento e de todos os esforços dos médicos, seis meses depois ele sofreu um infarto e desencarnou.

Socorro precisou de cuidados médicos e o amparo de todos da família. Adelaide pediu para Frederico deixá-la um tempo em sua casa. Ele e Noêmia concordaram. Ela precisava sair um pouco, pois as lembranças vivas de Gerson só aumentavam sua dor.

A casa de Tetê também se entristeceu com a notícia da morte do pai de Frederico. O engenheiro, comovido pela tristeza do seu melhor empregado e amigo de sua filha, comentou com Tetê que estava tudo certo para ir com Rebecca ao enterro, mas acontecera um imprevisto, ele tinha uma audiência e não pôde faltar. Rebecca e a esposa foram representá-lo.

❧

Eram onze horas da noite quando o delegado entrou na casa de Tetê. Desta vez, levava um trunfo debaixo do braço. Tinha descoberto o caminhoneiro sobre o qual Tetê havia comentado. Também descobrira que a mulher que fazia parte da quadrilha que roubava crianças tinha trocado um menino vivo por um morto. O filho de Tetê estava vivo! Ele só precisava pensar em como lhe contar e quanto lhe cobrar. Ele estava estudando a ida dela para a Itália, e, logicamente, queria estar ao seu lado desfrutando todas as mordomias. Como de costume, foi até onde ela estava, acendeu o charuto e logo uma garota lhe serviu um conhaque importado.

— Que cara é essa? — perguntou Tetê.

— Dá para ver que estou nas nuvens, no ar, no céu, ou sei lá onde?

— Sim. Alguma coisa boa lhe aconteceu. Posso saber o que foi? Se for segredo, saiba que tenho muito medo de ouvir, sou supersticiosa. Dizem que quem ouve segredo dos outros, a terra demora a comer a carne — falou ela em tom de brincadeira.

— E quem descobre os segredos dos outros?

– Deve ser a mesma coisa! – respondeu gargalhando.

– Trago dentro desta pasta um grande segredo! O quanto ele vale depende de quem quer saber. Quem sabe lhe interessa.

– A mim? Bem, meu caro, acho que você está enganado; minha vida não é segredo nem para você, nem para ninguém.

– Não estou falando dos seus negócios. Mas quero aprender como ficar rico e, ao mesmo tempo, divertir-me.

– E quem lhe disse, seu velho maroto, que eu sou rica? O que tenho na vida não foi fruto de diversão! Sabe o que é trocar a noite pelo dia, por toda sua vida?

– Tudo bem, Tetê. Vamos lá: lembra-se de que lhe perguntei o nome do seu caminhoneiro, o local onde viveram, quando e onde nasceu o filho de vocês?

– Sim, e daí? De antemão vou lhe adiantar: se você perdeu o seu tempo descobrindo que ele está vivo, casado, com filhos ou morreu e está enterrado em um cemitério aqui perto, perdeu seu tempo e seu dinheiro. Não quero saber o que aconteceu com ele! Aliás, desejo que ele esteja morto e dividindo com o capeta um pedaço de pão nos quintos dos infernos.

– Calma, mulher! Tenho certeza de que você quer saber dele, mas tenho muito mais que isso para você. Gostaria que fôssemos até o seu escritório. Se quiser, chame Gerusa. Estou falando sério, não teria por que brincar com você, Tetê. Além de negociarmos tantas vezes nossos interesses, eu gosto de você e a tenho como amiga.

Tetê fez sinal para Gerusa e Irineu, e os dois se aproximaram.

– Irineu, por favor, fique no caixa, vou até o escritório. Tenho algo para acertar com o delegado. Acompanhe-me, Gerusa!

Os três saíram em direção ao escritório. Irineu ficou olhando-os e se perguntando o que teria acontecido. Geralmente, acontecia de garotas menores de dezoito anos arrumarem documentos falsos e quando os parentes descobriam tentavam arrancar dinheiro de Tetê. Ele não simpatizava com o delegado, que exigia ser tratado como um rei. As meninas fugiam dele, que era desagradável em tudo.

Acomodados em ricas poltronas, Tetê pediu:

– Então, delegado, pode abrir a pasta e me apresentar o que diz ter de tão importante para mim.

– Tetê, sei que você é uma mulher forte. Já suportou muitas pancadas nesta vida e continuou lutando, mas o que lhe trago é delicado demais. Quer tomar um copo de água com açúcar ou algo que esteja acostumada para se acalmar?

– Gerusa, pegue um uísque, por favor, e sirva também para o delegado. Acho que é ele quem está precisando acalmar-se. Meu amigo, eu não sou feita de isopor, as pedras que batem em mim se quebram no meio! Desembucha logo o que está aí nesta pasta, que a noite é longa e temos o que fazer – disse Tetê tomando o uísque.

O delegado abriu a pasta e lhe entregou alguns papéis. Conforme ela leu, ficou pálida. Gerusa foi sentar-se ao seu lado, pois nunca havia presenciado tal reação em Tetê.

Quando terminou, ela fechou a pasta e suspirando fundo perguntou:

– Tudo o que está nesta pasta é confiável e verdadeiro?

– Como a própria existência de Deus entre nós! Fui cauteloso e cuidadoso em minhas investigações. Os fatos que lhe apresentei são cem por cento verdadeiros. Estou aqui para orientá-la em todas as decisões que desejar tomar. Sabe que pode contar com a minha amizade e experiência.

– A senhora está pálida, quer que mande lhe preparar um chá? – perguntou Gerusa.

– Sim! Preciso de um chá quente para me aquecer – respondeu Tetê. – Então o meu filho está vivo e é o herdeiro de uma grande rede de hotéis... Esta é a foto dele! Realmente ele parece muito com o pai, que está casado pela segunda vez, tem um filho, converteu-se ao Espiritismo e dirige uma casa que eu ajudei a construir! Minha sobrinha está viúva, o seu filho não foi abortado e hoje é um grande engenheiro, e seu pai é o melhor amigo dele! Deixe esta pasta aqui. Preciso ler e reler com muito cuidado – pediu olhando para o delegado.

– Tetê, você sabe que não sou rico. Investi tudo o que tinha nesta caçada contra o tempo. Valeu a pena, ainda mais em se tratando de um assunto seu. Apostei tudo e sei que você vai me recompensar.

Pegando a chave que estava em seu colo, ela abriu uma gaveta e retirou um talão de cheques.

– Aqui está uma parte do seu pagamento, vou pensar no que desejo fazer a respeito de sua descoberta e aí conversaremos mais.

– Fico feliz com sua compreensão. Este cheque vai me ajudar a repor os meus gastos. Pense no que quer fazer; deixei anotadas algumas sugestões; e concordar, podemos dar prosseguimento. Ah, Tetê, perdoe-me, sei que a ocasião não é a melhor, mas na semana que vem encerram-se as apresentações dos que vão concorrer àquela vaga que tanto almejo alcançar! Sei que você, com sua influência, pode colocar-me lá. O que acha?

– Pode ir tranquilo; independente da decisão que venha a tomar, considere-se desde já o vencedor, uma vez que que esse é o seu desejo!

VIDAS ROUBADAS • 215

– Obrigado, Tetê. Sabia que não iria perder o meu tempo em servi-la. Fico aguardando. O que desejar fazer é só me comunicar.

O delegado se retirou, estava radiante. No bolso uma recompensa valiosa. Um grande motivo de vaidade estava prestes a se concretizar. Era só esperar. Bendita hora em que ele conhecera aquela dama da noite.

Irineu percebeu o ar de satisfação do delegado e pensou: "Esse não vai querer mais nada hoje! Deve estar levando um peso enorme no bolso do paletó...".

Tetê, tomando o chá e olhando para Gerusa, abriu a pasta e disse em voz alta:

– Ângelo, este é o nome do meu filho. Dê uma olhada nestas fotos! Ele, a esposa e os dois filhos. Sou avó... Parece brincadeira como a nossa vida pode mudar em um segundo! O que vou fazer agora? Ir atrás do meu filho e lhe contar a verdade? Procurar Plínio e dizer-lhe que temos um filho? Contar para o engenheiro que o rapaz que ele tanto admira e que convive dentro da casa dele é o seu próprio filho? Fale-me, o que devo fazer?

Gerusa, trêmula, não conseguia falar. Abraçou-a e tentou compreender o que estava de fato acontecendo.

Minutos depois, Tetê se levantou, arrumou os cabelos, ajeitou o vestido e pediu para Gerusa acompanhá-la.

– Vamos cuidar das nossas obrigações. Sempre encontrei soluções para os problemas no meu ponto de trabalho.

– A senhora não quer descansar? Eu fico tomando conta de tudo – falou a moça.

– Por acaso será essa a primeira vez em minha vida que levo um tombo? Poderia ser triste se tivesse descoberto que o meu filho estava vivendo embaixo de um viaduto, mas, ao contrário, é um rico empresário, comentado nas grandes revistas... Tal mãe, tal filho. Parece até engraçado que de uma forma ou de outra temos algo em comum. Pelo menos posso dormir mais sossegada, sabendo que Socorro teve o filho dela. Quanto ao meu filho, não tive culpa no seu desaparecimento; chorei por ele a vida toda acreditando que estivesse morto, e ele está vivíssimo! Tenho de acordar, não sei se é sonho ou pesadelo, mas quero ler e reler tudo isso com calma. Esta pasta vai me acompanhar aonde quer que eu vá.

O salão estava lotado de personalidades. Pessoas iam até ali para se divertir e assistir a grandes shows. Moças bonitas e perfumadas circulavam de um lado para o outro e a música se misturava com as palavras, soando como mantra no ambiente.

Disfarçadamente, Irineu levou Gerusa até um canto e perguntou:

— O que aconteceu entre dona Tetê e o delegado? Ele nem repetiu o conhaque, saiu direto. Algum problema com a justiça?

— Desta vez não! É uma história imensa, não dá para lhe contar agora. Conversaremos depois.

Tetê, sentada, observava o movimento da casa e respondia aos cumprimentos dos velhos conhecidos, procurando entre eles o engenheiro. Fez sinal para a menina que recebia os visitantes naquela noite. Ela se aproximou e Tetê perguntou se o engenheiro estava no quarto dele.

— Não, senhora. Hoje ele não apareceu. Deve estar viajando. Só deixa de vir quando está fora do Rio ou tem algum

VIDAS ROUBADAS • 217

compromisso em família. Nem que seja para tomar um drinque, ele é fiel à casa.

Dispensando a moça, ela voltou a sentar-se em sua poltrona e folhear as anotações do delegado. Pensava consigo mesma: "Raposa velha – quer ir para a Itália... assim eu o recompenso de um lado e o Ângelo do outro? Acho que não passou pela cabeça dele que nenhum de nós dois está interessado em se reconhecer como mãe e filho. Nada mudaria na vida dele ou na minha. Como poderia chegar para ele e dizer: 'sou sua mãe biológica, fui enganada, mostraram-me um documento falando que meu bebê nasceu morto e eu chorei por isso durante toda minha vida... Olhe, meu filho, eu sou...' Quanto ao Plínio, o safado se deu bem na vida... Ele dirige uma Casa Espírita! Se os espíritos existem, como nunca lhe contaram que tinha um filho?"

Pensando em tudo isso, Tetê teve vontade de ir procurá-lo para jogar na cara dele tudo o que tinha nas mãos. Mas decidiu resolver depois se continuaria ajudando aquela creche mantida pela casa dirigida por Plínio. Será que ele não sabia sobre sua identidade?

Assim, resolveu pedir ao delegado para fazer essa investigação. Se estivesse acontecendo isso, Plínio iria pagar pelo passado, presente e futuro.

Fez mais algumas anotações. Iria à Itália e se hospedaria no hotel de propriedade do filho, na melhor suíte, pois, conforme o anúncio da revista, o ocupante da suíte presidencial almoçava ou jantava com o proprietário. Queria apertar as mãos do filho, olhar dentro dos seus olhos, mas jamais iria revelar-lhe os laços que os uniam.

Ela pediu que Gerusa chamasse o delegado no dia seguinte, logo cedo. Encerrando as tarefas da casa, todos se retiraram. Ela tomou um banho, trocou de roupa e se dirigiu à sala de jantar, onde a mesa estava repleta de guloseimas. O delegado já estava à sua espera. Ansiava por sentar-se à mesa e saciar sua fome. Gerusa, como sempre atenciosa e discreta, começou a servi-lo assim que Tetê lhe fez sinal.

Sentados um na frente do outro, Tetê falou para ele, olhando-o nos olhos:

– Delegado, anotei o que desejo fazer de imediato. Este primeiro item quero que seja feito urgentemente, quero uma resposta entre hoje e amanhã. Os outros itens podem ser levantados com cautela. E este último item, o mais importante, deve ser tratado com sigilo. Avise Gerusa quais documentos vou precisar para providenciar a viagem. O senhor poderá me acompanhar. Será valioso para mim. E leve quem quiser para lhe fazer companhia. Mas quero que tudo seja feito com discrição. Aqui está outro cheque para cobrir as despesas das minhas solicitações.

– Obrigado, Tetê. É uma honra poder servi-la! Espero lhe trazer boas-novas em breve. E também receber as novidades de sua parte. Só vou me sentir tranquilo quando for notificado sobre o meu novo cargo.

– Se me trouxer boas notícias, pode acreditar, as terá. O senhor me conhece, não perdoo mentiras nem falsificações; quero dados legítimos e verdadeiros.

– Você me ofende falando dessa maneira. Desde quando lhe passei alguma coisa que não tenha sido legítima e verdadeira? – falou ofendido.

– Nunca! E é exatamente por essa razão que estou forrando seus bolsos! Não me acha tola o suficiente para acreditar em qualquer um, não é mesmo? Quantos delegados já bateram em minha porta e quantos estão aqui dentro?

– É verdade, minha amiga, sei que você é uma mulher de honra e palavra, que cumpre com todos os seus acordos e é generosa com aqueles que lhe servem.

Naquele dia, Tetê demorou para dormir. Teve vários pesadelos e levantou-se mais tarde. Sentia dor de cabeça e nas pernas. Gerusa pediu permissão para chamar Lucas ou levá-la até ele.

– Chame-o aqui, assim, quem sabe, ele me dá um remédio que alivie minha dor de cabeça.

– Posso medir sua pressão? Ele me pediu que ao menos uma vez por semana fizesse isso, especialmente se a senhora reclamasse de dor na cabeça e na nuca.

A pressão estava alta e Gerusa ligou para o médico, que prometeu chegar em meia hora.

Tetê foi examinada e medicada. Lucas pediu que ela repousasse naquela noite. A partir daquele dia não deveria mais ficar a noite toda acompanhando o movimento da casa. Ela prometeu que iria ficar um pouco no quarto e um pouco no salão. Ela confiava em Gerusa e em Irineu. Ele concordou.

❧

Já passava das onze horas da noite quando o engenheiro entrou e foi cumprimentar a amiga. Olhando-a, perguntou:

– O que está acontecendo? Você está doente? Está pálida e com olheiras! Não dormiu direito?

– Tive um mal-estar passageiro, meu amigo, mas vai passar. Na minha idade, qualquer coisa pequena derruba. Senti sua falta ontem na casa. O que houve?

– Foi aniversário da minha esposa! Eu comentei com você na semana passada, lembra?

– Ah! É verdade! Viu como está a minha cabeça? O dr. Lucas, aquele rapaz cuja família ajudei a encontrar, é meu médico particular. Esteve aqui hoje e me aconselhou a fazer uma viagem para descansar um pouco. O que você acha?

– Acho que é a melhor coisa para aliviar a tensão nervosa. Ficar longe do trabalho e dos problemas é uma necessidade para o corpo. Vou sentir sua falta, mas sou o primeiro a lhe dizer que esse médico está certo. Viaje!

O engenheiro se dirigiu ao quarto reservado para ele. Dizia que ali se sentia livre e em paz. Muitas vezes, ele ficava deitado olhando para o teto em busca das lembranças que guardava de Maria do Socorro. Fora naquele quarto que ele a fizera mulher, naquele quarto fora gerado um filho que ele a obrigara a matar. Ah, se pudesse fazer o tempo voltar jamais teria feito aquilo. Ele a amava; o tempo passara e agora ele, com cabelos grisalhos, sentia vergonha de suas atitudes. Por onde andaria aquela menina e o que lhe acontecera?

⚜

O delegado entrou no salão como sempre. Orgulhoso, nem cumprimentava os empregados. Passou por Irineu e mal balançou a cabeça. Foi direto encontrar-se com Tetê. Ao vê-lo, ela se levantou.

– E então, delegado? Sente-se, tem alguma boa notícia?

– As melhores possíveis! Aqui estão todas as provas que a senhora queria a respeito de Plínio. Como já lhe disse, o sujeito se redimiu, faz trabalho voluntário, é honesto e não desconfia de onde vem parte do dinheiro que ajuda a manter tantas crianças e famílias carentes. Ele não sabe que por trás de tudo isso está Teodora. Ninguém sabe de você.

Ela colocou a mão no coração e respondeu:

– Graças a Deus, menos mau! É um peso que não preciso carregar.

– Quanto à nossa viagem, já dei entrada nas papeladas. Não vamos ter nenhum problema. Daqui a trinta dias está bom para você?

– Está ótimo! Irineu cuidará de tudo; afinal, uma semana passa rápido! E você, vai levar quem?

– Vou levar minha esposa!

– Sua esposa? Ela sabe quem sou e o que vamos fazer?

– Ela não precisa saber de nada; apenas que estamos em uma missão de trabalho e que a senhora está nos promovendo a cortesia. Eu estarei ao seu dispor para trabalhar, ela apenas vai se divertir.

– Por mim, tudo bem. Providencie tudo o que precisar, o dinheiro que lhe dei é suficiente para nos oferecer o melhor. Quer um drinque?

– Aceito, e gostaria que você liberasse uma de suas meninas para me fazer um pouco de companhia, preciso espairecer minhas tensões nervosas. Estou ansioso por notícias.

Ela puxou um envelope e lhe entregou dizendo:

– Aqui está a força do dinheiro e a palavra de uma mulher.

Ele abriu o envelope e seu semblante modificou-se. Ficou corado e teve vontade de gritar de alegria, mas limitou-se a beijar as mãos dela e dizer:

– Pode ter certeza de que eu vou honrá-la. O dinheiro é valioso, mas sua palavra vale mais que ele. Eu lhe prometo, Tetê, farei o possível e o impossível para atender qualquer pedido seu. Fale-me o que deseja com relação aos outros membros de sua família.

– Por enquanto nada! A notícia que você me trouxe hoje aliviou bastante o meu coração.

O encontro com o filho

Trinta dias depois, Tetê estava entrando em um hotel que em tudo mantinha a tradição de um castelo. Ela ficou parada, olhando à sua volta, como se tudo aquilo fosse um sonho. Um luxo que ela jamais imaginou ser possível. Gerusa estava sem palavras, olhava para Tetê e imaginava: "Ela de fato tem razão, tal mãe, tal filho...".

À noite, elas foram conhecer a galeria de fotos, o proprietário abraçado com reis, rainhas e grandes personalidades. Tetê, sorrindo, imaginava: "Eu também vou posar numa foto ao lado do proprietário e ficar nesta galeria como uma grande empresária brasileira que ocupou a suíte presidencial deste castelo".

O tratamento dispensado era diferenciado; dois funcionários altamente qualificados as acompanhavam por onde quer que fossem.

Dois dias depois, ela se preparava para o grande jantar com o famoso empresário. Estava tensa; Gerusa iria acompanhá-la e procurava manter-se calma.

Às dez horas da noite, no luxuoso e requintado salão, Tetê foi levada à presença do empresário, que a recebeu com muita simpatia e lhe disse:

– Interessante, tenho a impressão de que já a vi em algum lugar.

Ela respondeu, sustentando as mãos dele:

– Tive a mesma impressão.

A esposa dele, belíssima e elegante, tratou Tetê com doçura e simpatia, como se ambas fossem velhas amigas. Após o jantar, ela levou a senhora até um requintado móvel com dois quadros dos filhos: a menina lembrava Maria do Socorro. Emocionada, Tetê comentou:

– Como lembra uma sobrinha minha quando criança... – Com os olhos marejados de lágrimas ela olhou atentamente para as fotos. Sua vontade era pedir para guardá-las consigo.

Nesse momento, o fotógrafo se aproximou e perguntou onde e como gostariam de tirar as fotos. A moça respondeu:

– Vamos tirar várias. Pode tirar aqui mesmo.

Naquela foto, saíram os dois quadros das crianças. Foi a maior lembrança que Tetê levou dos netos.

Tiraram muitas fotos e finalmente se despediram, desejando que os hóspedes aproveitassem bastante a estada no hotel.

O delegado insistiu em saber se ela não desejava mesmo contar a verdade de sua visita para o filho.

– Delegado, meu filho tem uma família, esposa, filhos e uma mãe que o venera. Teve um pai que lhe deu tudo: educação, cultura, dinheiro... meu filho não precisa de mim para nada. A verdade neste momento só iria prejudicar sua vida.

De volta ao Brasil, Tetê trouxe as fotos em que apareciam os netos. Colocou-as de um dos lados da sua cama; do outro, colocou a foto do filho a abraçando. Ali estava o que sobrara de sua vida, apenas lembranças.

O delegado assumiu o novo cargo e agora só tinha tempo de falar com Tetê por telefone. Prometeu que logo iria visitá-la em sua casa e informou-a de que por questão de ética ele deveria se afastar de muitas coisas e de algumas pessoas.

Ela compreendeu e lhe desejou muita sorte. Comentou com Gerusa que se sentia em paz em relação a ele, pois, apesar de vaidoso, ele era muito competente. Certamente, faria um bom trabalho.

Assim a vida transcorria na caminhada de cada um.

Socorro já estava mais equilibrada e já aceitava melhor a morte de Gerson. A filha estava casada e morava na França. O filho em breve também iria se casar. Ele adiou o casamento por causa da morte de Filó, que desencarnou segurando as mãos dele. Suas últimas palavras foram: – Meu filho, fique bem, vou amá-lo por todo o sempre.

As propriedades e a empresa deixada por Gerson eram administradas pelos irmãos de Socorro, pessoas sérias e confiáveis. Ela não queria mais morar em São Paulo, apesar de os irmãos e a mãe morarem lá. Assim, ficou no Rio.

Muitas vezes Socorro comentou com Adelaide sobre seu desejo de passar em frente à casa de Tetê. A amiga não concordava e lhe pediu que deixasse o passado para trás; pensasse na tristeza de Gerson se a visse desencavando o que a ajudou a enterrar: o passado.

Assim, ela desistiu, reconhecendo que aquilo era loucura. Prometeu não se envolver mais naqueles pensamentos negativos.

Socorro agora ajudava na Casa Espírita, com todo amor e boa vontade, e, sem saber, trabalhava com a irmã de seu filho. Rebecca se recuperava de uma grande dor: a mãe desencarnara de repente, vítima de um aneurisma.

A instituição crescia dia a dia, e todos os envolvidos nas tarefas espirituais se esforçavam para levar a Doutrina Espírita um pouco mais adiante.

A espiritualidade, empenhada nos resgates dos espíritos que entraram pelas portas daquela casa, estava satisfeita com os resultados. O local agora cheirava a rosas.

Os mentores espirituais apresentavam estatísticas que mostravam uma queda considerável dos abortos. O catolicismo e outras religiões se fortaleciam, e, na disputa de quem iria conseguir mais fiéis, batiam de frente com as clínicas clandestinas que, aos poucos, fecharam, o que dificultou a prática do aborto. Um dos mentores comentou:

– Deus, às vezes, permite coisas que não entendemos, mas é necessário orar e vigiar para compreender o que Ele está nos mostrando. Essa guerra de quem é mais forte e poderoso tem o seu lado positivo, pois todos debatem contra o aborto e isso é muito bom.

Naquele ano os voluntários queriam fazer algo especial para as crianças. Plínio se candidatou para se vestir de Papai Noel e foi aprovado. A diretoria se incumbiu de fazer os convites pessoalmente a todos os integrantes que mantinham a casa. Combinaram um chá em um local cedido por Rebecca. Assim, receberiam todas as pessoas e fariam o convite para que todas fossem, sem compromisso, conhecer as crianças e o local que ajudavam.

Com o convite nas mãos, Tetê ficou pensativa e em seguida chamou Gerusa:

– Fui à Itália, conheci e toquei meu filho. Também posso ir nesse chá e rever as pessoas que de uma forma ou de outra fazem parte da minha vida. Quero rever minha sobrinha e seu filho, o Plínio e a Adelaide!

– A senhora pretende se apresentar a eles? – perguntou Gerusa temerosa.

– Não! Nada disso! – respondeu rindo. – Você vai me ajudar a me disfarçar da melhor forma possível. O tempo já fez a maior parte, o resto é fácil.

– Será que não vão reconhecê-la?

– Se você me ajudar, não! Ouça com atenção a minha ideia...

— Meu Deus, dona Tetê! Será que não é pecado o que a senhora quer fazer?

— Estou preocupada com você, Gerusa. De uns tempos para cá tudo para você é pecado, tudo a assusta! Pecado, Gerusa, é não saber o que fazer. Preciso ir até eles e sentir no coração de cada um se ainda há uma possibilidade de nos reencontrarmos. Senão, farei o que fiz em relação ao meu filho.

— Tudo bem, vou arrumar tudo o que a senhora precisa, e seja o que Deus quiser! Eu tenho mesmo de ir?

— Claro! Sou alguma coisa longe de você?

— Nossa! Fico até arrepiada. A senhora fala de um jeito que quem ouve pensa que não vive sem mim!

— E não vivo mesmo, sua ingrata! Você é a única pessoa deste mundo com quem posso falar o que penso e que me conhece como sou, com defeitos e qualidades.

No dia seguinte, chegou uma cadeira de rodas na casa de Tetê. Ela, então, preparou-se para ir ao chá. Vestida de preto, usava um chapéu com véu, que lhe cobria praticamente todo o rosto. Gerusa também vestia preto, uma peruca loira e óculos que lhe escondiam o semblante. Foram bem recebidas e tratadas com todo carinho e respeito.

Plínio abriu a solenidade fazendo uma oração de agradecimento. Tetê percebeu que jamais iria reconhecê-lo em qualquer lugar que fosse. Ele explicou que estava deixando a barba crescida para fazer o Papai Noel das crianças e apresentou todos os membros envolvidos na administração da casa. A esposa, o filho, a médica, a enfermeira, a filha do engenheiro, o filho de Socorro, Patrícia e Socorro. Tetê observou que a sobrinha ficara mais bonita, apesar de não esconder a tristeza no olhar.

Santo Deus, ali estavam todas as pessoas com quem ela precisava se reajustar. Suas mãos começaram a transpirar. Todos eles foram cumprimentá-la. Socorro aproximou-se e, percebendo que a senhora tremia, abraçou-a e pediu um copo com água.

Gerusa explicou aos demais que elas precisavam se retirar pelo estado de saúde da benfeitora, que não se identificou com o nome verdadeiro.

Ao chegarem em casa, Gerusa suava. Disse que pensou que iria desmaiar de tanta aflição ao ver Socorro e Adelaide. Parecia que a história delas viera à tona.

– Acha que foi fácil para mim, Gerusa, apertar as mãos de minha sobrinha, do seu filho e permanecer em silêncio? Minha vontade era gritar o seu nome e lhe pedir perdão. Dei graças a Deus quando a filha do engenheiro explicou que ele não iria. Ele havia comentado que recebeu um convite da casa que a esposa frequentava e que amava, a qual ele ajudava e iria ajudar por meio da filha, mas falou que não iria se envolver, não tinha a menor vontade de entrar em um local como aquele.

– E me fale uma coisa: a senhora vai à festa das crianças? O que pensa em fazer?

– Não sei o que vou fazer, mas de uma coisa tenho certeza: quero falar com Plínio em particular. Vou lhe contar quem sou eu, que a mocinha que ele tirou da casa dos pais prometendo mundos e fundos e que depois abandonou conheceu outros mundos.

Tetê ficou pensativa, depois pediu o telefone e ligou para o número privado do ex-delegado, que a atendeu prontamente.

Explicou-lhe o que queria e, quando terminou de falar, ele respondeu:

– Fique tranquila, amanhã você vai falar com Plínio em meu escritório e em particular. O que acha às três da tarde? Assim você não precisa correr. Conheço seus horários.

– Está ótimo! Amanhã estarei aí no horário combinado.

Gerusa demonstrou preocupação. Será que Tetê estava tomando a decisão certa? Depois de tanto tempo seria conveniente mexer com o passado?

Tetê olhou para a moça e disse:

– Gerusa, fique calma. O delegado vai convidar o Plínio para uma reunião, coisa de rotina. A esposa dele frequenta a casa dirigida por Plínio e o delegado de vez em quando o requisita para fazer uma oração no escritório. Assim, não vamos ter nenhuma dificuldade, ele vai prepará-lo para me receber.

❧⁘❧

Desde que o marido falecera, Socorro não saía para fazer compras de produtos para uso pessoal. Certa tarde, resolveu sair. Algo dentro dela dizia: "Ficar assim não vai trazer Gerson de volta nem melhorar sua vida".

Dessa forma, ela resolveu mudar o cabelo, comprou roupas, calçados e alguns acessórios. Olhando-se no espelho de uma loja, gostou de sua nova aparência.

Ficou andando despreocupada pelas lojas do *shopping* e comprou algumas lembrancinhas para as amigas. Foi tomar um suco. Sentou-se em uma mesa diante de uma casa de câmbio. Enquanto tomava o suco pensou que estava tendo uma alucinação. Apesar de estar bem diferente fisicamente, aquele homem era o engenheiro! Ficou trêmula e colocou o copo sobre a mesa, sentindo o coração disparado.

Ele sentou-se em uma mesa ao lado da sua. Estava lendo um jornal. A garçonete se aproximou e ele levantou a cabeça ao chamado da moça. Só então notou a mulher que estava sentada à sua frente. Mecanicamente, fez o pedido, mas não tirou os olhos de Socorro. Colocou o jornal de lado e tentou se lembrar de algum detalhe que pudesse lhe confirmar que aquela mulher era Maria do Socorro.

Ela fingia que tomava o suco, de olhos baixos. Estava transpirando e parecia que ia perder os sentidos. "Santo Deus! Seria ele mesmo ou alguém muito parecido?"

O engenheiro se levantou e se dirigiu à sua mesa.

– Maria do Socorro? Não acredito que a encontrei! Meu Deus! Nem sei o que lhe dizer.

Ela, tentando disfarçar o nervosismo, respondeu:

– Não sou Maria do Socorro nem o conheço!

– Por favor, Maria do Socorro, não tenha medo de mim! Passei a vida procurando-a para lhe pedir perdão pelo mal que lhe causei. Fale comigo! Sei que é Maria do Socorro, iria reconhecê-la em qualquer lugar do mundo. Não há nada em mim que lhe prove quem sou? – perguntou desesperado.

– Tem sim! – respondeu ela. – A sua prepotência! Acha que pode tudo e que as pessoas estão à venda para satisfazerem suas vontades! Eu deveria jogar tudo que está sobre esta mesa na sua cara, mas não valeria a pena, tenho certeza de que a vida já deve ter jogado muito mais que isso sobre você!

Ela se levantou para ir embora e ele a segurou, implorando:

– Pelo amor de Deus, Maria do Socorro! Não vá, preciso que me ouça!

Olhando-o nos olhos, pareceu-lhe que tudo voltava à sua mente. Ela nunca havia se perguntado se amara ou odiara aquele homem, mas agora ele estava ali, diante dela, e lhe implorava para que o ouvisse. Enquanto estivera como propriedade dele, nunca ousara levantar a voz, questionar nem reclamar de nada. Ele era seu dono. Sentiu raiva, nojo e desprezo ao lembrar o dia em que lhe contou sobre sua gravidez. Agora ele lhe pedia perdão...

– Você tem filhos?

– Tenho uma filha e se pudesse fazer o tempo voltar atrás teria tido aquele filho com você.

– Eu tenho dois filhos de um homem que me deu o que você nunca pôde oferecer: respeito, amor, carinho, companheirismo e dignidade.

– Aceito sem retrucar qualquer coisa que você falar. Só quero que, por favor, perdoe-me e saiba que eu daria tudo o que tenho na vida se pudesse voltar atrás e desfazer o mal que lhe causei. Fico feliz por você ter um companheiro com todas essas qualidades; tenho certeza de que merece.

– Infelizmente, as coisas boas não duram para sempre. Meu companheiro desencarnou e me deixou amparada, com dois filhos maravilhosos.

– Lamento a morte dele. Você merece tudo de bom em sua vida. Eu apanhei muito da vida, Socorro... Acho que paguei e ainda vou pagar muito pelos erros da juventude. Também fiquei viúvo há pouco tempo e estou tentando me refazer e me perdoar por ter feito minha mulher infeliz. Ela tinha tudo o que queria e ao mesmo tempo lhe faltava a maior riqueza: o meu amor. Minha filha casou-se, eu moro sozinho, e o único consolo que tenho é quando vou à casa de Tetê e durmo sozinho no quarto onde a conheci.

Socorro sentiu um arrepio percorrendo o seu corpo.

– Você ainda frequenta aquela casa?

– Sou amigo da sua tia; aprendi a gostar dela e até a compreendê-la.

– Não quero que fale de mim para ela. Não temos mais nada em comum. Se você me arrumar problemas com essa senhora, os meus filhos vão em cima de você, e sua filha vai conhecer um passado seu que não é dos melhores.

– Não vou comentar nada com sua tia; quanto à minha filha, um dia vou ter coragem de lhe contar toda a verdade sobre o que fiz com você e com um bebê.

– Preciso ir embora – disse Socorro, embaraçada diante daquele que um dia pagara pelo seu corpo de menina.

Ele, pegando suas mãos, pediu que ficasse mais um pouco. Socorro cedeu e ambos ficaram por horas conversando.

Já escurecia quando ele fez questão de acompanhá-la. O motorista estranhou a atitude do patrão, que havia saído para resolver uma questão simples e passara a tarde toda fora, faltando até a alguns compromissos agendados.

O engenheiro Frederico ligara três vezes procurando por ele. Precisava fechar um negócio e queria sua aprovação.

Enquanto o motorista dirigia, ia se perguntando: "Ela é bonita, mas não estou entendendo... Nunca vi meu patrão ficar uma tarde conversando com uma mulher, sentado em uma lanchonete".

Antes de Socorro descer do carro, ele pediu:

– Por favor, pode me dar seu telefone? Não posso mais esperar quarenta anos por você.

– Não temos mais nada para nos falar – respondeu ela. – Acho que já falamos tudo o que precisávamos. Do meu passado, a única coisa que aceito é a mim mesma.

– Aqui está o meu cartão, mas sei que não vai me ligar. Por essa razão lhe peço, por favor, me dê seu telefone. Se você não quiser me atender eu vou respeitá-la!

Ela abriu a bolsa e entregou-lhe um cartão sem dizer nada. Desceu do carro e ele ofereceu seu motorista para ajudá-la a levar as sacolas até o elevador.

Ela tentou dispensá-lo, agradecendo, mas o motorista já estava com as sacolas e se encaminhando para a entrada do prédio. Ela, então, despediu-se.

O engenheiro ficou olhando aquela mulher ainda jovem e muito elegante. Em nada mais se parecia com a menina recém--chegada do Nordeste. "Meu Deus!", pensou, "como pude fazer o que fiz...?".

⁓◡⦂◠⁓

Socorro entrou e se jogou no sofá da sala. Não acreditava no que estava acontecendo! Ficou de olhos fechados por muito tempo. O telefone tocou e era Frederico perguntando se ela queria jantar com ele e a esposa.

Ela deu uma desculpa e disse que preferia ficar em casa. Que eles fossem e se divertissem.

Deitada em sua confortável cama, ela tentava ler um livro que havia adquirido naquela tarde. Era um romance espírita. Sem conseguir se concentrar, fez uma oração e pediu auxílio aos mentores, pois se sentia fragilizada.

O telefone tocou novamente e ela reconheceu a voz, era ele...
Ela pensou em desligar, mas uma força maior a fez ouvi-lo.

– O que você quer de mim?

– Preciso que você me perdoe. É por esse motivo que estou ligando. Enquanto não ouvir o seu perdão, não vou desistir.

⁂

Assim aconteceu durante muitos dias. Ele ligava várias vezes. Depois, começou a lhe enviar flores diariamente. O motorista, antes de ir apanhá-lo em sua casa, passava e deixava na portaria um ramalhete de rosas, sempre acompanhado com um cartão escrito por ele. No cartão, lia-se: "Não vou desistir de pedir o seu perdão".

Frederico tinha a chave do apartamento da mãe e de vez em quando ia até lá quando queria lhe deixar alguma surpresa. Naquele dia, ao entrar no apartamento, ficou impressionado com a quantidade de rosas que se espalhavam por todos os cantos. Andou para lá e para cá e falou para a esposa:

– Estou enganado ou a minha mãe está sendo cortejada por alguém? A casa está cheia de rosas e ela mesma está mudada! Mudou o corte de cabelo, está usando roupas novas e está misteriosa. O que você acha?

Patrícia respondeu rindo:

– Acho que você está morrendo de ciúmes de sua mãe! Isso é natural, mas, se ela deseja refazer sua vida, você não pode impedi-la de ser feliz. Naturalmente que entendo sua preocupação! É sua mãe. Percebi sim que dona Socorro está diferente. Tem se cuidado mais e parece que esconde alguma coisa de nós.

– Meu pai era o amor de sua vida! Será que ela já o esqueceu?

Patrícia o abraçou dizendo:

– Nunca esquecemos aqueles a quem amamos, mas aprendemos que eles são os primeiros a desejarem que encontremos junto de outra pessoa a vontade de viver. Talvez seja isso, o sr. Gerson quer ver a sua mãe feliz!

– Não vou perguntar nada para ela, mas vou ficar atento! Minha mãe, além de jovem e bonita, é uma viúva com uma considerável fortuna deixada pelo meu pai. Tenho medo desses espertalhões que caçam viúvas com dinheiro para dar golpes. Não vou permitir que nenhum pilantra se aproxime de minha mãe para explorá-la.

– Calma, meu amor! – respondeu Patrícia. – Nós não temos certeza de que sua mãe esteja envolvida com alguém. Ela não é tola.

Frederico apressou-se para ir embora. Na portaria, deu uma desculpa para a esposa e foi conversar com o porteiro.

– Senhor Mauro, quero lhe fazer uma pergunta e não vou aceitar desculpas. Quem está mandando flores para a minha mãe?

O porteiro ficou pálido e respondeu:

– Senhor Frederico, eu lhe juro, não sei quem manda, mas diariamente vem um rapaz trajando uniforme de motorista e deixa as flores com um cartão. Acho que o senhor deve perguntar para ela.

– Um motorista? Será que ela está envolvida com um motorista? E para quem ele trabalha? Nada contra os motoristas, mas tem algo estranho nessa história, o cara está gastando o salário com flores? E se for um espertalhão que está apostando tudo para conquistá-la?

Agradeceu ao porteiro e se retirou.

Patrícia, que o observava, quis saber:

– Frederico, o que você foi perguntar?

– O que eu queria saber! Minha mãe está se envolvendo com um motorista! Ele passa todos os dias para lhe deixar flores e um cartão. Agora, raciocine comigo: um cara que manda flores todos os dias para uma mulher gasta quanto por mês?

– Não sei, Frederico! Há quanto tempo você não me oferece flores?

– Por isso mesmo que estou lhe perguntando. Todas as vezes que vou a uma floricultura deixo uma fortuna! Como é que um motorista pode enviar flores diariamente para ela? Está aplicando o golpe do baú! E as flores que ele traz são caríssimas, isso eu observei. Amanhã vou me levantar um pouco mais cedo e esperar esse cara na entrada do prédio.

Patrícia respirou fundo e pediu:

– Por favor, vamos embora. Em casa falaremos sobre esse assunto.

Sentada ao lado do marido, a moça se perguntava: "O que devo fazer? Não posso permitir essa loucura. E se eu falar com dona Socorro? Também não é correto me meter na vida dela. Santo Deus, o que faço?".

Por obra do destino, assim que eles entraram em casa, o telefone tocou. Era Socorro dizendo que iria viajar para São Paulo no dia seguinte para resolver algumas coisas com os irmãos e assinar alguns documentos. Ia aproveitar a semana e ficar um pouco com a mãe e os irmãos.

Frederico perguntou se ela gostara do que havia deixado, e ela respondeu que sim, agradecendo.

Ele engoliu em seco e por fim não aguentou e perguntou:

– O que está acontecendo no seu apartamento que tem tantas flores espalhadas pelos cantos?

– Se você tivesse lido os cartões que acompanham as flores teria entendido! Em todos está a mesma frase: "Não vou desistir de pedir o seu perdão".

– E eu iria entender o quê exatamente?

– Alguém me causou um grande malefício anos atrás e talvez tenha feito promessa de mandar flores por um determinado tempo.

– Alguém lhe fez mal? Quando isso aconteceu?

– Frederico, às vezes as pessoas nos causam mal por ignorância, imaturidade etc.

– Esse fato está ligado à Casa Espírita?

– De alguma forma, sim – respondeu ela.

– É alguém importante, pois quem leva as flores é um motorista. Pensei que ele fosse seu namorado.

– Frederico, por favor! Que tal mudarmos de assunto, pelo amor de Deus? De onde você tira tanta fantasia? Eu, namorando? Realmente, você tem razão: namorei e me casei com um motorista, e fui muito feliz. Alguma coisa contra os motoristas? Mas sossegue o seu coração, não estou namorando nenhum motorista. Seu pai foi e ainda está sendo o meu único amor.

⚜

Na Casa Espírita, Adelaide estava sem entender nada! O marido estava angustiado, sem dormir, levantava muitas vezes à noite, fazendo de tudo para não acordá-la; porém, ela estava atenta a tudo e sabia que estava acontecendo alguma coisa. Agora sua melhor amiga, aquela que ela tinha como irmã de verdade, também estava estranha. Adelaide tinha certeza de que ela estava escondendo alguma coisa. Teria a ver com as preocupações do marido?

Entre eles nunca houvera segredos. Plínio estava sofrendo. Várias vezes ela o flagrara chorando na cúpula de orações. O que seria?

Socorro continuava cumprindo todas as suas tarefas, porém havia alguma coisa em seu olhar que Adelaide sabia ser algo que ela estava ocultando.

~~✦~~

Tetê tomava uma xícara de chá e em tom de brincadeira disse para Gerusa:

– Engraçado, sinto-me muito melhor depois que fiquei diante de Plínio. Aquela raiva que sentia dele parece que foi quebrada ao meio. Dividimos a carga, agora ele está sofrendo tanto quanto eu. Já que Deus me abriu a estrada e me empurrou de encontro a todos eles, tenho de aproveitar a oportunidade e, uma vez na vida, ser sincera. Contei-lhe tudo, até do nosso filho. Ele chorou como uma criança e se ajoelhou aos meus pés, pedindo-me perdão. Quer saber? Acho que eu já o havia perdoado há muito tempo. Senti pena ao ver aquele homem envelhecido, de cabelos brancos, ajoelhado diante de mim, chorando e se culpando pelas minhas desgraças. Você sabe que eu até me senti melhor diante de Deus, ouvindo o que ele falava? Senti-me leve. Pensando bem, se ele não tivesse me encantado e me prometido mundos e fundos, talvez eu tivesse tido o mesmo destino que minha irmã: teria me casado e hoje teria um bocado de filhos. Mas lhe confesso uma coisa: ele não teve culpa de nada! Sabe por quê? Se não fosse com ele, teria saído de lá com qualquer outro homem. Na verdade, eu não desejava ficar naquele lugar. Nunca planejei entrar nos caminhos dessa nossa vida, mas não posso reclamar da sorte. Ganhei muito dinheiro, ajudei e continuo ajudando a formar pessoas para seguirem os caminhos do bem. Se não fui a mulher mais feliz deste mundo não posso dizer que sou a mais infeliz!

Gerusa, atenciosa, prestava atenção na velha amiga:

— Plínio agora sabe de tudo e ele mesmo me disse que a justiça Divina se encarrega de colocar as coisas em seus devidos lugares. Levei as fotos do nosso filho e netos. Ele soluçou abraçado às fotos. Mandei reproduzir e vou fazer quadros com essas fotos. Vou dar para ele. Hoje eu acompanho tudo o que diz respeito ao meu filho. O delegado manda revistas e jornais todas as semanas. Procuro não enlouquecer e agradeço a Deus por ele ter tido a felicidade de encontrar uma família de bem e de posses, que lhe deu tudo. Jamais teria coragem de falar a verdade para ele, mesmo não o tendo abandonado. Seria como derrubar um castelo.

Gerusa se aproximou mais e disse:

— Tenha calma, dona Tetê. A senhora se lembra do que o dr. Lucas disse? Tem de tomar os medicamentos e sair um pouco. Que tal irmos à fazenda e ficarmos uma semana por lá?

— Não sinto vontade! Todos os dias quero notícias e fotos do meu filho e penso em rever Maria do Socorro e lhe pedir perdão.

— O sr. Plínio disse que nada fica sem resposta e que Deus aproximou vocês para se ajustarem, darem as mãos e fecharem um círculo de lutas, guerras e dores. A senhora não acredita nisso?

— Preciso acreditar.

VIDAS ROUBADAS • 241

⁓❦⁓

Passaram-se três meses. Plínio estava muito abatido, abraçava o filho e chorava, imaginando que ele tinha outro filho e que a sua loucura pelas coisas fúteis do mundo havia tirado ele dos braços da mãe e dos seus. Orava e pedia aos mentores que pudessem orientá-lo. Sentia-se muito fraco e infiel.

Adelaide sofria em silêncio com a angústia do esposo. Por várias vezes pensou em pedir ajuda aos trabalhadores da casa, mas não conseguia se abrir, algo lhe prendia as palavras. Pensou em falar com Socorro, mas ela lhe parecia tão distante. Não percebia o sofrimento do casal. André, que tinha uma vidência divina, também não enxergava o que estava se passando com o pai. Havia dias em que Adelaide se encostava em um canto e derramava lágrimas de desespero, implorando ao plano espiritual que olhasse por todos.

⁓❦⁓

Na primeira festa de aniversário de sua filhinha, Rebecca convidou todos os amigos e deixou claro que ficaria ofendida caso eles não comparecessem. Os trabalhadores da Casa Espírita iriam todos, uma vez que Ana Rita era bisneta da médica Kátia. Um dos gêmeos se casara com Rebecca e o outro havia se casado com a filha do delegado, amigo de Tetê.

Maria do Socorro teve de se preparar para ir com Frederico e a nora à festa de aniversário de Ana Rita, nome dado à menina por Rebecca em homenagem à sua avó. Ela mesma dizia que a avó fora sua mãe durante a maior parte de sua vida.

O engenheiro se encontrava de vez em quando com Socorro e não cansava de lhe pedir perdão. Continuava lhe enviando flores e dizia consigo mesmo: "Se um dia ela me aceitar e me quiser em sua vida, vou me arrastar aos seus pés. Vou esperar o tempo que for, mas jamais vou erguer um dedo ou ousar levantar minha voz com um convite para levá-la para a cama".

Socorro estranhava ele nunca lhe dirigir o olhar com malícia, nunca convidá-la para viajar ou para ir a lugares isolados. Sempre se encontravam em lugares públicos e geralmente almoçavam, jantavam ou iam visitar algum museu, exposição, coisas assim.

Ambos evitavam falar sobre a família. No dia anterior à festa, o engenheiro comentou com Socorro:

— Estou velho mesmo, amanhã a minha neta faz aniversário, será sua primeira festa.

Socorro respondeu rindo:

— Que coincidência, amanhã eu também vou a uma festa de aniversário de uma menininha que também completa um ano de idade. Vou aproveitar que estou aqui no *shopping* e comprar o presente dela.

— Você vai me ajudar, quero comprar também o presente da minha neta!

Na loja, Socorro sugeriu:

— É sempre lembrado pela família e pela aniversariante se ela receber uma peça de ouro do avô em seu primeiro ano de vida. Meu marido fazia isso com os meus filhos. Minha filha até hoje chora emocionada revendo as joias que o pai lhe deu na infância.

VIDAS ROUBADAS • 243

– Ótima ideia! Nada como alguém sensível ao nosso lado para nos ajudar a marcar momentos como esses na vida das pessoas que amamos. Acho que vou aproveitar e levar uma peça para a minha filha também. Nunca é tarde para tentar consertar nossos erros. Nunca fiz nada por ela, dava-lhe o cheque para ela comprar o que quisesse, mas agora percebo que a diferença está em você escolher, comprar e surpreender.

A vendedora mostrou muitos anéis e ele então pediu:

– Por favor, Socorro, coloque no seu dedo, quero ver como fica. Minha filha tem o seu físico, creio que o tamanho é o mesmo.

Ela colocou o anel no dedo e ele disse para a vendedora que levaria dois, pedindo que Socorro não o retirasse do dedo, pois era um presente.

– Ficarei muito ofendido se você não aceitar meu presente. Não tenho nenhum interesse, a não ser minha vontade de presenteá-la.

A vendedora, olhando para ela, disse:

– Aproveite, porque os maridos de hoje não são tão gentis assim com as esposas. Logo percebi o quanto vocês se amam, basta olhar para o seu marido para notar como ele é apaixonado pela senhora.

Eles se despediram. Na porta do prédio, ele a esperou entrar; suspirando fundo, disse em voz alta:

– Meu Deus! Daria tudo o que tenho para merecer essa mulher de volta!

O motorista, que já acompanhava a história dos dois, respondeu-lhe:

– Perdoe-me, senhor, mas acho que vocês só precisam ter coragem para assumir os sentimentos. Nós, que estamos de fora, já percebemos o quanto vocês se gostam.

– Como assim? O que você percebe?

– Que essa senhora o ama!

– Você acha mesmo? Sinceramente?

– Tenho plena e absoluta certeza. Os olhos não mentem, são reflexos da alma. E os olhos dela falam isso – respondeu o motorista.

༺◌෴◌༻

Na casa de Tetê, ela comentou com Gerusa:

– Não sei o que está acontecendo com o engenheiro. Ele agora aparece por aqui só para me cumprimentar. Nunca mais entrou no quarto que mantemos impecavelmente limpo. E com as meninas, então? Passa por elas quase correndo. Viúvo, ainda moço e bonitão, deve estar apaixonado e bem enrolado desta vez. Nunca o vi desse jeito. Ainda não tive oportunidade, mas, assim que ele vier aqui, vou arrastá-lo até o escritório e conversar com ele. Permita Deus que seja uma moça honesta e decente, pois ele merece ser feliz. Aprendi a gostar dele como se fosse um filho.

– É, dona Tetê, as coisas mudam. Não viu a minha filha? Agora que é mãe, Deus deve ter tocado o coração dela; quer porque quer que eu vá conhecer minha neta. Pede perdão e diz que está envergonhada do que fez comigo. Eu já conversei com Irineu e ele me disse que, assim que as coisas estiverem mais tranquilas, eu posso ficar uns três dias com ela. A Lane está se saindo melhor do que eu para cuidar da casa, além de ser uma pessoa confiável. O que a senhora acha?

– Acho que você deve ir e ficar pelo menos uma semana. Deve também levar Irineu! Graças a Deus hoje podemos dizer que preparamos pessoas decentes. O Jaime e a Lane são pessoas em quem podemos confiar. Eles ficarão no lugar de vocês. Pode dizer ao Irineu que de vez em quando vocês vão me acompanhar a alguns eventos e algumas viagens. Vamos deixar a casa sob a responsabilidade do Jaime e da Lane.

– A senhora sabe do romance deles?

– Oh, Gerusa! Pelo amor de Deus! Não confunda velhice com burrice! As minhas pernas, os meus braços, o meu corpo todo está em movimento lento, mas a minha cabeça, por ficar com o corpo parado, funciona mais rápido! Acho que percebi o envolvimento deles bem antes de você! Há quanto tempo você notou alguma coisa entre os dois?

– Acho que faz mais de um ano! Nunca lhe falei nada porque não tinha certeza. Eles são discretos, nunca vi nada que chamasse a atenção.

– Vou ter uma conversa com eles da mesma forma que falei com você e Irineu. Aposto com você que eles estão juntos há mais de três anos!

– Nossa! Será? Então, assim que ela deixou as atividades de quarto e passou a trabalhar na administração, os dois se envolveram! Faz três anos e meio que ela abandonou de vez as funções!

– Naquela ocasião, os dois já estavam apaixonados e ela saiu da função para ficar só com ele! Escolheram ficar juntos e se gostam mesmo. Nada mais justo que se casem, montem uma família, assim como você e Irineu, que são respeitados e considerados por todos.

~꧁꧂~

Socorro estava se arrumando para ir à festa na casa de Rebecca. Olhava-se no espelho e pensava no engenheiro, homem importante, bonito e cobiçado por mulheres jovens e bonitas. O que iria querer dela? Ultimamente, estava sonhando com ele e pediu perdão a Deus e a Gerson. Um dia sonhou que trocava um beijo com ele e estava totalmente apaixonada. Pensou em confidenciar para a amiga Adelaide o que estava acontecendo, mas achou que Adelaide não aceitaria. Várias vezes, ela havia lhe pedido para enterrar e esquecer o passado, não trazer de volta nem mesmo os pensamentos. Pensando nele, colocou o anel no dedo, ficou admirando-o e decidiu: "Vou ficar com esse anel no dedo! Ninguém vai saber quem me deu!".

Frederico entrou no apartamento da mãe com a esposa e puxou discretamente, sem que Patrícia percebesse, um cartão onde estava escrito: "Não desistirei de lhe pedir perdão". Que estranho... A pessoa continua enviando cartões e flores para a minha mãe. Que mal terá sido esse? Tenho de conversar com esse motorista.

Socorro apareceu na sala e Frederico examinou-a dos pés à cabeça, dizendo:

– Meu Deus! Nem parece minha mãe, e sim minha irmã!

– Concordo com você, Frederico! – acrescentou Patrícia. – A senhora está linda, dona Socorro! E que maravilha é essa no seu dedo? Posso ver?

– Foi o meu pai quem lhe deu? – perguntou Frederico.

Ela estremeceu e, suspirando, respondeu:

– Sim, foi o seu pai!

– Meu pai foi e continuará por todo o sempre sendo um homem incrível! Meu Deus! Como me orgulho de ser seu filho, sr. Gerson! Vamos lá, minhas duas joias – falou Frederico, pegando as duas mulheres pelos braços.

VIDAS ROUBADAS • 247

Socorro encantou-se com o jardim da mansão onde Rebecca morava. Depois que a mãe morrera, o pai se mudara para uma cobertura e Rebecca ficara morando na casa.

No enorme salão enfeitado e decorado com temas alegres e infantis, havia muitas pessoas da Casa Espírita. Plínio e família estavam sentados e foram ao encontro de Socorro.

Adelaide, admirando a beleza da amiga, falou baixinho:

– Mulher, o que está fazendo com o corpo de quando era mocinha? Sem brincadeiras, você vai me dar a receita. Preciso me cuidar um pouco mais, estou muito relaxada com os cabelos, a pele e tudo o mais.

– Não exagere, Adelaide! – respondeu Socorro. – Você nunca perdeu sua graciosidade. Nunca engordou um grama depois que teve seu filho. Eu engordei muito na gravidez da Noêmia. Realmente, emagreci oito quilos depois que o Gerson se foi. Não faço mais o jantar nem belisco tanto.

– Vamos dar uma volta no jardim? – convidou Adelaide.

– Vou avisar Plínio e Frederico que estamos no jardim.

No jardim, as duas comentavam sobre a beleza e a qualidade do paisagismo que embelezava aquele lindo local.

Adelaide comentou:

– Também, o pai da Rebecca é um engenheiro de renome. Foi ele quem projetou esta casa. Você deve conhecê-lo, é o patrão de Frederico.

– Não, não o conheço. Não misturamos amizade com trabalho. Sei que ele é o pai da Rebecca e que deu a maior força para Frederico.

– Eu também não o conheço. Ele é um dos mantenedores da nossa creche e, mesmo com a morte da esposa, continua nos ajudando, mas nunca apareceu em nenhum de nossos convites.

Segundo Rebecca, além de ser muito ocupado, ele não quer se envolver, e nós não podemos cobrar sua presença, tudo tem os desígnios de Deus. Mas acho que hoje vamos conhecer a figura, pois segundo Rebecca ele virá ao aniversário da neta.

– Frederico vai ficar contente, ele adora o patrão! Tem a maior admiração pelo trabalho dele, que é seu ídolo na engenharia. Os dois se dão muito bem.

Adelaide, pegando a mão da amiga, levou-a para um banco e, sentando-se ao seu lado, disse:

– Eu a convidei até aqui porque preciso conversar com você. Há muito tempo sinto-a estranha e tenho a impressão de que foge de mim. Por outro lado, o Plínio também está como você, esconde-me algo e foge das minhas perguntas. Você e o Plínio estão me escondendo alguma coisa séria? Pelo amor de Deus, pela nossa amizade, por tudo o que somos uma para a outra, fale-me o que está acontecendo. Seja o que for! Se você me falar a verdade, vou sentir-me respeitada.

Socorro empalideceu.

– Pelo amor de Deus, Adelaide! Eu juro pela luz dos nossos mentores, nada sei sobre o Plínio. Aliás, preciso prestar mais atenção no que está acontecendo à minha volta. Confesso que ultimamente estou meio distraída e com a consciência também pesada em relação a você e a mim. Tive medo de lhe contar a verdade, mas acho que você é a única pessoa deste mundo a quem não tenho o direito de esconder nada. Adelaide, há quatro meses eu estava em uma lanchonete de um *shopping* comprando algumas coisas e senti necessidade de mudar algo em mim. Fui comprar roupas, acessórios e por fim me sentei para tomar um suco por lá. Quase desmaiei quando vi à minha frente o engenheiro. Ele me reconheceu e, desde aquela época, todos os dias ele me manda flores, pedindo-me perdão pelo que me fez. Não lhe contei nada sobre Frederico. Ele acredita que fiz o aborto. Tenho me encontrado com ele, jantamos, almoçamos, tomamos chás, visitamos museus etc. Ele nunca me convidou para ir à qualquer lugar mais íntimo, nem toca nesse assunto. Ontem mesmo ele me presenteou com este anel. Ajudei-o a comprar um presente para a neta e ele comprou este para mim e outro igualzinho para a filha.

Adelaide ficou abismada com o que acabara de ouvir. Suspirou fundo e respondeu:

– Então é isso? Tenho certeza de que Plínio está envolvido nessa história e sofre porque sabe que o desenrolar de tudo isso vai nos trazer lágrimas e sofrimentos.

– Perdoe-me, Adelaide, foi coisa do destino. Eu juro, não tenho nada com ele, e ao mesmo tempo não quero mais ficar sem vê-lo.

Nesse instante, Patrícia e Rebecca se aproximaram com a pequena Ana Rita nos braços. Os convidados estavam reunidos para cantar os parabéns.

As duas se levantaram e se olharam.

– Depois continuaremos a nossa conversa – disse Adelaide.

Enquanto se encaminhavam para o salão, Adelaide notou que Rebecca usava um anel idêntico ao de Socorro. Que coincidência... Socorro lhe dissera que o engenheiro havia comprado um anel igual ao dela para a filha; seria possível?

Antes que ela terminasse de completar o pensamento, o marido de Rebecca a puxou com alegria para perto dele. Todos entraram no salão e Socorro sentiu as pernas enfraquecendo, as vistas escurecendo, e, antes que caísse no chão, foi amparada por

André. Frederico correu até a mãe e todos a cercaram na poltrona próxima à janela. Meu Deus! O que acontecera com ela?

Apenas uma pessoa tinha certeza do que acontecera com Socorro. Sua amiga Adelaide, que reconheceu o engenheiro. As linhas do destino haviam se entrelaçado, não havia como fugir dos traçados de Deus. Aos poucos, ela recobrou os sentidos, e Adelaide, que segurava suas mãos, soprou em seu ouvido:

– Seja forte! Enfrente com bravura a vontade do Pai. Se você está aqui é porque é o desejo Dele. Mantenha a calma.

Discretamente, ela retirou o anel da mão dela, deu uma piscada e lhe disse:

– Vou guardar para não despertar curiosidade em Rebecca.

Kátia mediu a pressão de Socorro e disse que ela estava apenas emocionada, não era nada sério. Acalmou Frederico, que estava aflito, lembrando-se que o pai também passara mal e, desse passar mal, logo fora embora.

Após a constatação de que estava tudo bem com Socorro, todos foram cantar parabéns para Ana Rita. O engenheiro chegou perto dela e pediu:

– Por favor, fique bem. Não sabia que Frederico era seu filho! Sempre gostei dele como um filho, mas nunca imaginei que fosse um dia merecer a felicidade de por meio da minha filha conhecer o seu filho, que é um rapaz de talento e brilho. Só podia ser mesmo o seu filho! Notei que você usava o anel que eu lhe dei, por que tirou? Rebecca está usando o dela, seria uma grande oportunidade de contar aos nossos filhos que nos amamos.

– Por favor, não brinque assim, eu não estou bem!

– Socorro, quero me casar com você! Quero ter a honra de pedir sua mão em casamento ao seu filho Frederico. Ele gosta de mim, acredite, eu mudei mesmo! Não sou mais aquele canalha que você conheceu. E não vou mentir para você: quando vou visitar sua tia apenas vou para lhe dar um abraço. Os anos de sofrimento também mudaram Tetê. Não tocamos no seu nome, não falamos do nosso passado, mas lhe confesso que sinto vontade de lhe dizer que a encontrei, que vou fazê-la feliz. Acho que ela errou tanto quanto eu, porém, tanto ela quanto eu mudamos, melhoramos como pessoas. Ela tem ajudado tantas pessoas, crianças, e em nada se parece com a Tetê que conheci anos atrás. Adelaide prestava atenção nos dois e pensava: "Esses dois vão se casar... É a roda do destino unindo o que se partiu. Talvez agora possa descansar minha alma. Vou sossegar e esperar o porvir".

Frederico chegou até o chefe, que conversava com a mãe, e lhe disse:

– Perdoe-nos, acho que minha mãe se lembrou do papai e da nossa infância. Ele gostava dessas festas e não tem sido fácil para ela a perda de meu pai.

– Tenho certeza de que seu pai foi um grande homem, pois educou e preparou outro grande homem: você, Frederico. Estava falando para sua mãe que gosto de você como um filho. Você não é apenas meu funcionário, você é o filho que gostaria de ter tido.

– Muito obrigado pela consideração. Posso lhe dizer o mesmo, o senhor é como meu pai, tem me ensinado coisas boas, e sempre amei Rebecca como minha verdadeira irmã.

– Sei disso. Por muito tempo e para muitas pessoas cheguei a lamentar que vocês dois não tivessem se apaixonado e se casado. Apesar de gostar e respeitar meu genro, você é muito parecido comigo, temos os mesmos gostos nos projetos, damo-nos bem em tudo... Hoje, olhando para vocês dois, dei graças a Deus que vocês se amam de verdade, como dois irmãos.

Ao fim da festa, o engenheiro discretamente aproximou-se de Socorro e disse:

– Eu a amo; por favor, perdoe-me e me dê uma nova chance. Quero me casar com você e recompensá-la pelos meus erros. Pense no meu pedido, eu acredito que terei o aval de Frederico, que, como você ouviu, me considera como pai, e eu o considero como um filho. O que sentimos é recíproco.

Todos se despediram e, antes de deixar o jardim, Adelaide foi até Socorro e lhe pediu:

– Ou eu vou à sua casa ou você vai à minha. Precisamos continuar nossa conversa.

– Tudo bem, eu telefono.

– Pegue o anel e coloque no dedo antes que Frederico e Patrícia notem.

Assim que todos se retiraram, Rebecca perguntou ao pai:

– Está cansado? Fiquei preocupada com o senhor no meio de tantas pessoas estranhas. Ainda bem que o Frederico estava aqui e vocês gostam de conversar!

– Veja bem o que tenho a lhe dizer: foi um dos melhores dias da minha vida. Estou feliz por você, por minha neta e pelas pessoas que vieram a esta casa.

– Obrigada, papai! É bom saber que o senhor gostou das pessoas com as quais convivo: os trabalhadores de uma instituição séria e por meio da qual o senhor ajuda a levar alegria a muitos corações.

– Vou lhe falar algo que você vai gostar de ouvir: não vai demorar muito tempo, vou fazer uma visita a esse local, que faz tão bem a você.

– O senhor está falando sério? Luciano, venha ouvir o que o meu pai está dizendo! Disse que vai fazer uma visita a nossa instituição em breve.

O genro respondeu com um tapinha nas costas dele:

– Acredito no senhor e sei que vai compreender o porquê do nosso empenho em cuidar de tantas crianças e pessoas que não tiveram a mesma oportunidade que recebemos nesta passagem.

O pai se despediu. Rebecca não cabia em si de felicidade. Olhou para o dedo e disse brincando para o marido:

– Acho que este anel fez uma mágica em minha vida. Sabia que é a primeira vez que o meu pai compra uma joia para mim? Sempre me mandou escolher o que eu queria. Este aqui foi o melhor presente que ele já me deu.

Luciano olhou para a mão dela e disse:

– Posso estar enganado, mas acho que a mãe de Frederico tem um anel igualzinho ao seu. Quando ela chegou, vi o anel no dedo dela.

– Não é mesmo! Mulher tem olho de águia! Eu vi os anéis nos dedos dela quando se sentiu mal; eram bem diferentes deste aqui! Vocês homens confundem tudo; brilhou, é ouro!

❧

No outro dia, as duas amigas conversaram bastante. Socorro contou para Adelaide que o engenheiro lhe pedira em casamento.

– E o que vai fazer? Contar a verdade sobre Frederico? Ou deixar que eles se gostem como pai e filho sem conhecerem a verdade?

– Não sei o que fazer. Vou rezar muito e pedir proteção aos nossos mentores de luz. Não posso me precipitar. Tenho medo! Quando o caldeirão for destampado, tudo o que se passou dentro dele virá à tona. Será que estamos preparadas para enfrentarmos nosso passado sem causar danos aos nossos filhos?

– Vamos ter paciência. Tenho certeza de que tudo vai se resolver da melhor forma possível – disse Adelaide.

– Às vezes fico pensando que se eu não tivesse saído de São Paulo nada disso estaria acontecendo – respondeu Socorro.

– Não fale tolices! Deus nos encontra em qualquer lugar. Você iria encontrar o engenheiro mais cedo ou mais tarde. A história entre vocês ainda não foi finalizada. Espero em Nosso Senhor Jesus Cristo que todos sejamos acobertados pela sua proteção. Temo pelos nossos filhos, porém confio em Deus, que sabe o que é melhor para cada um de nós.

⚜

Aquela noite foi difícil para algumas pessoas. Socorro e o engenheiro estavam espiritualmente sintonizados em uma nova energia de amor, e seriam a chave que abriria as portas que durante anos permaneceram escuras e fechadas: as portas de muitos corações.

Tetê e Plínio estavam espiritualmente entrelaçados pelos remorsos do passado; sofriam em busca de uma luz em seus caminhos.

Vigilantes estavam muitos trabalhadores espirituais, amparando, animando e inspirando cada um deles rumo ao caminho da verdade e do perdão.

Gerson, ao lado de Filó, que abraçava o filho Frederico, transmitiam-lhe sentimentos de paz e compreensão para que ele aceitasse a verdade sobre o seu pai biológico. Gerson, com lágrimas nos olhos, disse para Filó:

– Quero que Maria do Socorro seja feliz com o pai do nosso filho. Eu já o perdoei; o que ele tem feito por aquela casa e pelas crianças supera qualquer ressentimento físico ou espiritual.

– Você tem razão, meu querido. Aquela médica e sua enfermeira, que outrora cometeram tantos desatinos, hoje recebem em seus braços os pequeninos filhos de Deus como se fossem seus próprios filhos. Na terra, os encarnados recebem grandes oportunidades de quitarem suas dívidas. É o caso de muitos irmãos envolvidos conosco nesta missão.

– A senhora acha que dona Tetê ainda pode ser beneficiada enquanto encarnada?

– Todos nós somos diariamente beneficiados quando estamos encarnados. O amanhecer de cada dia é nova porta que se abre para nos oferecer as chances divinas. Ela e outros irmãos podem ser beneficiados, e muito!

– Nem eu, nem você estamos capacitados para fazer qualquer análise espiritual sobre os erros de dona Tetê, mas não podemos fechar os olhos e ignorar o bem que ela tem feito por tantas pessoas, não é verdade?

– Concordo plenamente! Vou orar muito por ela e pedir aos nossos superiores que soprem no coração de dona Tereza a luz do perdão a favor da irmã. Maria do Socorro não guarda muitas mágoas da tia, já dona Tereza, apesar de todos os ensinamentos espirituais que vem recebendo, não consegue se desligar dessa energia de sofrimento que a prende à dona Tetê.

– Deixemos nas mãos do nosso Pai Criador. Continuemos com os outros a nossa peregrinação de amor, levemos a caridade onde houver portas abertas e vamos insistir em bater na porta dos corações que ainda estão fechados. Vamos iluminar os que estão encarnados e necessitando de nós.

O perdão é a maior prova de amor

Plínio observou que Adelaide estava nervosa e agitada. Ele reconheceu que nos últimos tempos não estava agindo como o companheiro de antes. Naturalmente, ela, sensível e dedicada, notara que algo estava errado. Ele achou que precisava abrir o coração; não importava o que fosse lhe acontecer, tinha de lhe revelar toda a verdade.

Depois de fazer as orações ao lado dela, ele tomou suas mãos e lhe perguntou:

— Seu amor por mim supera qualquer decepção que venha a sentir?

— Meu amor por você é sincero, não disputa qualquer outro sentimento que não seja a verdade. Vou lhe ser sempre agradecida por toda a felicidade que me proporciona. Nada que você possa ter feito, até mesmo contra a minha pessoa, é maior que a gratidão eterna da minha alma por você, Plínio.

Ele a abraçou e começou a chorar. Ficaram alguns minutos em silêncio. Em seguida, ele completou:

— Adelaide, perdoe-me por fazê-la sofrer! Noto o quanto não estou sendo leal. Deveria ter lhe contado tudo no mesmo dia em que soube da verdade, mas temi, senti medo de magoá-la, de perdê-la, de você não entender! Na verdade, fiquei desequilibrado e ainda não consigo pensar nem compreender tudo o que aconteceu.

— Vamos nos sentar — pediu Adelaide, que tremia e não sabia o que pensar.

— Naquela tarde que saí para me encontrar com o delegado, havia outra pessoa me esperando em seu escritório. Era uma mulher, a moça que tirei quase menina da casa dos pais e depois abandonei, já lhe contei essa história. Ela mora aqui no Rio de Janeiro, enriqueceu pelos caminhos do sofrimento e eu me sinto culpado pela infelicidade dela.

— Plínio, por favor. Gostaria que você fosse claro, pois não estou entendendo!

— A moça que abandonei chama-se Teodora. É a mulher que você conhece como Tetê.

Adelaide empalideceu!

— Meu Deus! — ela colocou a mão no coração, sentindo falta de ar.

— Dona Tetê... A tia de Maria do Socorro?

— Sim. E não é só isso, quando a deixei ela estava grávida e eu não sabia. Na ocasião do nascimento do bebê, informaram-lhe que a criança havia nascido morta. Recentemente, ela descobriu que nosso filho está vivo e mora na Itália. Ela me procurou para dividir o peso dessa cruz. Ela sofre, e eu estou me condenando a cada segundo que passa. Não sei o que fazer. O mal que provoquei na vida deles é irreparável!

— Ela sabe sobre mim, Socorro e Frederico?

— Ela sabe de vocês duas. A verdade sobre o nascimento e a paternidade do Frederico ela não conhece.

— Meu Deus, Plínio! O que vamos fazer? Por que não me contou isso antes, meu querido? Você precisa confiar em mim, estamos juntos para os momentos fáceis e para os difíceis.

— Senti medo e vergonha. Como lhe dar essa notícia se nem eu mesmo consigo acreditar que seja real? Dona Tetê esteve aqui. Lembra-se daquela senhora de cadeiras de rodas? Era ela. Exagerou um pouco, mas de fato hoje sofre de reumatismo e não consegue ficar muito tempo de pé.

— Santo Deus! Eu e a Socorro a abraçamos e ficamos com pena do estado dela. É uma das beneméritas da nossa instituição. Ela fez isso de propósito? Está ajudando esta casa na intenção de culpá-lo?

— Não. Ela não sabia que a casa era dirigida por mim, nem que eu estava casado com você, nem que Maria do Socorro estava conosco. Foi tudo arquitetado por Deus.

— Vamos nos acalmar e pensar em como agir daqui para a frente em relação a tudo isso. O que vocês pretendem fazer em relação ao filho de vocês? Vão lhe revelar a verdade, reconhecê-lo como filho? Ainda não discutiram o assunto? Eu acredito que você recebeu de Deus uma grande chance de reparar os erros do passado. Saiba que vou estar sempre ao seu lado como sua esposa.

– Ainda não sei o que dizer nem o que fazer! Ela não quer contar a verdade para Ângelo. A vida dele é totalmente estabilizada: é casado, tem filhos e é bem-sucedido. Teodora acha que a verdade poderia lhe acarretar muitos prejuízos físicos, emocionais e espirituais. Ela foi à Itália, conheceu-o, tirou fotos ao lado dele e da família e o acompanha por meio de notícias em revistas e jornais.

Depois de ambos tecerem alguns comentários a respeito, decidiram que esperariam e pediriam a orientação de Deus por meio dos mensageiros de luz.

Adelaide, pegando a mão do marido, finalizou:

– Agora você deve se preparar para ouvir o que tenho a lhe dizer.

Assim, a esposa lhe revelou tudo o que sabia a respeito do encontro de Socorro com o engenheiro, inclusive sobre o desmaio dela na casa de Rebecca.

Plínio suspirou fundo e respondeu:

– Então aquele homem que Frederico tanto elogia é seu pai biológico? E a bondade de Deus se fez presente com esses dois espíritos inocentes, Frederico e Rebecca, que sempre se amaram como irmãos, não cometendo nenhum desatino! O que a Socorro pensa em fazer? Ela aceitou o pedido de casamento?

– Ainda não. Ela está em São Paulo cuidando de dona Tereza. Soube por intermédio de Frederico que o patrão dele também está em São Paulo e possivelmente Frederico se mude para lá. Acho que os negócios se ampliaram e ele o quer tomando a frente deles.

Sentados no parque do Ibirapuera, Socorro e o engenheiro observavam as crianças brincando no gramado. Ele, pegando sua mão, com os olhos cheios de lágrimas, falou:

— Daria tudo na minha vida se pudesse voltar atrás e receber aquele filho que a obriguei a tirar. Fale-me o que devo fazer para que Deus me perdoe. Farei qualquer sacrifício.

Socorro engoliu em seco, sentindo um aperto no coração. Parece que sopravam ao seu ouvido lhe pedindo para contar-lhe a verdade! Eram Gerson e Filó.

— Por favor, diga-me alguma coisa! Sei o quanto errei com você, mas estou disposto a qualquer reparação para ficar ao seu lado. Nada vai trazer nosso filho de volta, mas posso fazer coisas boas por outras crianças. O que você acha de recebermos muitas crianças e educá-las como nossos filhos?

— Você já ajuda muitas crianças da nossa instituição e nós cuidamos delas com muito amor. O que você precisa é ir conhecê-las e receber delas um pouco da gratidão que têm por você.

— Case comigo, assim pode me dar uma chance de lhe provar as minhas boas intenções. Eu preciso de sua resposta para começar a tomar algumas providências em minha vida.

Gerson, intuindo Socorro, lhe disse: "Aceite! É a chance que você tem para desatar todos os nós que estão presos a outras pessoas".

— Eu aceito. Mas já lhe adianto que quando duas pessoas se unem pelos laços do matrimônio devem ser sinceras, não importa a dor que isso possa provocar. A verdade deve ser dita sempre.

— Conto-lhe tudo o que desejar saber de mim. Corro qualquer risco! Tudo o que desejo é reparar meus erros, mas já lhe adianto que o que sinto por você é maior que qualquer erro do passado ou mesmo do presente... é amor!

– Se vamos começar nossa vida, que seja amparada pela luz da verdade. Um dia pedi ao meu marido que não deveríamos nunca contar a verdade para Frederico sobre o seu nascimento. Hoje, peço perdão a Deus, a ele e a todas as pessoas que levam comigo esse segredo, mas tenho de lhe contar: Frederico é aquele filho que eu não matei! Frederico é seu filho!

O engenheiro colocou as duas mãos sobre o rosto e chorou copiosamente. Não podia ser verdade! Ele não merecia tamanha bondade de Deus! Ali, diante daquelas crianças e da maior riqueza conquistada em sua vida, ele jurou que iria trabalhar muito e lutar para que o aborto fosse proibido e as pessoas orientadas sobre o grande prejuízo moral, espiritual e emocional que era sacrificar um bebê.

Ambos ficaram até o anoitecer planejando como contariam a verdade para Frederico e Rebecca. Adelaide e Plínio eram os únicos que conheciam a verdade sobre o nascimento de Frederico; aliás, eles eram como irmãos de Socorro. Conforme ela falava sobre Adelaide, ele forçava sua memória. Por fim, lembrou-se dela... então ela ajudara a salvar seu filho...

Os espíritos que presenciavam o desenrolar da conversa afastaram-se satisfeitos, agradecendo a Deus. Ali estava a maior prova de amor concedida pelo Pai de todas as criaturas. Com a união deles, a missão de muitos irmãos seria concluída.

◦⦾◦

Ao retornar para sua casa, Tereza percebeu um brilho nos olhos da filha e se arriscou a perguntar:

– Estou enganada ou minha princesa está contente?

– Não estou contente! Estou superfeliz! Feliz com a vida! A senhora, graças a Deus, está ótima e vai voltar comigo para o Rio, não vai?

– Vou, já lhe dei minha palavra. Contudo, não é para morar, não! Ficarei por um tempo, depois voltarei. Aprendi a amar esta terra, parece que nasci e sempre vivi em São Paulo. Você acredita? Adoro o clima, gosto de tudo! Apesar de todos os dias ouvirmos notícias ruins de crimes e barbaridades, para mim São Paulo é a minha terra santa. Sinceramente, eu acho que esta é a melhor cidade do mundo! Mas você ainda não me deu a resposta sobre o brilho dos seus olhos e suas escapadas misteriosas. Será que posso saber? Acredito que sempre fui e ainda sou sua amiga.

– Mamãe, vou precisar me armar de coragem para lhe contar uma história que daria um romance, mas é real: a história da minha vida.

– Então, sente-se aqui e comece a falar. Deite sua cabeça em meu colo, feche os olhos e me conte. Estou preparada para ouvi-la, e tenho certeza de que o que tem a me dizer é algo muito sério.

Depois de alguns minutos em silêncio, Socorro falou:

– Vou me casar novamente! Dei a resposta para o meu pretendente hoje. Depois de muito tempo pensando e relutando, acabei aceitando. E o motivo é um só: amor...

– Casar-se? Mas como? Nem sabia que você estava namorando!

– Eu estou namorando há alguns meses. Estava com medo de assumir, mas agora não dá mais para esperar. Já fiz o que tinha de ser feito e dei o meu sim. Vou me casar com o pai

VIDAS ROUBADAS • 263

biológico do Frederico. Encontrei-o alguns meses atrás, por acaso, ou o acaso me levou até ele... não sei! Tentei ficar longe, mas não foi possível. Quanto mais lutava com os meus sentimentos, mais aumentava minha vontade de vê-lo. A senhora conhece a Rebecca, não é mesmo?

– Sim, a amiga do meu neto. Uma moça maravilhosa, mas o que ela tem a ver com isso?

– Pois é, Rebecca é irmã do Frederico. Os dois criaram esse vínculo de irmandade e de fato são irmãos de sangue. Estamos pensando em como lhes contar a verdade. Frederico vê no pai biológico, seu chefe e patrão, um exemplo a seguir, mas nunca imaginou outro pai que não fosse o Gerson. Por favor, ajude-me. A senhora, além de minha mãe e minha amiga, é iluminada! Quero ouvi-la a respeito e espero receber sua bênção e seu consentimento.

Tereza ficou em silêncio, orando aos mentores e pedindo ajuda. Não podia abrir a boca e falar qualquer coisa para a filha. Era a felicidade dela e de sua família. Por fim, respondeu:

– Minha filha, o primeiro e mais importante passo você já deu: descobriu que ama o pai do seu filho, que quer ficar ao lado dele e enfrentar o passado. Falar a verdade para Frederico não será fácil, mas o amor vence tudo. Acredito que ele recebeu de Gerson o amor, o carinho, o respeito e a iluminação da fé. Será natural se ele ficar chocado com a surpresa. Mas logo vai superar e entender os traçados do destino. Rebecca e Noêmia ficarão surpresas, mas entenderão. Confesso que, durante todos esses anos, olhava para Frederico e para você e sentia um aperto no coração. Nunca perdoei sua tia por ter acabado com sua vida. No meu íntimo sempre tive esse homem como um cafajeste, pois comprou a virgindade de uma menina. Nunca imaginei que ele convivia conosco. Frederico esteve todo esse tempo com ele e pela graça de Deus não aconteceu uma tragédia entre ele e a irmã. Graças aos anjos do Senhor, ele sempre a considerou sua irmã.

Respirando fundo, ela acrescentou:

– Preciso de um tempo para compreender tudo isso. Você vai se casar com o homem que lhe causou tanto sofrimento! Que, se não fosse por Deus, por Gerson, Adelaide e Filó, poderia tê-la encontrado, mas sem o filho de vocês. Apesar de tudo isso, não se preocupe; vou fazer o possível para ajudar todos a aceitar sua decisão, e vou pedir a Deus que me ajude a aceitar esse homem como meu genro.

– Mamãe! Por favor – pediu Socorro chorando –, não me castigue e não me julgue. Não procurei por isso, simplesmente aconteceu. Ele quer reparar o mal que me fez, e sei que também me ama. *As pessoas têm o direito de errar e a obrigação de se corrigir*, não é isso que ouvimos sempre?

– Está bem, minha filha. Acho que me excedi. Adelaide e Plínio já sabem?

– Não, a senhora foi a primeira pessoa a saber da minha decisão. Eles apenas sabem dos meus encontros com o pai de Frederico.

～◦⦂◦～

Passados alguns dias, Tereza acompanhou a filha ao Rio de Janeiro. Ela sentia tristeza naquela cidade, pois ali vivia sua maior inimiga, a própria irmã: Teodora. Descendo do avião, Tereza olhou à sua volta e se perguntou: "Como será que está vivendo aquela ladra de almas?".

Frederico abraçou a avó e sentiu o abatimento em seu olhar. Assim, perguntou:

– A senhora está bem? Parece cansada.

– Estou bem, meu filho. Obrigada pela preocupação. Saiba que quando a idade chega tudo é motivo para nos sentirmos enfraquecidas.

Frederico entregou um envelope para a mãe, e sorrindo lhe disse:

– Olhe que surpresa boa! Leia e me fale o que acha.

Socorro abriu o envelope. Era uma carta de Noêmia contando que chegaria ao Brasil no fim daquele mês. Estava no terceiro mês de gravidez e queria ficar uns dias com eles. O marido viria junto.

Socorro lia e chorava de alegria.

– Meu Deus! Minha pequena menina vai ser mãe! E eu tão longe dela! Como gostaria de estar mais perto para acompanhar sua gravidez. Deus! O sonho de Gerson era ser avô, como seria bom se ele estivesse conosco. Ele tinha tanto orgulho e tanto amor por essa filha!

– Ei! – gritou Frederico. – De mim também ele sempre teve muito orgulho; estufava o peito quando me apresentava aos amigos. Lamento, papai, que o senhor não possa dividir conosco um momento tão lindo que é o nascimento de um bebê. Embora eu creia sinceramente que o senhor esteja acompanhando tudo o que se passa à nossa volta. – Abraçando a mãe, disse:

– Como se sente, vovó? Está duplamente feliz? Eu sabia que a senhora iria ficar assim, movida pelas emoções

Filó, ao seu lado, abraçou-o e, acariciando o rosto dele, falou baixinho: "Estou sempre ao seu lado, meu amado, estarei sempre e sempre, e por todo o sempre com você".

À noite, Socorro e a mãe foram ao encontro de Plínio e Adelaide para participarem dos trabalhos espirituais. Na entrada, as amigas se abraçaram e Adelaide percebeu que havia algo novo no olhar de Socorro, que, depois de um tempo, contou-lhe as boas-novas de Noêmia e acrescentou:

– Sobre aquele assunto já assumi. Vou me casar com o pai do meu filho. Falei com a mamãe e agora preciso encontrar forças e orientação dos seres de luz para contar a Frederico, Rebecca e aos outros membros da família.

Os trabalhos daquela noite foram decisivos para Socorro e Plínio. Os mentores que assistiam aos necessitados prepararam os dois e os animaram a não desistirem de levar adiante suas decisões.

Ao retornar para casa, Socorro disse para sua mãe:

– Amanhã vou chamar meu filho e lhe contar a verdade. Ele é a primeira pessoa a quem eu devo uma explicação. Depois, contarei para os outros da família. E olhe, mamãe, não vou fazer isso porque decidi me casar com o pai dele, não! Decidi que, independente de o meu casamento acontecer ou não, antes de o meu filho nascer, eu optei por ele! Vou lhe contar tudo, assim ele também terá tempo para perdoar o pai.

Tereza abraçou a filha e respondeu:

– Estou orgulhosa de você, minha filha! Quebrou qualquer coisa que impedia que a porta do meu coração fosse aberta para esse homem que deseja desposá-la ao fazer essa declaração de amor a favor do meu neto. Nós, que somos mães, optamos sempre pelos filhos. Estarei ao seu lado para apoiá-la sempre.

Plínio, depois de se despedir das pessoas, pegou Adelaide pela mão e lhe disse:

– Vamos iluminar um local que está pronto para receber luz.

Pegando o telefone ligou para Tetê. A princípio, ela tomou um susto. Depois de se certificar de que era ele mesmo, ambos marcaram um encontro em um salão de chá, perto da casa de Tetê, que informou não estar em condições de andar muito.

Adelaide, abraçando o marido, disse:

– Estarei ao seu lado para o que for preciso! Vamos conversar com dona Teodora e juntos vocês dois decidirão o que é melhor para o filho de vocês. Assim, dependendo do que acertarem, vamos pensar se contamos ou não para André.

No dia seguinte, Socorro pediu para Patrícia passar o telefone para o filho. A moça estranhou a voz da sogra, que parecia não estar bem. Chamou o marido e ficou na expectativa.

Quando ele desligou o telefone, estava pálido.

– O que houve, Frederico? – perguntou aflita.

– Estranho, minha mãe me pediu para ir à sua casa, pois precisa falar comigo em particular. Disse que o assunto é apenas entre nós dois. Falei que iria à noite e ela me disse que não pode esperar, que precisa falar comigo agora. O que será, Patrícia? Alguma coisa grave com minha avó? Percebi que ela estava abatida.

– Vá logo, Frederico – pediu a esposa preocupada.

– Vou ligar para o meu chefe, pois não posso me ausentar sem motivo. Vou ter de falar a verdade, vou lhe dizer que minha mãe precisa falar comigo algo urgente e sério!

Depois de ser avisado, o engenheiro ligou para Socorro, que confirmou sua decisão: iria revelar toda a verdade para o filho, e não estava fazendo aquilo por ele, mas sim por ela mesma!

Ele desligou o telefone e olhou o relógio. Em seguida, apertou um botão e a secretária atendeu. Ele a informou:

– Vou sair para resolver um assunto importantíssimo. Não me ligue para assuntos ligados a trabalho; assim que puder retornarei. Anote os telefonemas.

～⌒⁑⌒～

No apartamento, Socorro esperava pelo filho, sentada ao lado do ramalhete de rosas perfumadas que acabara de chegar.

Beijando a mãe, ele se sentou ao seu lado e, olhando-a, perguntou:

– O que foi, mamãe? Por favor, estou aqui para ouvi-la.

– Frederico, o assunto é muito delicado, meu filho. Você não imagina o quanto me preparei para lhe contar a verdade. Eu acho que devo lhe contar como cheguei ao Rio de Janeiro e como me envolvi com seu pai. Onde você nasceu e quem lhe recebeu nos braços além de sua avó Filó. E, junto com essa história do passado, uma nova história presente: eu e seu pai vamos nos casar.

Gerson passou a mão na testa. Suava frio.

– Desculpe, não entendi o que a senhora está tentando me dizer. A senhora e o meu pai vão se casar? Como assim? Espiritualmente?

– Sente-se aqui, meu filho. Por favor, escute-me e não me interrompa.

Socorro revelou para Frederico toda a trajetória de sua vida, contando-lhe do seu amor por Gerson e o que ele representara na vida dela. Também lhe disse que reencontrara o primeiro homem de sua vida e descobrira que o amava muito e também era amada por ele.

Frederico chorava. Não sabia se sentia ódio ou admiração pela mãe, vítima de Tetê e de seu pai biológico, aquele a quem tanto admirava, e que pagara para se livrar dele. E ainda tinha Rebecca, sua irmã, que, assim como ele, não tinha culpa de nada!

A campainha tocou e Socorro foi abrir a porta. Era o pai de Frederico, que pediu licença, entrou e se aproximou do filho, que o repeliu dizendo:

– Quanto o senhor pagou para se livrar de mim? Senão fosse pela coragem da minha mãe e a bondade do meu pai verdadeiro, eu não estaria aqui! Aceito, mamãe, qualquer coisa, menos que você se una a este crápula! Meu pai é aquele a quem levo flores no túmulo e que sinto perto de mim em todos os lugares! Meu pai se chama Gerson! Mande esse homem sair de sua casa, ou saio eu, e para sempre!

O engenheiro, antes de sair, enxugando as lágrimas na manga da camisa, disse para o filho:

– Eu reconheço meu erro, filho! Daria e faria qualquer coisa para fazer o tempo voltar! Infelizmente, não posso fazer isso, mas posso passar o resto dos meus dias lhe pedindo perdão.

Foi doloroso para Socorro confortar o filho e acalmar sua revolta. A esposa chegou para apoiá-lo, a avó o acariciava, e os espíritos iluminados de Filó e Gerson lhe aplicavam o bálsamo do amor espiritual.

– Não vou mais trabalhar para esse canalha. Vou pedir demissão e não quero nunca mais olhar para ele. Vou tomar conta dos negócios do meu pai. Voltarei para São Paulo e vocês vão comigo – disse para Patrícia, Socorro e Tereza.

Enquanto Socorro e Tereza oravam, ele andava de um lado para o outro, pensando: "Será que Tetê ainda vive no mesmo local? Vou investigar! Como minha avó nunca me contou sobre essa irmã? O que farei com ela?".

❦

Ao deixar o apartamento, o engenheiro se dirigiu ao encontro da filha, em sua casa. Rebecca se assustou com a aparência do pai.

– Meu Deus! O que há, papai?

– Sente-se aqui. Preciso que você me escute com atenção. Neste momento tem outra pessoa que você ama muito sofrendo pela mesma história que vou lhe revelar.

– Meu Deus! Nunca o vi assim, o que foi? – perguntou a moça trêmula.

– Rebecca, antes de me casar com sua mãe eu cometi muitos erros. O pior de todos aconteceu com uma mocinha por cuja virgindade eu paguei; ela engravidou e eu a obriguei a tirar o filho. Saiba, porém, que eu amava sua mãe; tivemos muitos problemas, mas fiquei ao lado dela por amor. Não preciso lhe dizer o que você representa em minha vida. Recentemente, por obra do destino ou mão de Deus, como você diz, encontrei essa moça. Descobri que o dinheiro que lhe dei para fazer um aborto não foi usado e ela teve o bebê, que hoje é o meu melhor funcionário, é o filho que eu sempre desejei ter e é o seu melhor amigo! Falo de Frederico. Preciso do seu perdão e de sua ajuda em relação a ele, que está revoltado. E nem posso lhe tirar a razão. Você, minha filha, é a única luz que tenho neste caminho escuro que me separa de meu filho. Peço-lhe que, além de me entender e me perdoar, traga seu irmão para mim. Eu e a mãe dele vamos nos casar. Não para consertar o estrago que fiz em sua vida nem para reparar o meu próprio erro, é porque a amo e quero fazê-la feliz. Naturalmente, preciso de sua aprovação e compreensão. O motivo do desmaio da mãe de Frederico na festa de aniversário de sua filha foi a minha presença.

Rebecca ouvia atentamente cada palavra do pai e sentia um arrepio percorrer-lhe o corpo. Sentia a presença da mãe, que, abraçando-a, pedia: "Por favor, minha filha, ajude seu pai e seu irmão a se ajustarem. Eles se amam, não será difícil uni-los. Nós também os amamos. Aceite a futura esposa do seu pai como uma verdadeira mãe. Ela é o anjo que Deus colocou na vida de seu pai para ajudá-lo a encontrar o caminho da luz e da verdade".

Rebecca fechou os olhos e respondeu mentalmente para a mãe: "Assim farei, mamãe. Ajude-me a ter sucesso nessa missão tão grandiosa para nossa vida. Sempre fomos uma família em nossa Casa Espírita e com essas revelações não tenho mais dúvida de que tudo o que Deus faz é para o nosso crescimento".

Rebecca, emocionada, abraçou o pai. Com a voz embargada pelas lágrimas, respondeu:

– Farei tudo o que estiver ao meu alcance para ajudá-los. Sempre amei Frederico e essa notícia me deixou repleta de felicidade, pois agora tenho um irmão de sangue!

Socorro e Patrícia pediram a Frederico que não se precipitasse, pois ele tinha um compromisso de trabalho com uma empresa séria e não podia misturar seus problemas pessoais com a vida profissional.

Ele se afastou por uma semana e foi com a avó e a esposa para São Paulo. Pediu que a mãe o deixasse pensar um pouco. Depois, conversariam com calma.

Rebecca procurou Socorro e lhe disse que estava muito feliz em tê-la como membro de sua família, e que ela, o marido e a filhinha estavam indo para São Paulo para procurar Frederico e conversar sobre o assunto. Disse que estava orando e pedindo a ajuda da espiritualidade e que tinha fé e esperança de que ele iria voltar com outros sentimentos.

◦◦◦

Plínio e Adelaide, após terem se encontrado com Tetê, que aparecera acompanhada por Gerusa, estavam tentando viver em paz. Juntos, resolveram que não contariam nada para o filho, uma vez que ele era realizado em sua vida familiar e profissional. Assim, silenciariam e renunciariam ao direito que tinham de ouvir Ângelo chamá-los de pai e mãe.

Enquanto Tetê e Plínio conversavam, Gerusa levou Adelaide a um canto da sala e desabafou:

– Nada é por acaso, Adelaide. Naquela época em que eu a acusei de fazer parte com os demônios eu desconhecia o Espiritismo. Hoje compreendo e, quando leio a obra *O Evangelho Segundo o Espiritismo*, lembro-me de você e peço muito perdão a Deus pela minha ignorância. As coisas mudaram tanto, Adelaide; não posso mentir e dizer que aquela casa virou uma igreja, isso não! Mas hoje as meninas que trabalham lá são pessoas livres: têm sua casa, cursam faculdade e muitas se casam e têm filhos. Eu sei que é muito difícil para você e Socorro nos perdoarem, mas, por favor, não nos queiram mal, pois todas nós fomos atingidas pelo sofrimento. Cometemos muitos erros, mas fizemos e continuamos fazendo muitas coisas boas em prol de várias famílias.

– Não tenho o direito de julgá-las, porque eu também cometi muitos erros. Estou trabalhando no sentido de alcançar o perdão e poder ter força para perdoar.

Antes de se despedirem, Tetê olhou para Adelaide e pediu:

– Por favor, Adelaide, será que você um dia vai conseguir me perdoar? Sei que não devia lhe pedir isso, mas mesmo assim lhe peço. Você é uma alma nobre, converse com a minha sobrinha e em nome de Deus lhe peça perdão. Eu daria tudo para revê-la e a minha irmã, especialmente para ouvir delas que me perdoaram. Nada justifica meus erros. Acredite em mim, estou pedindo perdão com sinceridade e humildade. Fale-me o que devo fazer para provar que estou querendo o perdão de todos, que farei sem questionar.

Adelaide percebeu que ela estava de fato sendo sincera e se lembrou de tantos ensinamentos que recebera durante todos aqueles anos: "aqueles que não conseguiam perdoar o ofensor ainda não haviam perdoado a si mesmos.

Olhando para Tetê e sentindo a presença luminosa de Filó entre elas, Adelaide respondeu:

– Farei o possível. Vou orar muito a Deus pela senhora. Eu a perdoo por tudo e também lhe peço perdão pelas contrariedades que a fiz passar. Reconheço os meus erros e não posso acusá-la de nada, pois a senhora é um instrumento de Deus em nossa vida; se não fosse assim, não estaríamos novamente caminhando lado a lado.

⚜

Meses depois, após muito trabalho dos encarnados, irradiados pelos desencarnados de luz, um grande círculo de espíritos afins foi fechado. Alguns ainda estavam se recuperando dos traumas, como a mãe de Socorro, Tereza, que estendeu a mão para a irmã a pedido da filha, mas não a abraçou e pediu que todos lhe dessem esse direito de trabalhar suas emoções. Rezava e pedia ajuda aos mentores, mas não estava sendo fácil para ela. Se Deus permitisse e fosse de Sua vontade, ela quebraria aquele sentimento de amargura que sentia pela irmã. Frederico, com ajuda de Rebecca, aceitou o pai, mas fez uma exigência: carregaria o sobrenome de Gerson por toda sua vida. O pai biológico, emocionado, aceitou e reconheceu Gerson como legítimo pai de seu próprio filho.

Tereza sofria e implorava aos mentores de luz para ajudá-la. Seu amado neto transferira o apego que sentia por Filó para a tia impura, Tetê. Ele a amava, e ela a cada dia se apegava a ele como se fosse seu neto.

Ela vendeu a casa noturna e a rede de motéis espalhados pelas cidades do Rio de Janeiro. Indenizou os funcionários como Gerusa e Irineu, que adquiriram algumas propriedades no sul do Brasil destinadas à criação de bois.

Gerusa a visitava sempre. Nutria por ela um amor verdadeiro. Tetê possuía uma fortuna incalculável. No inventário, colocou Frederico como seu único herdeiro e explicou: tinha uma dívida com o menino, que sobrevivera à sua maldade.

O engenheiro aceitou o pedido de Socorro de esperar a neta nascer para que eles pudessem se casar. Ela queria Noêmia presente nesse dia tão importante de sua vida.

Três meses depois do nascimento de Cyntia, que era o mesmo espírito que animara o corpo físico de Filó, Noêmia e o marido foram acompanhar o casamento. Frederico se apaixonou pela sobrinha e não se cansava de olhar para aquela menininha. Sentia nos olhos dela algo tão familiar, tão querido, que enchia os olhos de lágrimas. Sua vontade era ficar com ela nos braços o tempo todo. Patrícia brincou com Noêmia dizendo:

– Vou ter de encomendar um bebê com urgência. Queria terminar meus estudos, mas pelo visto vou repensar na hipótese de dar um filho a Frederico. Nem eu sabia que ele gostava tanto assim de crianças.

A mansão estava repleta de convidados. O engenheiro iria se casar com a mãe do seu filho e aguardava ansioso pela noiva. O salão que fora preparado para essa finalidade também estava lotado de espíritos amigos e familiares. Ele ficou emocionado quando viu Frederico entrando de braços dados com a mãe. Diante dele, o jovem disse:

– Com muito amor lhe entrego uma joia preciosa. Cuide bem dela, faça-a feliz.

O pai, apertando as mãos dele, respondeu:

– Farei de tudo por sua mãe, que me deu uma grande felicidade: você.

Agora a família estava reunida e em paz. Os noivos receberam as felicitações e se prepararam para se retirar rumo à viagem de núpcias em Paris; todos os acompanharam: Frederico com a sobrinha nos braços, Noêmia e o esposo, Adelaide, Plínio, André e Valéria, Gerusa e Tereza. Entre eles, uma mulher que andava lentamente e, apesar da idade, dava para perceber que era bela e altiva. Socorro parou alguns segundos, olhou-a e, depois, abrindo os braços, apertou-a junto de si.

Era sua tia Tetê, que, enxugando os olhos em um lenço oferecido por Gerusa, disse com voz trêmula:

— Minha amada sobrinha, com o seu perdão eu me sinto no céu ao lado dos anjos. Os seus filhos são os anjos enviados por Deus em meu caminho. Viajem tranquilos; vou para São Paulo com a minha irmã Tereza, já acertamos tudo.

Apertando a mão do engenheiro, ela disse:

— Meu amigo, Deus nos presenteou com o perdão, e a felicidade que recebemos em nossas mãos não tem preço. De uma forma errônea eu entreguei a flor da felicidade em suas mãos. Conforme nos disse sua filha Rebecca, fui um instrumento errado que caiu no lugar certo. Sejam felizes e cuide bem de minha sobrinha.

Socorro, abraçando a tia, pediu:

— Por favor, tenha paciência com a minha mãe. Ela ainda está muito sensível, mas com seu amor e sua compreensão tudo vai dar certo.

— Vou ter toda a paciência do mundo. Graças a vocês ela me aceitou. Quero reconquistar a amizade de minha irmã, e se Deus quiser ficaremos juntas por muito tempo, uma fazendo companhia para a outra.

— E sua casa? – perguntou Socorro.

— Passei adiante! Não quero mais me envolver com qualquer tipo de trabalho que roube as minhas noites. Nada é mais saudável que dormir durante o silêncio da noite. Depois que conheci a Casa Espírita e faço parte dela como aprendiz, adquiri paz de espírito e saúde na matéria. Quando Frederico me levou até lá, eu não conseguia nem pôr o pé no chão. Agradeço a Deus e a seu filho por me fazerem enveredar pelos caminhos da luz e desse conhecimento divino que é o Espiritismo.

Dessa forma, os noivos se despediram e partiram. Os convidados, aos poucos, deixaram a casa. Frederico, agarrado à sobrinha, despedia-se de Rebecca, prometendo se falarem no outro dia. Tereza, Gerusa e Tetê foram para o apartamento de Socorro; viajariam no dia seguinte.

O delegado, que participou da festa, aproximou-se de Tetê.

– Minha amiga, sei que hoje é um dia festivo, porém não posso deixar de lhe entregar isto aqui – disse, estendendo um envelope para Tetê e pedindo: – Tenha calma e fé, sei que você vai viajar amanhã, por esse motivo não poderia esperar.

Tetê empalideceu antes de abrir o envelope. Sentiu que ali estava algo relacionado a seu filho.

O delegado pediu para que ela se sentasse. Gerusa já havia preparado um copo com água e açúcar a pedido do delegado. Tetê, pálida, abriu o envelope e lá estava a notícia da morte do grande empresário italiano. Morrera de infarto fulminante! Ela colocou a mão no coração e deu um grito:

– Meu Deus! Meu filho!

Plínio ouviu e correu até ela.

– O que aconteceu com o nosso filho?

O delegado, passando o braço em torno dos seus ombros, falou baixinho:

– Ele faleceu, vítima de um infarto fulminante, sr. Plínio!

Abraçando Tetê, perguntou:

– A senhora quer ver o seu filho? Usarei meu prestígio e a senhora chegará à Itália em tempo de vê-lo no caixão.

Suspirando fundo, ela respondeu:

– Obrigada, delegado. Não quero vê-lo morto. Guardarei a lembrança que carrego dentro de mim: seu sorriso e sua alegria.

O delegado, discretamente, apertou a mão de Plínio e lhe disse:

– Meus pêsames, sr. Plínio! Sou pai e sei o que é perder um filho. Meu filho de vinte e dois anos faleceu em um acidente de moto.

Tereza foi até onde a irmã estava e, vendo seu estado, retirou-a dali dizendo que ela precisava descansar. Sozinha com a irmã, perguntou:

– Eu a ouvi gritar por um filho. Aquele grito é a dor de uma mãe desesperada. Quer me falar a respeito?

Tetê então lhe contou sua trajetória de vida, falou da descoberta do filho e que o conhecera e o abraçara uma única vez em toda sua vida. E que agora ele se fora para sempre. Disse que Socorro e Frederico conheciam sua história e que para ela ainda não havia contado por falta de oportunidade. Aquele era seu último segredo.

Quando Tetê terminou de falar, Tereza secou seus olhos e puxou-a contra o peito dizendo:

– Creio que seu sofrimento foi pior que o meu. Tive e tenho meus filhos ao meu lado. Você nunca ouviu ninguém a chamando de mãe... Eu a perdoo, minha irmã. Estou aqui. Chore pelo seu filho e coloque sua dor para fora.

Vitória da luz

Reunidos em torno da grandiosa mesa, todos os encarnados e desencarnados estavam emocionados com os últimos acontecimentos. O fundador e idealizador da gigantesca obra, um homem humilde, que tinha por profissão a mesma que o Pai do Mestre Jesus, carpinteiro, diante da comunidade espírita transferia seus deveres com a ordem da casa para seu filho André, que tinha os olhos marejados pelas lágrimas. Sentado ao lado da esposa, ela apertava sua mão e o animava a falar.

André estava cercado por muitos mentores de luz. Todos, inclusive Kátia, viram quando ele fechou os olhos e começou:

– Caros irmãos, a alegria de vivermos nesta casa e compartilharmos com outros irmãos os benefícios doados pelo nosso

Pai nos faz pensar que a vida é tão valiosa em qualquer situação que não podemos desperdiçar nenhuma oportunidade oferecida pelo plano espiritual. Nenhum de nós está aqui por coincidência ou castigo. Estamos reunidos para avaliarmos toda uma trajetória de vida e sucessão. Cada irmão pode avaliar por si mesmo o quanto foi e está sendo proveitoso tudo o que vive e como somos envolvidos por laços que sempre nos prenderam uns aos outros. Esta reunião de hoje foi solicitada pelos mentores da nossa ordem espiritual. A noite será decisiva para encarnados e desencarnados definitivamente derrubarem os muros do passado, que por algum motivo ainda estão levantados. Precisamos enxergar-nos como Jesus nos enxerga: com sabedoria, bondade, amor e compreensão. Nosso propósito é nos ouvir, não importa o tempo que precisarmos ficar sentados nesta mesa, mas precisamos ouvir a todos, do primeiro ao último. Peço a meu pai que faça a abertura do Evangelho. Na leitura de sua palavra vamos encontrar as palavras certas para doarmos uns aos outros.

Plínio, com dificuldade, fez a leitura. Ele não estava bem. Fora confirmado que ele sofria do mal de Alzheimer e isso estava dificultando suas tarefas.

Ele apontou André como seu substituto, não porque era seu filho, mas pela dedicação e capacidade de comunicar-se com o plano espiritual. André trabalhava levando mensagens de conforto a centenas de pessoas. Psicografava os recados às famílias que não entendiam a partida de seus entes queridos e também escrevia mensagens de autoajuda para a comunidade voluntária da casa.

Maria do Socorro, sentada ao lado do marido, ouvia tudo com atenção e respeito. Olhando para Teodora, que estava com

Tereza, percebeu uma luz azulada contornando o seu corpo. A tia orava e pedia aos mentores que a perdoassem pelos pecados cometidos àquelas pessoas ali presentes e às outras que já haviam partido. Pensava no filho. Não conseguira desfrutar a felicidade de ser mãe e quando o encontrara era tarde, mas seu coração clamava por ele...

André pediu que o pai falasse sobre a iniciação daquela casa santa e bendita que sustentava e amparava a tantos irmãos desvalidos.

Plínio, emocionado, começou a falar:

– Em minha juventude ansiava correr pelas estradas e descobrir lugares e pessoas. Cometi muitos desatinos e envolvi pessoas inocentes na vibração de pensamentos errôneos. A irmã Teodora foi uma vítima dos meus atos impensados. Com ela tive um filho que não pude conhecer. Não sei se é tarde demais para pedir o seu perdão, Teodora, e também de toda sua família. Hoje estou passando o cargo da ordem espiritual para André e me sentirei recompensado por tudo de bom que eu tenha feito para outras pessoas se porventura merecer o seu perdão, Teodora.

Tetê tomou um pouco de água e, acalmando-se, falou:

– Plínio, você foi apenas um instrumento que tocou o fio da minha vida. Não posso culpá-lo pelos meus erros. Seria injusta, pois, se eu tivesse tido forças e lutado, talvez estivesse na mesma estrada alcançada por você, a da luz. Você refez sua vida, encontrou paz e amor em seus caminhos e sei que lutou bastante. Eu não tive a mesma coragem, escolhi o caminho mais fácil e me perdi dentro dele. Mas Deus teve misericórdia e piedade de mim e hoje estou aqui, tratando-me para alcançar a cura da alma. Se tem alguém que precisa ser perdoada e pedir perdão, esse alguém sou eu! Peço perdão a todos, em especial a três pessoas: minha irmã Tereza, minha sobrinha Maria do Socorro e ao seu filho Frederico.

Tereza então respondeu:

– Minha querida irmã, eu já a perdoei, e como você mesma disse também estou me tratando, pois preciso curar a alma. Hoje posso afirmar que a paz que imaginava ter perdido dentro de mim está comigo, e só tenho motivos para agradecer ao Pai Celestial por minha saúde física e espiritual.

Maria do Socorro, secando os olhos, acrescentou:

– Agradeço ao Plano Superior pela dádiva desta noite. Dentro do meu coração só encontro motivos para agradecer muito a Deus pela felicidade alcançada em meus caminhos. E todas as pessoas sentadas nesta mesa contribuíram para que isso acontecesse. Do fundo do meu coração, agradeço e peço perdão pelos meus erros.

O engenheiro, emocionado, tossiu e falou com a voz forte:

– Tenho muito a pedir perdão e muito mais para agradecer a esta casa, ao sr. Plínio e família, à minha amiga Tetê e família, à minha esposa e aos meus filhos Frederico e Rebecca por terem colocado este facho de luz em minhas mãos. Eu acreditava no que via e no que construía com as minhas mãos, sem enxergar que todas as maravilhas que eu tocava eram construídas por Deus, inclusive os sentimentos das pessoas que viveram ao meu lado, aos quais eu nunca dei o valor devido. Peço perdão à mãe de Rebecca, minha primeira esposa, por todo sofrimento que lhe causei. Assim como imploro o perdão de meus filhos, de minha atual esposa, Maria do Socorro, e de toda sua família. O que eu fiz não tem volta, porém estou lutando para melhorar a mim mesmo e ajudar a quem desejar alcançar novos rumos.

Frederico, de cabeça baixa, mas concentrado nas palavras, completou:

– Quero agradecer à minha mãe; à Adelaide; ao meu pai Gerson, que deve estar me ouvindo e foi a luz que sempre me levou pela estrada da fé; e à minha avó Filó. Sou um ser abençoado pela força do amor. Cresci entre pessoas que se amavam e me amavam; enfim, a todas essas pessoas e a esta casa devo minha vida!

Adelaide o cortou:

– Aproveito a oportunidade oferecida pelo Plano Superior para agradecer Socorro pelo livro que me deu de presente: *O Evangelho Segundo o Espiritismo*. Foi graças a ele que cheguei até aqui. Foi isso que curou minha alma. Obrigado a todos que fazem parte da minha vida e a você, meu amado Plínio, pois, se mil vidas tiver, será pouco para lhe dizer o quanto lhe devo e o amo.

A enfermeira Lucia falou:

– Meus irmãos já conhecem minha história, mas mesmo assim faço questão de falar um pouco mais. Cheguei à casa do sr. Plínio como uma ovelha enferma e sem rumo pelas mãos da minha sábia amiga Maria, que me auxilia até hoje em muitas tarefas caseiras. Desde aquele encontro com o Espiritismo minha vida mudou e comecei a enxergar com os olhos e ouvir com os ouvidos da alma. Ainda tenho muitos débitos com o Criador. É do conhecimento de todos que esse jardim florido e perfumado, em que tantas crianças inocentes brincam e nos alegram, já foi uma cela em que mulheres desesperadas acabavam com vidas alheias. Peço perdão pelas atrocidades que cometi mergulhada na minha ignorância.

Kátia, rabiscando algo em uma folha de papel, prosseguiu com a palavra:

– Endosso as palavras da enfermeira Lucia e acrescento mais. Um dia jurei salvar vidas e desonrei a palavra. Em vez disso, roubava a vida daqueles que não podiam se defender. Muitos inocentes foram arrancados do ventre da mãe pelas minhas mãos, que hoje constroem e lutam para salvar outros pequeninos e suas mães. Peço diariamente a Jesus, que me fez enxergar a força do seu sangue, uma nova chance, pois todos somos seus descendentes e merecemos nova oportunidade fora deste corpo carnal, que sei ser manchado pelo sangue dos inocentes. Peço perdão a todos de joelhos.

André a levantou e disse:

– Senhora, o passado não reflete no espelho e no brilho de sua luz presente. Sabemos que cometeu muitos erros, mas devo lembrar o que foi sugerido por Jesus há mais de dois mil anos: "Que atire a primeira pedra aquele que nunca errou!". Seus pecados, por maiores que tenham sido, não a diminuem diante de Deus! Você tem prestado um trabalho caridoso aos mais desfavorecidos, e com certeza seus débitos serão convertidos em créditos e bônus espirituais. Recebi a confirmação do Plano Superior de que todas as almas que foram roubadas estão encaminhadas pelas suas mãos! Muitas crianças que você ampara e educa para uma vida saudável são as que um dia você obrigou a voltar! Estamos tendo grande oportunidade de melhorarmos nosso desempenho e nos ajustarmos com o nosso Pai Eterno. Deus não é vingativo e os seus mentores de luz não são cobradores que vêm à Terra em nome Dele nos ameaçar; pelo contrário, eles vêm nos propor acordos de luz, incentivando-nos a trabalhar e a alcançar o perdão.

VIDAS ROUBADAS • 285

Foi oferecida a palavra a Valéria, a esposa de André, aquela que também poderia ter sido sua mãe biológica. Calmamente, ela começou a falar. Sua voz era suave e um perfume de rosas fluía no ar.

– Meus irmãos amados, não estamos aqui para sofrer com o peso de nossos pecados conscientes, e sim para nos desvencilharmos dos fardos que ainda pesam sobre nós. Todos os depoimentos ouvidos demonstram o quanto estamos próximos do perdão de Deus! Perceberam como cada um reconhece onde está a cicatriz provocada na alma do outro? Vocês não imaginam como sofri durante anos com os gritos da minha própria consciência pelo que tinha feito aos meus filhos. Os anos se passaram e eu voltei ao mesmo lugar onde os havia deixado. Acredito sinceramente que Deus me deu a oportunidade de resgatá-los, de tê-los perto de mim. E essa certeza me faz seguir adiante. Estou de mãos dadas com André e com vocês. Se porventura um de nós tombar, vamos estar atentos, unidos e fortalecidos por uma só força: o amor. Nos últimos anos de vivência, estudo e pesquisas compreendi que não existem coincidências, mas sim Vontades de Deus. É por essa razão que estamos aqui reunidos nesta casa onde outrora se sentia odor de sangue. Hoje sentimos o aroma das rosas e essa é a recompensa do nosso esforço por cultivar o jardim do amor. Ao sr. Plínio e à dona Adelaide quero expressar os meus sinceros e profundos agradecimentos, pela felicidade que me proporcionaram. André é a luz da minha vida, é o fruto que voltou em minhas mãos para me ajudar a encontrar o caminho da casa do Pai. Ao lado dele, nada temo, pois o seu amor me dá forças para lutar. Agora é a vez de Rebecca.

– São tantas coisas boas que carrego dentro de mim que tenho dificuldade de saber por onde começar, mas vou tentar. Quando cheguei a esta casa, não imaginava que ela seria meu refúgio! Minha mãe viveu obsedada por espíritos sofredores durante muitos anos. Passou a vida à base de remédios, distanciada de mim e de papai, que nunca nos abandonou. Abençoado foi aquele dia em que dona Filó socorreu minha mãe na rua. Ela não saía sozinha e o motorista sempre a acompanhava, porém um dia, inspirada pelos irmãos sofredores, ela me pegou pela mão e disse que iríamos dar uma volta no parque. Saímos para seguir meu pai, pois ela desconfiava de que ele tinha uma amante; vivia vasculhando seus bolsos, cheirando suas camisas, virando seus cartões, verificando gastos fora de casa; enfim, nossa vida era um inferno. Nesse dia, ela caiu e incorporou um ser trevoso, que só falava em vingança. Dona Filó, uma senhora humilde, começou a falar com aquele ser e logo ele deixou minha mãe, que voltou a si. Lembro-me como se fosse hoje: dona Filó avisou-a de que ela precisava de ajuda espiritual e disse que nada seria cobrado e que ela não tivesse medo. Com o olhar angelical, agradeceu-me dizendo: "Peça a mamãe para ir até lá, ela está precisando muito, e os irmãos doentes que a acompanham também". Num papel ela havia anotado o dia, o horário e o endereço. Decidi que eu mesma iria levá-la, e assim foi nosso primeiro dia nesta santa e abençoada casa. Aqui descobri que a maior riqueza não são os bens materiais que possuímos, e sim os tesouros que temos escondidos dentro da nossa consciência. Mamãe se curou das doenças do corpo e da alma; trabalhou com muito amor em todas as tarefas da casa; e eu nem sei por onde começar a descrever as felicidades recebidas aqui. Neste lugar encontrei meu irmão, meu marido, meus amigos e meu equilíbrio pessoal. Obrigada, sr. Plínio, por ter sido sempre um amigo e conselheiro dos jovens que vieram em busca de sua ajuda.

E assim muitos irmãos que faziam parte da corrente de trabalhos daquela casa deram seus depoimentos. Quando todos terminaram de falar, Plínio, com certa dificuldade, continuou:

– Não estou abandonando meu posto, e aviso-os de que pretendo conviver todos os meus dias com vocês; porém, a vontade de Deus me poupa de certas tarefas, que quero dividir. Para dirigir os trabalhos designo André, pelas faculdades mediúnicas dele e pelas qualidades morais e intelectuais. Vocês sabem que André é equilibrado e ponderado em suas decisões e acredito que temos nele um irmão bem preparado para assumir tais tarefas. Apesar disso, quero ouvir a opinião de vocês a respeito.

Por unanimidade todos acolheram André para assumir o lugar do pai, que não estava se afastando da casa, e sim sendo poupado de um trabalho que ele já não conseguia fazer.

⁓◦⁚◦⁓

Os desencarnados estavam satisfeitos com os resultados da reunião. No plano espiritual, Gerson comentou com a mãe de Rebecca:

– Nossos filhos estão encaminhados e nossos amigos, felizes. A Casa Espírita está muito bem amparada nas mãos de André. Nosso amigo Plínio em breve vai nos honrar com sua presença. Ele desenvolveu um belíssimo trabalho entre os encarnados e voltará coberto de luz!

– Sabe o que eu ainda não consegui entender? A disposição de Filó em ter aceitado voltar tão cedo! Não temeu nenhum risco, de fato é um ser luminoso.

Gerson, feliz e animado com o sucesso de sua missão, respondeu:

– Ela vai desenvolver uma grande missão na Terra, por essa razão reencarnou na França. Para nossa felicidade, ela vai continuar dando assistência aos nossos familiares.

***

Uma pessoa do grupo de mentores responsáveis pelas tarefas desenvolvidas na Casa Espírita comentou:

– O planeta Terra passa por essas experiências dolorosas e marcantes, porém o amor é como um trator que abre e acerta as estradas – brincou um deles.

– Veja o caso de dona Teodora... Ela fez esse papel, machucou muita gente e se feriu também, mas os resultados positivos estão aí. Quantas famílias ela ajudou a se manterem unidas? A quantas crianças ela deu a oportunidade de estudar e preparar-se para um futuro melhor? Quem de nós teria o direito de julgá-la? – falou outro.

– E o engenheiro? Passou anos sem enxergar a luz, mas nem por isso podemos acusá-lo de não ter favorecido a dezenas de irmãos a seguirem o caminho da luz. Hoje, os postos de trabalho que ele e André estão abrindo na cidade e em outros estados e países merecem todo o nosso respeito. Vocês têm acompanhado o número de mulheres que vêm aqui em busca de auxílio para terem seus filhos? Quantas almas estão recebendo a oportunidade de abraçar suas novas oportunidades e resgatar seus débitos passados! Todos estão empenhados na campanha para ajudar mulheres a se prevenirem da gravidez e não praticarem o aborto. Kátia e um grupo de médicos têm se desdobrado para atingirem as camadas mais desfavorecidas, levando palestras e orientações sexuais aos jovens da periferia. E nós não podemos deixar de lado nossos objetivos neste momento tão propício em que as portas estão abertas.

Um mentor simpático, confiante e brincalhão, e ao mesmo tempo severo, lembrou a eles a psicologia que vinham trabalhando para cada vez mais convencer as mulheres de que um filho não é um transtorno, mas uma bênção.

– Vocês se lembram daquela menina ruiva que está brincando com o cachorrinho ali no jardim? A mãe dela chegou aqui desesperada e pediu para a dra. Kátia um remédio que a fizesse abortar o bebê. Eu me aproximei da doutora e usando sua energia me comuniquei com a mulher, perguntando por que queria se livrar do bebê. Ela me respondeu que estava separada do marido, tinha dois filhos maravilhosos e não podia se complicar diante da família e dos amigos. Havia tido um caso com um sujeito casado e ele não queria mais saber dela. A única solução era tirar o bebê. Na sua ignorância, não imaginava que a gravidez é um sonho que tem sua missão concluída ao espírito concorrente ao corpo físico. Esperei que ela relatasse todo o seu processo de decisão e, calmamente, olhando dentro de seus olhos, perguntei:

"Então, a senhora não quer mesmo esse filho? Não lhe passou pela cabeça que esse filho é um ser especial?"

"Não quero esse filho! Ele só iria fazer estragos em minha vida! Os meus pais me ajudam nas despesas com os outros filhos; moro com eles, como poderia aparecer agora com uma barriga?"

– Percebi que não teria sucesso falando com delicadeza com aquela mulher, que estava cercada por irmãos trevosos, que lhe sugeriam o aborto! Ela não me dava ouvidos. Então disse: "O amor... sim, apenas o amor poderá resolver essa situação. Então, senhora, vou ajudá-la!"

"Ótimo!", gritou a mulher, cheia de esperança.

"Disse que tem dois filhos?"

"Sim, dois filhos."

"Qual a idade deles?"

"O menino tem doze anos e a menina nove."

"A senhora gosta deles?"

"Eles são a minha própria vida! Por eles sou capaz de tudo."

"A senhora está buscando ajuda em uma Casa Espírita, e os espíritos trabalham inspirados na Justiça Divina de Jesus. A senhora deve matar os seus dois primeiros filhos e por último esse que está no seu ventre."

– Ela deu um pulo como se algo dentro dela tivesse sido aberto.

"Meus filhos não! Jamais faria mal a eles!"

– Ali estava a resposta dada por ela mesma: jamais faria mal a eles... Ficamos durante um bom tempo conversando e ela saiu conscientizada sobre o ser que estava guardado em seu ventre. Decidiu que lutaria e teria aquele filho. Assim, com ajuda desta casa e de todos os envolvidos no trabalho, temos a Rosa Maria alegrando a vida dela.

Um dos amigos comentou:

– Lembro-me muito desse caso! Foi muito comentado. Você foi corajoso ao enfrentar uma fera enjaulada. A ignorância espiritual e a cegueira na carne tornam o encarnado um animal enjaulado dentro de si mesmo. Não enxerga nem pensa nas consequências dolorosas de um amanhã infeliz.

– Graças a Deus temos conquistado um espaço no coração dos irmãos encarnados e sofredores – respondeu o amigo.

– Na verdade, meus irmãos – disse irmã Maria com bondade nas palavras –, o período mais difícil deste fim de massacre humano já está bem amenizado. Temos recebido as estatísticas destes últimos anos e os abortos tiveram uma queda de 60% em relação aos anos entre 1945 e 1970. Graças ao nosso bom Deus, as mulheres estão se cuidando mais, frequentam as Casas Espíritas e outras igrejas que combatem a prática do aborto. No Brasil, as forças espirituais aumentam dia a dia. O dr. Bezerra de Menezes, que foi um dos pioneiros do Espiritismo, viveu uma luta árdua, mas, com toda sua equipe de luz, conseguiu vencer e o Brasil caminhou em direção à libertação dos escravos!

"Chico Xavier nasceu no Brasil e ajudou a mudar a mentalidade da história da espiritualidade. Diante dele não restou dúvida a qualquer religioso sobre a presença viva de Deus e a possibilidade de um intercâmbio entre os dois mundos: o físico e o espiritual. Nosso amigo, com toda sua luz e bondade, conquistou a todos com sua humildade de homem justo e sincero. Quantas pontes ele atravessou para levar e trazer notícias dos dois mundos, com a finalidade de aliviar as dores dos que ficaram e apaziguar as incertezas dos que se foram? Chico Xavier hoje é o símbolo da pomba da Paz, ele e muitos outros médiuns que fizeram e continuam disseminando o Espiritismo mundo afora. Vamos nos reunir para as instruções dos trabalhos de hoje, transferir os pontos vibratórios para André e continuar ao lado do Plínio, esperando a ordem sagrada do nosso Senhor e Superior Mestre Criador da vida. Com ele começaremos um novo ciclo. Como uma roda que gira de certo ponto, todas as peças da engrenagem foram trabalhadas e preparadas por Ele.

Irmã Maria, depois de olhar a cada um ali presente, continuou:

– A princípio éramos poucos, mas a roda aumentou, cresceu e se fortaleceu. Hoje podemos classificar nossa Casa Espírita como um grande círculo de luz. É com alegria que notamos que cada vez mais recebemos pessoas para se encaixarem em suas devidas aptidões. Deus é maravilhoso e, com Sua grandiosa tarefa, envolve todas as mulheres. Só quero dizer: "Deus, salve os filhos! Deus, salve a mãe das mães".

CULPADOS OU INOCENTES?
MARIA NAZARETH DORIA ditado por LUÍS FERNANDO (Pai Miguel de Angola)

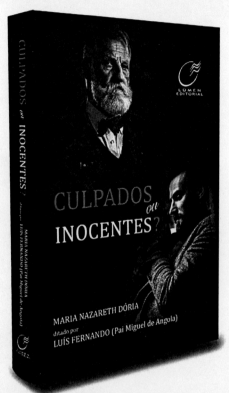

Romance | 16x23 cm | 400 páginas

O poderoso coronel Frederick participa de todos os negócios da região onde fica sua fazenda, tendo mãos de ferro para conduzir sua senzala e a própria família. Tendo a sorte de poder contar com Silviano, seu melhor empregado e grande amigo, é por meio dele que conhecerá Luziara, que mexerá com seu coração e transformará sua vida. Todas as almas envolvidas, nem culpadas ou inocentes, são responsáveis pelos caminhos escolhidos.

 17 3531.4444 | boanova@boanova.net

Apesar de tudo...

Mônica de Castro
ROMANCE PELO ESPÍRITO LEONEL

Romance | 15,5x22,5 cm | 528 páginas

LÚMEN EDITORIAL

As convenções sociais costumam criar falos valores de superioridade do ser humano. Ilusões de etnia, dinheiro e poder ainda determinam o comportamento de homens e mulheres, que deixam a felicidade escapar por não conseguirem se desapegar do orgulho, que impõe censuras injustificáveis e limitadoras.

Apesar de tudo, o amor é sempre mais forte, e tão poderoso, que vence as barreiras das convenções e dos preconceitos, tornando os que amam livres de opiniões, julgamentos e críticas. Afinal, o amor possui a vibração mais pura e elevada do universo e, em face dele, todas as coisas se tornam pequeninas e sem importância.

Entre em contato com nossos consultores e confira as condições
Catanduva-SP 17 3531.4444 | boanova@boanova.net | www.boanova.net

IMPULSOS DO CORAÇÃO

MÔNICA DE CASTRO ROMANCE PELO ESPÍRITO LEONEL

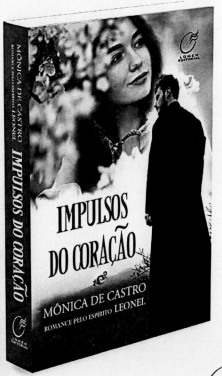

Romance
Páginas: 456 | 14x21 cm

"Augusto adora animais e não gosta quando Jaime, seu pai, leva-o à força para caçar bichos na floresta. Aos poucos, distanciam-se do convívio e Jaime envia o garoto para um seminário, obrigando Augusto a abraçar o sacerdócio, minando seus sonhos de ser veterinário e, quem sabe, um dia poder casar e ter filhos. Augusto torna-se padre e é enviado para trabalhar numa igreja na cidade do Rio de Janeiro. É quando ele conhece Rafaela, jovem que luta pela democracia; procurada pela polícia, busca abrigo na igreja e vai morar na casa do padre Augusto. Os dois se apaixonam, mas ele é padre e ela, foragida. O amor deles é, portanto, impossível de ser concretizado. Embora seja uma história que se desenrole ao longo dos anos tristes em que enfrentamos uma ditadura, Impulsos do coração enfatiza o valor do perdão e, acima de tudo, o amor como componente essencial para cicatrizar as feridas emocionais resultantes dos tombos e desafios que a vida nos impõe.

LÚMEN EDITORIAL

📞 17 3531.4444 | 🟢 17 99777.7413
📷 @boanovaed | f boanovaed | ▶ boanovaeditora

Levamos o livro espírita cada vez mais longe!

Av. Porto Ferreira, 1031 | Parque Iracema
CEP 15809-020 | Catanduva-SP

www.lumeneditorial.com.br
www.boanova.net

atendimento@lumeneditorial.com.br
boanova@boanova.net

17 3531.4444

17 99777.7413

Siga-nos em nossas redes sociais.

@boanovaed   boanovaeditora

CURTA, COMENTE, COMPARTILHE E SALVE.
utilize #boanovaeditora

Acesse nossa loja   Fale pelo whatsapp